# "导"出来的精彩

## 基于问题导学单的小学数学教学案例

郭永华 / 主编

"DAO" CHULAI DE JINGCAI

JIYU WENTI DAOXUEDAN DE

XIAOXUE SHUXUE JIAOXUE ANLI

东北师范大学出版社

长 春

**图书在版编目（CIP）数据**

"导"出来的精彩：基于问题导学单的小学数学教学案例/郭永华主编. — 长春：东北师范大学出版社，2023.9

ISBN 978-7-5771-0577-2

Ⅰ . ①导… Ⅱ . ①郭… Ⅲ . ①小学数学课—教案（教育）—教学研究 Ⅳ . ①G623.502

中国国家版本馆CIP数据核字（2023）第185917号

□责任编辑：石　斌　　　　　□封面设计：言之凿
□责任校对：刘彦妮　张小娅　□责任印制：许　冰

东北师范大学出版社出版发行
长春净月经济开发区金宝街 118 号（邮政编码：130117）
电话：0431-84568023
网址：http：//www.nenup.com
北京言之凿文化发展有限公司设计部制版
北京政采印刷服务有限公司印装
北京市中关村科技园区通州园金桥科技产业基地环科中路 17 号（邮编：101102）
2023年9月第1版　2023年10月第1次印刷
幅面尺寸：170mm×240mm　印张：20　字数：325千

定价：58.00元

# 编 委 会

主　编：郭永华

编　委：邝丽云　张芬芬　罗　蓉

　　　　贾菲菲　林敏芝　奚晨晨

　　　　魏　玮　郭秋婵　彭世坤

前 言

FOREWORD

　　课堂教学改革的脚步一直没有停止,不管是 20 世纪 90 年代末提出的素质教育,还是最新出台的把学生的核心素养作为关注重点的课程标准,其最终指向都是回归教育的本质——培养全面发展、终身发展的人。回顾我们的小学数学课堂,它经历了从以教师的"教"为中心到以关注学生的"学"为中心,再到现在的教师主导与学生主体相结合的双主体课堂的转型。学生的学习方式和学习过程成为我们教学的重点。要突出学生学习的主体性,在课前对学生的学情进行了解是关键,只有准确地把握了学生的学习起点,才能在课堂中更好地引导学生去参与学习活动,在各个活动中构建新知。导学单就是在这样的背景下应运而生的。

　　导学单,即学生课前预习时完成的作业。它是指导学生进行预习或检查预习情况的工具。通过导学单,教师在上课前可以了解学生的知识储备和学习新知前的生活及学习经验,掌握学生学习的起点。用好导学单,可以激发学生学习的兴趣与热情,让数学学习走向"深度",令数学课堂变得有活力,同时有助于培养学生的数学核心素养,提高学生的学习能力。

## 一、巧用导学问题单,激发学习兴趣

　　兴趣是最好的老师,尤其是对于天性好动、注意力不集中的小学生来说,促使他们主动学习最好的动力就是兴趣了,只要让他们对数学产生兴趣,就能让他们真正主动地投入学习中来。用好导学问题单,能够激发学生学习的热情与兴趣。那么如何用呢?

### 1.做好设计

　　导学问题单是课前预习时完成的作业,在设计的时候考虑到学生还有当天的基础巩固作业要完成，因此不宜太多，以两到三个问题为主即可，围绕的是与新知有关联的基础知识和基于数学本质的思考，答案既可以是固定的，也可以是开放的，这样可以让学生在完成的时候有种挑战感和满足感。比如，在教授四年级上册"角的度量"时，可以设计让学生预习完书本第40~41页后，观察下图两个角，尝试完成以下两个问题：

（1）∠1和∠2哪个角大？你能想到几种比较的方法？简单写一写你的想法。

（2）大的那个角比小的那个角大多少？你是怎么知道的？

对于问题（1），学生可以在已有的学习经验上得出多种比较方法，如观察法、重叠法、借助三角板或其他工具对比法，而问题（2）将让学生意识到必须使用量角器测量，才能精准知道究竟大的角比小的角大多少。学生可以尝试使用量角器测量得到答案。再如在设计圆的认识导学问题单时，可以让学生先预习，再试举一个圆在生活中的运用或生活中与圆有关的现象，用"圆的知识"去解释。学生在尝试解释中，初步感受到数学的美妙与价值，从而产生强烈的学习兴趣与欲望。

**2.做好评价**

学生完成导学问题单后，教师可以结合信息技术，当晚就直接通过拍照上传到作业平台上。教师当晚或者在第二天上课前给予批改，对完成得好的导学问题单，在平台上向全班进行推送，并在课堂上给予学生汇报和展示的机会。教师对这些学生的作业给出肯定的评价，能够充分满足小学生好表现及好表扬的心理，从而激发他们学数学的兴趣，变"要我学"为"我要学"，真正成为学习的主人。

## 二、巧用导学问题单，引发深度学习

史宁中教授说："学生数学核心素养的形成和发展，是学生通过自己的独立思考，以及和他人的讨论与反思，日积月累，逐渐养成的一种思维习惯。"这就是说，我们在教学中一定要给学生留有充分的时间和空间，在启发学生进行充分的思考后，才能让知识真的内化成个人的能力。通过实践，笔者发现导学问题单恰恰能引导学生这样去学习，令学习走向深入。

**1.利用导学问题单，了解学生的学情**

以学为中心的课堂特别强调备课时要备好学生的学情，要依据学生的学情去确定教学的起点，选择合适的教学方法和教学策略。通过导学问题单，教师可以在课前比较精准地了解学生的知识储备、能力基础及学习需求，快速进行二次备课，调整教学策略。

比如在教授三年级的"几分之一"时，教师可以用如下导学问题单：

请同学们先预习书本第 90 ～ 91 页，再尝试完成下列题目：

先圈一圈、分一分，再填一填。

把 4 个苹果平均分给 2 个人，每人分得（　　　）个。

把 2 个梨平均分给 2 个人，每人分得（　　　）个。

把 1 个月饼平均分给 2 个人，每人分得多少个呢？你能把你想到的先画一画，再写出来吗？

分数对于三年级的学生来说是个全新且抽象的概念，要将这一全新的知识内化为学生自身的知识，找准学生的认知点是很重要的。导学问题单在这里起到一个促使学生从"实际发展水平"向"潜在发展水平"过渡的桥梁作用，引发了学生对用分数表示生活中的一些数的需求体验。由于学生在家完成导学问题单时已经有了一定的思考，在新课开始时，教师可以通过组织学生交流导学作业，让学生在与同伴的充分讨论中打开认知的思维。

**2.利用导学问题单，生成教学资源**

学生的导学作业往往是基于学情生成的最好的教学资源，课上用好它，可以起到充分发挥学生学习主体性的教学作用。如教授六年级上册第一单元"解决问题"例4时，教师可以这样设计导学问题单：

请同学们预习书本第5页例4后完成：

（1）$45 \times \dfrac{4}{9} = ($　　　　$)$

（2）你能根据这个算式编一道应用题吗？

教师在课上把学生编的题整理出来，并让学生在全班进行分享。学生在交流、思考、辨析中发现，他们编的题实际上就是两大类题型：

一类问题是部分量占总量的 $\dfrac{4}{9}$，如：六年级（1）班有45人，其中女生占 $\dfrac{4}{9}$，女生有多少人？线段图如下。

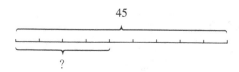

另一类问题是一种量为另一种量的 $\dfrac{4}{9}$，如：小明有45朵红花，小丽的红花数是小明的 $\dfrac{4}{9}$，小丽有多少朵红花？线段图分析如下。

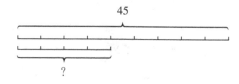

学生从两类题型的分析图悟出其数学本质都是在求 45 的 $\dfrac{4}{9}$ 是多少，最后的列式都是 $45 \times \dfrac{4}{9}$。当把学生的作业作为教学资源时，明显感觉到学生的主体参与度高了，而且因为学生课前在家预习时经历了充分的思考，课堂的学习有了思维上的深度交流与碰撞，学生的学习得以真实发生，数学核心素养在学习过

程中得到培养。

**3.利用导学问题单，分解教学难点**

小学生的思维主要是从具体、直观、形象的思维方式开始的，再慢慢过渡到抽象逻辑的思维方式，因此对于一些较为抽象的知识，如果仅仅依靠课堂40分钟是很难让他们充分理解的。导学问题单可以发挥分解难点的作用，巧妙为学生搭建知识形成的桥梁。在设计导学的问题时，可以通过深入研读教材弄清教材知识的结构体系，把握教材中的数学本质，提炼出有利于学生思考的数学问题，引导学生去思考并体验到数学思考带来的乐趣，最终完成知识的构建，形成能力。

如在以往教六年级上册"分数乘分数"时，学生学完之后对分子乘分子、分母乘分母的算理仍然很模糊，具体表现在对于下图这类看图列式计算的题目无从下手，其原因有两个：一是对分数的意义理解模糊，二是不会用有序思考方式去分析图。

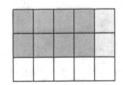 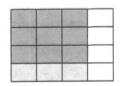

基于这种情况，为了降低学生学习上的难度，在导学问题中可以这样设计：

画一个长方形，先用黄色笔涂出它的 $\frac{1}{4}$，再用蓝色笔涂出黄色部分的 $\frac{2}{3}$，蓝色部分用分数表示是（　　）。

由于有了清楚的操作指令，学生的准确率达到95%，而在课堂上经过导学作业的充分交流之后，学生明白了算理，最终概括出算法，在一系列的巩固练习后形成技能。

又如在三年级上册"分数的简单计算"课前，可以这样设计导学问题：

分别选择一个图形，用阴影部分表示出 $\frac{1}{2}$，$\frac{3}{4}$，$\frac{8}{8}$，$\frac{?}{?}$。

学生对 $\dfrac{?}{?}$ 这个开放分数的表示各有不同，其中有 $\dfrac{3}{3}$，$\dfrac{4}{4}$ 等这些分别表示 1 的创意作业。在全班的分享交流中，这无疑为后面 $1 - \dfrac{?}{?}$ 这一教学难点做好了有效的铺垫，巧妙地帮助学生分解了新知学习上的难点。

### 三、巧用导学问题单，培养学习习惯

众所周知，良好的学习习惯是学生学习知识、获得能力、发展智力的重要条件。导学问题单的使用，能够有效培养学生良好的预习习惯、数学思维习惯，使学生在预习后通过对导学问题的思考，积累数学思想方法，提高学习能力，最终实现形成与发展数学核心素养的目的。

如在学习六年级下册"比例的意义"时，教师可以出示下面这样的导学单：

请同学们先预习教材第 40 页。请结合你对比例的认识，根据书本中三面国旗的尺寸数据，你能想到多少个比例？把你想到的比例都写下来吧。你有什么发现？

导学单是学生在家预习时完成的，所以学生的思考是充分的，能力强的学生会有自己的理解，能力弱的学生也将带着自己的困惑进入课堂，这些都是"比例"这个抽象概念的学习起点，将为课堂学习真实发生打下很好的基础。

用好导学单，能够充分发挥学生为主体、教师为主导的作用，让数学学习真实发生，使学生的数学学习能力得到有效提高，有力促进数学素养的提升。

对于导学单，我们工作室的编写原则如下：

学生学，教师导，课堂转型需架桥。

过渡期，需帮助，教案转成导学单。

导学单，要精练，作用相当方向盘。

课时化，莫偷懒，容量适中步骤全。

问题化，趣味鲜，引导学生勇登攀。

参与化，贵全员，教学相长把手牵。

方法化，促钻研，思维导图树心间。

层次化，扣如环，因材施教寓于玩。

生活化，实际联，学以致用享狂欢。

转变后，共发展，先学后教不再难！

# 目 录
## CONTENTS

## 第六篇　六年级数学教学案例

第一篇

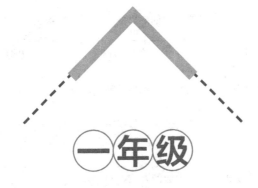

数学教学案例

# 《数一数》教学案例

## 【教学设计】

| 课题 | | 数一数 | | 课型 | 新授课 |
|---|---|---|---|---|---|
| 三维目标 | 知识目标 | 初步经历从场景图中抽象出数的过程，初步认识按顺序数数的方法 | | | |
| | 能力目标 | 1. 初步经历运用点子图表示物体个数的过程，初步建立数感和一一对应的思想。<br>2. 初步学会用数学的眼光观察现实事物，渗透应用意识 | | | |
| | 情感目标 | 在他人的帮助下，初步体会数学的意义与乐趣 | | | |
| 教学重点 | | 使学生从场景图中抽象出数 | | | |
| 教学难点 | | 初步认识按顺序数数的方式 | | | |
| 学情分析 | | 一年级的学生认知处于启蒙阶段，尚未形成完整的知识结构体系。由于年龄特点，学生有意注意力占主要地位，以形象思维为主。从整体上看，一年级学生都比较活跃，大多数学生上课时基本能够跟上教师讲课的思路，教师上课维持课堂纪律并不难，而且学生的学习积极性也很容易调动。但每个班都有个别的学生上课不注意听讲，我行我素，所以开学第一课，除了新知识的学习，还要注重学生的习惯养成和品德教育 | | | |
| 教法、学法 | | 教法：讲授法、谈话法、讨论法、演示法<br>学法：自主学习法、探究学习法 | | | |
| 教学资源 | | 电脑课件、导学单、主题图 | | | |
| 教学步骤 | | 教师活动 | 学生活动 | | 设计意图 |
| 教学过程 | | **一、情境导入**<br>师：我们平时很多时候需要数数，大家会从1数到10吗？谁来数一数？<br>师：下面请同学们和老师一起数一数图中有几个苹果、几个西瓜。（出示课件） | 学生伸出两只小手，互相数一数同桌小朋友有几根手指。 | | 唤醒生活经验和学前知识，为后面的教学做铺垫。 |

| 教学步骤 | 教师活动 | 学生活动 | 设计意图 |
|---|---|---|---|
| 教学过程 | 师：然后再和老师一起数一数有几个桃子和梨。（出示课件）<br>**二、导学探究**<br>师：很多小朋友像你们一样，高高兴兴地背着书包上学了，我们一起到一所美丽的小学去看吧。（出示课件）<br>（1）谁来说说看，这所小学里都有些什么？可以和你新认识的小朋友说一说。<br>（2）学生每说一种，教师都提问：还有什么呢？<br>（对积极发言的学生及时给予表扬）<br>（3）展示学生的导学单或者音像资料。<br>**三、互动展示**<br>1. 数图中的数量<br>（1）数数量是1的事物。<br>师：同学们，请你们认真地看一看、数一数，图中有哪些东西的数量是1。<br>学生回答完后，教师表扬并问：一面国旗、一栋楼房、一位老师，都可以用几表示？<br>学生回答后，教师出示数字卡片，领着学生读一读，再让学生自己小声地读一读。<br>（2）数其他数量的事物。<br>按照（1）的方式进行。<br>数到数量是3的人或物时，让学生说一说是怎么知道其数量的。让数出来的学生到前面数给大家看，数完后让全班同学发表意见，说他/她数得对不对。<br>2. 认读1~10各数<br>10个数都数完后，再让学生读一读这些数，并且对照教科书看一看每个集合圈里物体的个数和旁边的数。<br>按从大到小的顺序或从小到大的顺序读一读这些数。 | 再与老师一起一边伸手指一边数数。<br><br>学生先轮流说一说，再个别汇报。<br><br><br><br><br><br><br><br><br><br><br><br><br><br>学生汇报，其他学生跟读一遍，自己再读一遍。<br><br>学生回答是怎么数的，并示范数数。<br><br><br><br><br>学生按顺序和倒序分别读一读 1~10 这10个数字。 | 培养学生认真倾听同学发言的习惯，树立学好数学的信心。<br><br><br><br><br><br><br><br><br><br><br><br><br><br><br><br><br><br><br>引导学生按顺序数数，理解顺序和倒序。 |

| 教学步骤 | 教师活动 | 学生活动 | 设计意图 |
|---|---|---|---|
| 教学过程 | 教师出示 1~10 的数字卡片，让学生辨认。<br>**四、归纳释疑**<br>数数身边的实物。<br>师：这幅图上有这么多事物的数量都能用数来表示，那么我们身边的事物能不能用这些数来表示呢？和旁边的同学小声说一说。<br>学生用数说身边的事物。<br>**五、巩固提升**<br>1. 数一数<br>教师出示图片，请学生数数。<br>2. 找朋友<br>教师将 1~10 的数字卡片贴到黑板上，任意说一个数，让学生把它从卡片中找出来。<br>**六、评价延伸**<br>师：今天我们一起来到了一所美丽的小学，数了小学里的人、红旗、树、鸽子等，还数了我们身边的门窗、铅笔等事物，下课后同学们还可以数数路上看到的事物或自己家里的一些事物。把你的发现告诉你的爸爸妈妈或是明天来告诉老师好吗？ | 学生自主回答。<br><br>全班回答。<br><br>指名回答 | 通过发现生活中事物的数量来加强数数。<br><br>除了顺序数和倒序数，还要打破顺序寻找数字，这能加强学生对数字的认识和记忆。<br><br>让学生关注生活，把知识运用到生活中去 |
| 板书设计 | **数一数**<br>1 2 3 4 5 6 7 8 9 10 | | |

## 【点评】

### 1. 体现自主化

在初步感知、深入观察教材中的主题图时，教师让学生先自己观察，再小组交流，最后集体讨论问题："图上画了些什么？怎样数图上的人或物？"这改变了以往程序式的教学法，拓展了学生自主探索的时空。

### 2. 体现活动化

巩固深化阶段，教师放开学生的手脚，让学生到校园里去自由地参与儿童乐园的活动。一则与教材内容有机相连；二则将认数知识巧妙地隐藏在有趣的游戏中，寓科学知识于活动中；三则引领学生参观陌生而美丽的校园，满足了他们其探索的好奇心，使他们体验了生活中的数学问题。

**3. 体现生活化**

儿童乐园中的数到小朋友身上的数再到校园中的数，生活中处处有数学，使学生初步感悟数学与生活息息相关，进一步激发学生的学习兴趣。

**4. 体现情感化**

"情感是课堂教学的催化剂"，低年级课堂教学尤其需要情感的土壤。"灿烂的阳光下，绿树成荫，鲜花怒放，鸟儿欢快地唱着歌，花蝴蝶欢乐地飞舞着，小朋友们自由自在地在儿童乐园里尽情游玩着，他们有的在骑木马，有的在荡秋千，有的在坐小飞机，有的在滑滑梯，看他们笑得多开心呀！学完今天的新本领，咱们也到儿童乐园去玩，好吗？"教师通过声情并茂的语言渲染，有效地激起了学生的情感共鸣，使刚入学的孩子领略了课堂的可爱、教师的可亲。

## 【导学单】

### 《数一数》导学单

请同学们预习书本第 2~3 页的主题图。

和你的爸爸妈妈说一说，从图中你看到了什么。用"（　　　）个（　　　）"的句式，例如：1 面红旗。

# 《上、下、前、后》教学案例

## 【教学设计】

| 课题 | | 上、下、前、后 | 课型 | 新授课 |
|---|---|---|---|---|
| 三维目标 | 知识目标 | 在具体活动中，让学生体验上下、前后的位置与顺序，初步培养学生的空间观念 | | |
| | 能力目标 | 能确定物体上下、前后的位置与顺序，并能用自己的语言表达，锻炼学生的语言表达能力 | | |
| | 情感目标 | 知道生活中也存在位置关系，体会数学与生活的紧密联系，激发学生数学学习兴趣 | | |
| 教学重点 | | 能确定物体上下、前后的位置与顺序，并能用自己的语言表达 | | |
| 教学难点 | | 培养学生一定的辨别空间方位的能力 | | |
| 学情分析 | | 儿童在生活中对上、下、前、后已有初步认识，在此基础上再学习从两个维度来确定物体的位置。教材从南京长江大桥的场景引入，让学生认识上、下、前、后。对于上下、前后，学生有一定的生活经验，掌握起来可能会容易一些 | | |
| 教法、学法 | | 教法：讲授法、谈话法、讨论法、演示法<br>学法：自主学习法、探究学习法 | | |
| 教学资源 | | 电脑课件、导学单、主题图 | | |
| 教学步骤 | | 教师活动 | 学生活动 | 设计意图 |
| 教学过程 | | 一、**情境导入**<br>山羊伯伯带来笑脸（课件），学生回答问题。<br>眼睛的下面是什么？<br>嘴巴的上面是什么？<br>师：今天我们就一起来学习和位置有关的知识。 | 全班回答。 | 唤醒生活经验和学前知识，为后面的教学做铺垫。 |

| 教学步骤 | 教师活动 | 学生活动 | 设计意图 |
|---|---|---|---|
| 教学过程 | 板书课题：上下前后。<br>教师带读，学生自读课题。<br>**二、导学探究**<br>1.学习"上"和"下"<br>师：今天，老师要带你们去参观宏伟的南京长江大桥，想去吗？（点击课件）<br>师：看，多宏伟呀！你在图上看到了什么？<br>引导学生说：最上层有（　　），中间有（　　），最下层有（　　）。<br>追问：你能用"上"和"下"说说货车和火车的位置吗？<br>师：我们在说位置时，应该这样说：（　　）在（　　）的（　　）面。<br>让个别学生说货车和火车的位置，教师板示。<br>引导学生用"（　　）在（　　）的（　　）面"的句型介绍火车和轮船的位置。通过讲解火车的位置小结：对于不同的物体，火车的位置是不同的。所以，我们说物体的位置时用"（　　）在（　　）的（　　）面"才能说清楚。<br>用"上"和"下"畅谈图上其他交通工具的位置。<br>展示导学单，看看同学是怎么描述交通工具的位置的。<br>2.学习"前"和"后"<br>师：请小朋友们继续看图，大桥的最上面那一层有哪些交通工具？<br>追问：货车的前面是（　　），货车的后面是（　　）。<br>师生玩"我说你猜"的游戏：汽车在货车的（　　），货车在汽车的（　　），客车的前面有（　　）。 | 指名回答。<br><br><br><br>个别学生说货车和火车的位置，再全班说。<br><br><br><br>学生同桌先轮流说一说，再个别汇报。<br><br><br>学生指名汇报。 | 培养学生有序观察的习惯，树立学好数学的信心。<br><br><br>引导学生按照句型进行描述，还可以将两个学生的不同说法进行对比，突出句型的描述更为准确。<br><br><br>借助游戏，帮助学生分清前后的位置方向。 |

| 教学步骤 | 教师活动 | 学生活动 | 设计意图 |
|---|---|---|---|
| 教学过程 | 三、互动展示<br>游戏："我说你摆"<br>（1）听教师指令摆桌上的文具。<br>（2）说说"最上面的是（　　），最下面的是（　　）"。<br>（3）和同桌用"（　　）在（　　）的（　　）面"说说文具的位置。 | 请一名学生上台摆物品，其余的在底下摆物品，全班指正。<br>同桌交流。 | 通过动手实践明确上、下、前、后的位置区别。 |
| | 四、归纳释疑<br>（1）请5个学生上讲台表演怎样排队，其他学生描述5个学生的前后位置。<br>（2）请5个学生向后转，再由其他学生描述他们的位置，并得出结论：方向改变了，前后的位置也就发生了变化。 | 学生上台展示，指名回答。 | 通过排队，让学生明白前后跟观察的方向有关，让学生思考如何描述更加准确。 |
| | 五、巩固提升<br>完成数学书中的"做一做"。<br>独立完成书上的"填一填"。<br>森林运动会：今天森林里召开运动会，小动物们进行着激烈的赛跑，让我们一起来看看。同学们能用我们刚刚学习的"前、后"来说一说小动物们的位置关系吗？<br>（1）小兔子的前面是谁，后面是谁？<br>（2）学生自己找一种喜欢的小动物说一说它的前面、后面分别是谁。<br>（3）谁得了第一？<br>师：掌声送给梅花鹿。不管在生活中还是学习上，我们都要向梅花鹿学习，争做第一！ | 指名汇报，投影结果。<br><br><br><br><br><br>全班回答。<br>同桌交流，指名回答 | 通过有趣的运动会，使用语言描述位置关系。 |
| | 六、评价延伸<br>用今天所学的知识向父母描述自己房间中各个物品的位置，明天再向同学介绍你的房间 | | 让学生把知识运用到生活中去 |
| 板书设计 | 上、下、前、后<br>（　　）在（　　）的（　　）面 | | |

## 【点评】

本节课是在学生有知道谁在"上"、谁在"下"、谁在"前"、谁在"后"的生活经验，却未能理解"上下前后"位置在数学上的相对性的基础上开展教学的。

教学中教师从学生熟悉的生活中挖掘活动素材，设计了听口令摆一摆，然后说出所摆物品的上下或前后位置，让学生体验相对性等一系列的实践活动，使学生的注意力高度集中，在活泼的学习气氛中积极主动地探索、发现并解决问题。学生在操作中感悟，在感悟中交流，在交流中形成鲜明的表象，使原本枯燥的"空间与位置"教学变得富有情趣，让学生对"上下、前后"的认识由感性认识上升为理性认识。

## 【导学单】

### 《上、下、前、后》导学单

请同学们先预习书本第 9 页的例题图。

看图，和你的爸爸妈妈说一说：（　　　）在（　　　）的（　　　）面。

# 《1~5的认识》教学案例

## 【教学设计】

| 课题 | | 1~5的认识 | | 课型 | 新授课 |
|---|---|---|---|---|---|
| 三维目标 | 知识目标 | 让学生认识1~5各数，知道1~5的顺序 | | | |
| | 能力目标 | 使学生会用1~5各数表示物体的个数，初步建立数感，能正确认、读、写1~5各数 | | | |
| | 情感目标 | 培养学生认真观察、积极动手操作的习惯，利用"农家小院图"使学生初步感知"用数学"的乐趣，同时产生人与自然和谐共存的良好愿望 | | | |
| 教学重点 | | 掌握1~5各数的写法 | | | |
| 教学难点 | | 掌握1~5的基数含义和数的排列顺序 | | | |
| 学情分析 | | 在幼儿园及日常生活中经常接触1~5各数，所以绝大多数学生能够正确点数数量在5以内的物体的个数，但对于5以内数的意义理解不够深刻。对5以内数的组成，学生虽然也有所了解，但掌握得不够熟练。写数是本节课的一个重点，由于学生刚刚入学，握笔姿势需要纠正，加上刚刚练习书写，灵活性较差，所以要想把1~5写规范，需加以指导并进行一定的练习 | | | |
| 教法、学法 | | 教法：讲授法、谈话法、讨论法、演示法<br>学法：自主学习法、探究学习法 | | | |
| 教学资源 | | 电脑课件、导学单、小木棒、圆点图 | | | |
| 教学步骤 | | 教师活动 | | 学生活动 | 设计意图 |
| 教学过程 | | 一、**情境导入**<br>师：小朋友们，谁知道现在是什么季节？<br>（屏幕显示"农家小院图"） | | 指名说。 | 吸引学生的注意力，同时引导学生发现数学来源于生活。 |

| 教学步骤 | 教师活动 | 学生活动 | 设计意图 |
|---|---|---|---|
| 教学过程 | 师：没错，秋天是一个美丽的季节，也是一个丰收的季节。你们看王奶奶家的小院子多热闹啊！4 只可爱的小鸡看到王奶奶拿来了食物，飞奔了过来，2 只大白鹅也不甘示弱，"嘎嘎"地叫了起来……你们再看王奶奶身旁的小黄狗，好像受到了惊吓，"汪汪"地叫了起来，院子里的向日葵更是乐得合不拢嘴。<br><br>**二、导学探究**<br>1. 观察主题图，发现不同数量的事物<br>师：请同学们仔细观察，图上画了什么，各有几个。<br>纠正学生无序的回答，引导学生按照一定的顺序来说，明确这样说的好处：不重复也不漏数。<br>2. 1~5 的认识教学<br>将图中的事物根据数量的多少，按照从少到多依次呈现。<br>先依次出示数量为 1 的事物，让学生思考可以用数字几来表示。<br>2、3 的教学方法同上。<br>先出示数字 4，让学生说出这是几，图中哪些事物的数量可以用数字 4 来表示。<br>屏幕依次显示说过的事物，教师打出"4"，并板书。<br>5 的教学方法同上。<br><br>**三、互动展示**<br>1. 摆一摆<br>师：请同学们分别拿出数量是 1、2、3、4、5 的小棒，依次摆出你喜欢的图形。<br>（屏幕显示结果）<br>展示导学单上学生的成品。<br>2. 说一说<br>师：除了用小棒，你还能用其他方式表示 1~5 各数吗？ | 个别汇报。<br><br>学生说出分别可以用数字几来表示。<br><br><br><br><br><br>学生动手摆一摆。<br><br><br>小组交流。<br><br>学生自主回答。 | 引导学生进行有序观察，体会有序性，为后面的学习做好铺垫。<br><br><br>学生动手实践，加深对 1~5 各数的认识。教师展现学生作品，体现多样性。 |

续表

| 教学步骤 | 教师活动 | 学生活动 | 设计意图 |
|---|---|---|---|
| 教学过程 | 师：在我们身边，很多事物的个数可以用1、2、3、4、5来表示，你能举例说说吗？<br>师小结。<br>**四、归纳释疑**<br>师：（计数器上拨1颗珠子）老师拨了几颗珠子？用几表示？（板书：1）<br>（计数器上再拨1颗珠子）一添上一是几？（板书：2）<br>（3、4、5类同）<br>学生齐读1、2、3、4、5。<br>师：1的后面是几？2的前面是几？3的前面是几，后面是几？<br>屏幕显示"3、5、2、1、4"。<br>师：谁能给这些数字排排队？按从小到大的顺序或从大到小的顺序都是怎样的呢？<br>师：这5个数像什么？1像铅笔细又长，2像小鸭水上游，3像耳朵听声音，4像红旗空中飘，5像钩子来钓鱼。这些数字怎么写呢？<br>教师示范板演，纠正学生的书写，关注书写坐姿及握笔姿势。<br>**五、巩固提升**<br>1.连一连<br>书本第16页第1题。<br>2.看数涂色<br>书本第18页第1题。<br>3.按1~5的顺序连线<br>书本第18页第2题。<br>**六、评价延伸**<br>师：除了今天所学的1~5，生活中还会用到哪些数字来表示物体的个数呢？找一找生活中哪里用到数字 | 全班回答。<br><br>指名回答。<br><br><br><br>学生顺序数一遍，倒序数一遍。<br><br><br>学生观察，跟着模仿、描红。<br><br>学生独立完成，个别汇报 | 通过拨珠，让学生体会1~5的大小变化，从而排出它们的顺序。<br><br><br>发挥想象力，寻找数字的特征，为学生进一步写好数字加深记忆。<br><br><br><br>让学生关注生活，把知识运用到生活中去 |
| 板书设计 | 1~5 的认识<br>1  2  3  4  5 | | |

## 【点评】

"1~5 的认识"非常重要,这是小学数学"数的认识"的开始,同时为学习20 以内的加减法做好准备。

在课堂教学中,教师特别注重学生通过操作(摆小棒或铅笔)进行学习活动,促进独立思考以及在小组中的合作与交流,同时培养学生的数感,集知识性、趣味性、活动性于一体;重视培养学生应用数学的意识和能力,引导学生把所学的数学知识应用到现实中去,以体会数学在现实生活中的应用价值。

## 【导学单】

### 《1~5 的认识》导学单

请同学们先预习书本第 15 页。

用小棒摆出 1~5 这些数。

# 《认识立体图形（一）》教学案例

## 【教学设计】

| 课题 | | 认识立体图形（一） | 课型 | 新授课 |
|---|---|---|---|---|
| 三维目标 | 知识目标 | 通过操作和观察，初步认识长方体、正方体、圆柱和球，知道它们的名称和特征，会辨认这几种形状的物体 | | |
| | 能力目标 | 培养学生的动手操作能力及观察能力，建立空间观念 | | |
| | 情感目标 | 通过活动，激发学生的学习兴趣，培养学生的合作、探究和创新意识 | | |
| 教学重点 | | 初步认识长方体、正方体、圆柱和球，会辨别这几种形状的物体 | | |
| 教学难点 | | 能感知立体图形之间的关系，建立空间观念 | | |
| 学情分析 | | 小学生在入学前就接触过各种形状的物体，生活中也到处是这些形状的物体，但一年级儿童的思维以具体形象为主，要抽象出直观的立体图形，建立表象，形成初步的空间观念并不容易。虽然绝大多数学生在幼儿园就认识过这些立体图形，但对于这些图形的特征的感知却不够全面和透彻，并且一年级的学生认识的汉字比较少，表述不是很完整，不能很好地总结出这些图形的具体特征 | | |
| 教法、学法 | | 教法：讲授法、谈话法、讨论法、演示法<br>学法：自主学习法、探究学习法 | | |
| 教学资源 | | 电脑课件、导学单、图形卡片、各种形状的实物 | | |
| 教学步骤 | | 教师活动 | 学生活动 | 设计意图 |
| 教学过程 | | **一、情境导入**<br>师：同学们，今天我们一起到"图形的世界"进行一场神秘的旅行吧。 | 课前进行预习，找到生活中的立体图形，并拍照。 | 创设情境，用图片展示唤醒学生的记忆，了解学生课前预习情况，为后续教学做好铺垫。 |

续 表

| 教学步骤 | 教师活动 | 学生活动 | 设计意图 |
|---|---|---|---|
| 教学过程 | 二、导学探究<br>了解学情：展示课前学生找到的生活中的立体图形物体图片。<br>小组内交流。<br>三、互动展示<br>1.分一分，揭示概念<br>（1）教师选择部分学生找到的立体图形物体图片，放在黑板上，请一个学生根据要求来把这些物体分一分：请把形状相同的物体放在一起。<br>（2）所有的物体都能找到自己的家族吗？为什么呢？<br>（3）揭示概念：<br>每一种形状都有着好听的名字，我们把这些形状的物体分别叫作长方体、正方体、圆柱、球。<br>（4）小组活动：你们会像这样分一分吗？<br>2.全班讨论结果对错，并说明原因<br>四、归纳释疑<br>摸一摸，感知特征。<br>（1）让学生动手摸一摸长方体、正方体、圆柱和球的实物，然后把自己的感受和发现在小组内交流。<br>（2）汇报、集体交流，教师根据学生的叙述逐步完善板书。<br>①摸一摸长方体和正方体，说说它们是什么样子的。<br>②比一比，说说长方体和正方体有什么相同之处、有什么不同之处。<br>③这是两个完全一样的正方形，它们分别是物体的一个面，猜一猜这个物体是什么形状的。<br>④摸一摸圆柱和球，说一说它们有什么相同之处、有什么不同之处。<br>⑤为什么长方体和正方体不能滚动，而倒下的圆柱和球却能滚动呢？ | 用简洁的话语交流自己课前搜集到的立体图形资料。<br><br><br>请一个学生根据要求来把这些物体分一分。其他学生观察思考。<br>小组活动：根据课前收集的物体分一分。观察展示的小组作品，判断对错，并说明原因。<br><br><br><br><br><br>①小结长方体和正方体的特征。<br>②对比异同，感知联系。<br>③发现：正方形不仅能在正方体上看到，也可能在长方体上看到。<br>④小结圆柱和球的特征。 | <br><br><br><br><br>交流预习成果，学生提出质疑，一起辨析，实现生生、师生互动。<br>展示学生作品，让学生充分利用生成辨析易错点，充分感知四种立体图形。<br><br><br><br>在动手摸实物之后，把自己的感受和发现在小组内交流。汇报交流，互相完善。 |

| 教学步骤 | 教师活动 | 学生活动 | 设计意图 |
|---|---|---|---|
| 教学过程 | **五、巩固提升**<br>第一关：趣味闭眼猜猜猜<br>①上下圆圆一样大，放倒一推就滚动。<br>②长长方方6张脸，相对2个面一个样。<br>③圆圆鼓鼓小淘气，滚来滚去不费力。<br>第二关：我会辨别<br>我是正方体，我是第几个？<br>第三关：盲人摸图形<br>**六、评价延伸**<br>根据板书总结本节课的学习内容，布置课后作业 | ⑤发现：当物体平平的面着地时，无法滚动；当弯弯的面着地时，就会滚动。<br>学生闭上眼睛认真听谜语，通过摸一摸桌上的立体图形，把猜中的物体悄悄放入抽屉。<br>说说选第几个，为什么这么选。<br>把自己的答案和想法在四人小组内交流讨论。<br>全体学生对课本习题进行解答 | 以"闯关"形式进行巩固练习，活跃课堂氛围，并提高学生发言表现的积极性。<br><br>当正确率不理想时，即时调整教学策略，采取小组合作探究的方式进行生生间的互教互学，充分调动学生的学习主动性 |
| 板书设计 | **认识立体图形（一）**<br><br>长方体　　　正方体　　　圆柱　　　球 | | |

**【点评】**

《认识立体图形（一）》这部分内容的学习是建立在学生已有的生活经验基础上的，重视学生的感知、体验是教学中的一个重要环节。这节课中，教师将学习融入活动中，利用学生感兴趣的活动来解决教学重难点。课堂上安排了大量的动手操作活动，如比比谁搭得高，摸物体说感觉，"盲人"摸图形，等等。教师通过引导学生进行观察、触摸、听讲、讨论、动手操作等活动，使学生的多种感官协调活动起来，让学生在动手、动眼、动嘴、动耳的活动中获得了对立体图形最直观的体验。

　　整节课教具、学具准备充分，活动组织有序，设计环环相扣，重点难点突破自如，特别是导学单的使用充分。导学单是对教材的"翻译"和"二度创作"。由于教材过于精练、严谨，学生无法直接读懂、理解，教师通过对教材进行"翻译"和"二度创作"形成的导学单可以帮助学生学习。在学习中，同学们植根于教材，利用导学单的辅助功能，帮助解决自己学习中的困难。拿到导学单，明确学习目标后，学生再回到课本，把课本内容提纲"复制"到自己的大脑中，形成问题后，再循着导学单指示的方法、搭建的"梯子"，努力独学。教材是根本，导学单是辅助，两个结合起来使用，共同打造高效课堂。

## 【导学单】

### 《认识立体图形（一）》导学单

请同学们先预习教材第 34~35 页。

请找出生活中是长方体、正方体、圆柱、球的物体，并摸一摸。

# 《11~20各数的认识》教学案例

## 【教学设计】

| 课题 | | 11~20各数的认识 | 课型 | 新授课 |
|---|---|---|---|---|
| 三维目标 | 知识目标 | 能够正确地数出数量为11~20的物体的个数，知道这些数的组成（1个十和几个一），掌握20以内数的顺序和大小，初步感知十进制 | | |
| | 能力目标 | 培养学生动手操作能力、观察能力、合作交流能力和思维能力，提高将数学与生活进行联系的应用意识 | | |
| | 情感目标 | 进行遵守交通规则的思想品德和安全意识教育，使学生体会生活中处处有数学，并且从中体会到学习数学的乐趣 | | |
| 教学重点 | | 认识11~20各数 | | |
| 教学难点 | | 数字个位与十位的组成、分析与理解 | | |
| 学情分析 | | 学生入学时已经有了一定的生活经验和学习基础，不过11~20各数绝大部分学生只限于会数、会读、会写，对于数字包含的进一步的意义即数的组成理解不够深刻。而计数单位"十"是学生第一次接触，一年级学生年龄偏小，如何理解和建立计数单位"十"这一概念也是本节课教学的一大难点 | | |
| 教法、学法 | | 教法：讲授法、谈话法、讨论法、演示法<br>学法：自主学习法、探究学习法 | | |
| 教学资源 | | 电脑课件、导学单、主题图、小棒、计数器 | | |
| 教学步骤 | | 教师活动 | 学生活动 | 设计意图 |
| 教学过程 | | **一、情境导入**<br>1.生活中的数学信息<br>师：老师带来一些奖品，给咱班的数学小明星来发奖，一起来看，学习明星有3个人，每人一支笔，取几支？谁会取？如果这一支铅笔是1个一， | 指名回答。 | |

续 表

| 教学步骤 | 教师活动 | 学生活动 | 设计意图 |
|---|---|---|---|
| 教学过程 | 3 支铅笔是几个一?<br>多媒体展示数学小明星图片。<br>师:咱班的合作小明星有 6 个人,谁来给他们取奖品?你取了几支铅笔,是几个一?用完整的话说一说。<br>2. 授新<br>师:思维小明星真不少,有 10 个人呢,谁来给 10 个思维小明星取奖品?<br>师:一起来数一数好吗? 1 个一,2 个一,3 个一……10 个一。<br>师:9 个一又添了 1 个一是几个一?<br>生:10 个一。(师板书:10 个一)<br>师:有不这样取的孩子吗? 还可以怎样取?<br>……<br>师:这样取行吗? 为什么?<br>师:一捆里面藏着几个一呢? 对,10个一。<br>师:够 10 根了我们就把它捆成 1 捆,它是一个几? 谁知道?<br>师:跟你的同桌把这个重要的发现说一说,10 个一是 1 个十。<br>教师板书:10 个一是 1 个十。<br>**二、导学探究**<br>师:同学们,请从带来的小棒中数出10 根来,数好了吗? 请数好的同学拿在手里举起来。<br>(师示范捆小棒,边说边捆,"我的 10个一变成了 1 个十。")<br>师:刚才我们变了个小魔术,现在再来说一说,你的 1 个十里面藏着几个一?<br>师:书写小明星 12 人,谁来给他们取礼物? 怎么取能让别人一眼看出你取的是 12 根小棒?<br>师:哪种符合老师刚才提出的要求,能让老师一眼就看出是 12 根?<br>(一捆是 10 根再加上 2 根是 12 根) | 指名回答。<br>全班回答。<br><br>生上台演示取一捆<br>指名回答。<br><br>指名回答。<br><br><br><br>指名回答。<br><br>指名多名学生汇报不同的取法。 | 让学生在真实的生活情景中学习数学,让学生感受到生活中处处有数学,激发学生的学习兴趣。<br><br><br><br><br><br>通过猜测根数能够较好地培养学生的猜测意识,并通过在具体的情境中把握数的大小来培养学生的数感。通过捆 10,为以后学习 20 以内进位加法的"凑十法"做准备。 |

| 教学步骤 | 教师活动 | 学生活动 | 设计意图 |
|---|---|---|---|
| 教学过程 | **三、互动展示**<br>数的组成：摆小棒，说说是十几，这个数里有几个十和几个一。<br>（1）指名说 11。<br>（2）添上 1 根，同桌互说后交流。<br>（3）13~18 各数任选一个跟同桌说一说，再交流。<br>（4）摆 19，说一说再添 1 根有几个十，是几根。我们来看导学单，昨天同学们是怎么摆出 11~20 这些数的。<br>展示学生摆小棒的结果，大家说一说。<br>**四、归纳释疑**<br>（1）看直尺上的数，从 0 读到 10，再从 10 读到 20。<br>（2）提问：13 的后面是多少？16 的前面是多少？11 比 13 大还是小？17 比 14 大还是小？你发现了什么？<br>（3）指名数数，从 7 数到 13，从 12 数到 20，从 18 倒数到 9。<br>**五、巩固提升**<br>师：在我们的身边有哪些东西可以用十几来表示？<br>比一比谁翻得快，找出数学书第 8、12、17、20 页。介绍好方法，现在往前翻还是往后翻，再翻几张，为什么？数出 10 张，看看有多厚，再数 20 张，看看有多厚。<br>**六、评价延伸**<br>师：今天这节课，我们又认识了哪些新朋友？ | 学生动手摆一摆。<br><br>指名回答。<br><br>同桌交流。<br><br><br><br><br><br><br>学生自主数数。<br><br><br><br><br>指名回答。<br><br><br><br>指名回答。<br>请生上台比赛 | 通过学生的动手操作，激发学生寻找好方法，充分调动了学生学习的积极性，提供了充分的活动与交流的机会。<br><br><br>通过读数，让学生从多种角度去学习数，知道数与数之间的联系和区别。<br><br><br><br><br>不仅教会学生获取知识的方法，而且让他们灵活运用所学的知识解决实际问题，培养学生的数感 |
| 板书设计 | **11~20 各数的认识**<br><br>10 个一是 1 个十<br>1 捆 10 根，添上 2 根是 12 根<br>2 个十是 20<br>11、12、13、14、15、16、17、18、19、20 | | |

## 【点评】

本节课让学生在玩中学、在学中玩，使每个学生都能在学习过程中获得成功的体验，体会到学习数学是一件很快乐的事。

**1. 重视学生的情感体验**

教师在活动中不仅让学生不断充分、主动、积极表现自我，同时也注意用积极的语言评价学生的学习过程，让学生获得一种积极的情感体验，树立学好数学的信心。同时，设置问题，让学生在活动中体验、在体验中学习、在学习中感悟，从中学到数学的思想、数学的方法，从而更深刻地认识到数学的价值。

**2. 动手操作，主动参与**

本节课重视动手操作，以"动"促"思"，让学生积极主动地参与知识的习得过程，进行探究活动。通过数出 10 根捆成一捆，"捆"这个动作，让学生形象感知"10 个一是 1 个十"。并在此基础上，让学生用这种摆法摆出 15、20 等，进一步加深对计数单位"十"的认识。

**3. 让学生经历知识形成的过程**

教师在教学中紧紧围绕学生的心理，从学生的认知规律和知识结构的实际出发，让他们通过有目的的操作、观察、交流、讨论，从直观到抽象，主动构建自己的认知结构。学生在重复猜小棒的游戏中感悟，在动手摆小棒中体会，经历了数学知识的"再创造"过程。

整节课中，教师做到了三个突出：突出主体性，创造学生参与条件；突出民主性，转变了教师的角色；突出实践性，让学生感受到数学来源于生活，在实践中灵活运用数学。

## 【导学单】

### 《11~20 各数的认识》导学单

请同学们预习教材第 74 页例 1 和例 2。

用小棒摆一摆 11 到 20，并比一比。

10 ◯ 11 ◯ 12 ◯ 13 ◯ 14 ◯ 15 ◯ 16 ◯ 17 ◯ 18 ◯ 19 ◯ 20

# 《认识整时》教学案例

## 【教学设计】

| 课题 | | 认识整时 | 课型 | 新授课 |
|---|---|---|---|---|
| 三维目标 | 知识目标 | 通过观察、操作与讨论，让学生认识钟面，了解时针、分针 | | |
| | 能力目标 | 掌握整时在钟面上的表示方法，能认读整时的时间 | | |
| | 情感目标 | 使学生了解生活中的时间，感受时间的重要性，培养学生珍惜时间、合理安排时间的良好习惯 | | |
| 教学重点 | | 使学生会认、会读、会写整时 | | |
| 教学难点 | | 准确区分整时时刻和大约时刻 | | |
| 学情分析 | | 学生在日常生活中经常接触钟表，时间的知识在我们的日常生活中处处都离不开，学生每天起床、吃饭、上课、下课都要按照一定的时间来进行，这样在生活中潜移默化地就感知了时间这一抽象概念的存在，而且一年级学生在学前教育时就初步认识了钟面，所以本节课的内容对于他们来说并不陌生 | | |
| 教法、学法 | | 教法：讲授法、谈话法、讨论法、演示法<br>学法：自主学习法、探究学习法 | | |
| 教学资源 | | 电脑课件、导学单、主题图、钟表模型 | | |
| 教学步骤 | | 教师活动 | 学生活动 | 设计意图 |
| 教学过程 | | **一、情境导入**<br>猜谜语："滴答滴答，滴答滴答……会走没有腿，会说没有嘴，它会告诉我们，什么时候起，什么时候睡。"<br>**二、导学探究**<br>初步认识钟面。<br>（课件出示钟面模型） | 指名回答。 | 让学生在真实的生活情景中学习数学，让学生感受到生活中处处有数学，激发学生学习兴趣。 |

续　表

| 教学步骤 | 教师活动 | 学生活动 | 设计意图 |
|---|---|---|---|
| 教学过程 | 师：大家一起看看大屏幕上的钟面（媒体出示钟表模型），观察一下钟面上都有些什么，然后指着模型和你的小伙伴说一说。<br>（小组活动）现在请小组长拿出你保管好的钟表模型。<br>师：谁来说说你有什么发现？<br>师：说说你还发现了什么。<br>师：都有哪些同学发现了？指给大家看看。说一说你是怎么知道的。<br>（较长的针是分针，较短的针是时针）<br>师：还有什么发现？<br>（相邻的两个数字之间还有什么）<br>师：这 12 个数字首尾相连围成一圈。12 至 1 之间是 1 个大格，1 至 2 之间也是 1 个大格，钟面上共有多少个大格呢？我们一起来看看。（媒体演示 12 个大格，并板书）<br>师：老师还有一个发现，时针和分针会做运动，你们发现了吗？<br>师：你能用小手表示一下时针、分针怎样运动的吗？<br>师：分针和时针朝同一个方向不停地转动，这个转动的方向就是顺时针方向。赶快伸出你的小手，一起来表示一下时针、分针运动的方向。<br>师：大家可真了不起，通过看一看、说一说、指一指、数一数等活动，知道钟面上有 12 个数字、12 个大格，还有时针和分针。时针和分针每天都在钟面上不停地赛跑。<br>**三、互动展示**<br>认识整时，学看整时刻。<br>师：天亮了，有一位小懒虫还不肯起床。（课件演示）（在黑板上贴出 7 时的钟面）看一看现在是几时。引导学生试着认读钟面上的时间。 | 小组交流你看到些什么。<br><br><br><br><br>指名回答。<br><br><br>（生指）<br><br><br><br>指名回答。<br><br><br><br>生集体数 12 个大格。<br><br><br><br><br>生动手演示。<br><br><br><br><br><br><br><br><br><br><br><br>指名回答。 | 通过观察钟面培养细心观察的意识，在指一指、数一数的活动中认识钟面的结构。<br><br><br><br><br>通过学生的动手操作，引导学生寻找好方法，充分调动了学生学习的积极性，提供了充分的活动与交流的机会。 |

续 表

| 教学步骤 | 教师活动 | 学生活动 | 设计意图 |
|---|---|---|---|
| 教学过程 | 师：小朋友是怎样知道钟表上的时间的？和你的同桌说一说。（分针指几？时针指几？）<br><br>结合学生的回答，强调用几时来表示时间。引导学生说出分针指着12，时针指着7就是7时。（出示9时）（出示11时）<br><br>师：教师出示8时、11时请同学来说一说是几时，怎么看出来的？<br><br>师：老师这里还有三个钟面，请你选择一个喜欢的时间和同桌说一说。（出示三个钟面）<br><br>教师巡视，指名全班交流。<br><br>师：还真难不倒大家，增加点难度有信心吗？（快速抢答）<br>出示不同形状、不同大小的钟面。<br><br>师：聪明的小朋友，请你们仔细观察这6个钟表，它们有什么相同的地方和不同的地方？那我们读时刻时有什么好方法吗？<br><br>师小结（出示课件）：分针指着12，时针指着几就是几时。<br><br>**四、归纳释疑**<br>进行拨钟练习；学习整时的两种写法。<br><br>师：现在让小闹钟休息一会儿。刚才你们已经认识了整时，并且学会了用这种方法来表示整时，那么7时除了这种写法，你还知道不同的写法吗？<br><br>生：也可以像电子表一样，用数字表示，先写7，再写两个圆点，再写两个0。<br><br>师：你们可真了不起。这种写法你是怎么知道的？ | 同桌交流。<br><br><br>指名回答。<br><br><br><br>同桌相互交流说说自己看到的钟面是几时，怎么看的。<br><br><br><br><br><br><br><br><br><br><br><br><br><br><br><br><br><br><br>学生同桌两人互相轮流拨钟、读时刻。<br><br><br><br><br>指名回答。 | <br><br><br><br><br><br><br><br><br><br><br><br><br><br><br><br><br><br><br><br><br><br><br><br><br>引导学生仔细观察生活，在生活中发现数学，正确表示整时时刻。 |

| 教学步骤 | 教师活动 | 学生活动 | 设计意图 |
|---|---|---|---|
| 教学过程 | 生：电子表上看到的。<br>师：你可真是一个留心观察的好孩子。（课件出示电子表）<br>**五、巩固提升**<br>第一关：小手拨一拨<br>在实物钟表上拨出：<br>4：00  9：00  12：00<br>第二关：动手写时间<br>明明的一天，早上7：00刷牙，9：00看课外书，10：00开始锻炼，中午12：00吃午饭，下午4：00看动画片，晚上9：00休息。<br>说一说，明明9：00在做什么？<br>上午9时在看课外书，晚上9时在休息，一天中，钟表的时针转两圈，所以，一天有两个9时。<br>明明的这一天中既有学习又有锻炼，时间安排得十分合理，希望聪明又可爱的你也能像明明一样合理安排自己的时间，做自己时间的小主人。<br>第三关：过一时是几时<br>8时  3时  6时<br>**六、评价延伸**<br>今天这节课，我们认识了哪位新朋友？学会了什么？ | 请生上台比赛拨钟。<br><br>学生听教师说，写下时间，指名板演。<br><br><br><br><br><br><br><br><br>指名回答 | 在动手活动中，能更好地掌握看时间的技能，并且了解一天不止12小时 |
| 板书设计 | **认识整时**<br>12个数  12个大格<br>时针：又短又粗<br>分针：又细又长<br>整时：分针指向12，时针指向几就表示几时 | | |

## 【点评】

在这节课中，先从学生喜爱的猜谜语导入，生动有趣，并很好地让学生感悟了守时的重要性。认识几时是利用学生已有的生活经验来完成的，让学生结合自己的生活实际来说，既充分表达了学生的主体性，又给学生创设了一个表现自我的气氛，使学生在表现的过程中建立起时间观念，也使他们感受到了生活中的数学。

本节课充分利用了学具和多媒体教学手段，调动学生的多种感官参与学习。让学生在实际中运用所学知识，密切联系实际。让学生学会用数学语言表达数学生活，明白生活离不开数学。在整堂课中，教师注重学生数学学习与现实生活的联系，教学中注意创设生活情境，使数学更贴近学生；注意引导学生用数学的眼光去认识和观察身边的各种事物，学会从生活中发现数学问题、提出问题，并设法解决问题。教学形式、学习方式灵活多样。在整个教学过程中，教师和学生分享彼此的思考、见解，交流彼此的情感，求得新的发展。但凡学生能独立思考、合作探究发现的教师决不包办代替。做到让学生多思考、多动手、多实践，自主探索、合作学习、师生共同活动相结合，教学形式有分有合，方法多样，学生参与度高，最大限度地拓展了学生的思维，使课堂充满生机与活力。

## 【导学单】

### 《认识整时》导学单

请同学们预习教材第 84 页。

观察钟面图片，写下这些时间：

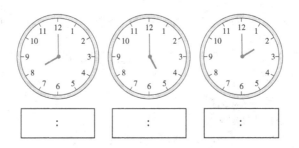

# 《9加几》教学案例

## 【教学设计】

| 课题 | | 9加几 | 课型 | 新授课 |
|------|------|------|------|------|
| 三维目标 | 知识目标 | 初步学会用"凑十法"计算20以内的进位加法，能正确计算9加几的进位加法 | | |
| | 能力目标 | 在探索9加几的进位加法的过程中，通过学生的操作和教师的演示，理解并掌握"凑十法"在计算中的方便与快捷，学会准确计算 | | |
| | 情感目标 | 使学生体验数学与生活的联系，感受数学在生活中的价值，初步渗透转化思想 | | |
| 教学重点 | | 掌握"凑十法"，正确计算9加几的计算方法 | | |
| 教学难点 | | 使学生经历"凑十法"的思考过程 | | |
| 学情分析 | | 学生已经有了口算10加几的基础，而且对"9加几"也有很多学生已经会正确计算了，但大多只是停留在机械记忆上，他们能算出得数，可是对为什么这么算、怎么算出来的并不清楚，处于只知其然而不知其所以然的层次 | | |
| 教法、学法 | | 教法：讲授法、谈话法、讨论法、演示法<br>学法：自主学习法、探究学习法 | | |
| 教学资源 | | 电脑课件、导学单、主题图、小棒 | | |
| 教学步骤 | | 教师活动 | 学生活动 | 设计意图 |
| 教学过程 | | **一、情境导入**<br>以数学王国的小精灵送礼物为切入点，进行知识复习。<br>（1）数礼物：结合生活情境数数，渗透圈10方法。<br>师：10的作用可真大，看看它还能给咱们提供什么帮助。 | 指名回答。 | 体验10在生活中的广泛运用以及10加几的简便性。同时，初步感知凑十，为学习"凑十"新知做好铺垫。 |

续 表

| 教学步骤 | 教师活动 | 学生活动 | 设计意图 |
|---|---|---|---|
| 教学过程 | （2）复习 10 加几（看礼物个数，写数学算式）。<br>10+6、10+7、10+3、10+2。<br>（3）小结：十加几等于十几。<br>（4）再让学生说说除了以上算式的 10 加几算式。<br>**二、导学探究**<br>（1）以小精灵带孩子们参观运动会为主线，引入课本中的主题情景图。<br>（2）看图说图，引入新课（课本 88 页主题图）。<br>师：请同学们仔细观察，说说你看到了什么，发现了哪些数学问题。<br>**三、互动展示**<br>（1）直观演示，探究"一共有多少盒饮料"的计算方法。<br>观看微视频，看学生具体的操作过程，初步感知 9 加几，探究算法。<br>（2）通过视频演示，汇报观看情况，呈现算法多样化。<br>方法一：点着数，1、2、3…12、13，一共 13 盒饮料；<br>方法二：接着数，从 9 数到 13，一共 13 盒饮料；<br>方法三：凑十法，先拿一盒放进箱子里，再算"10 加 3 等于 13"，一共 13 盒饮料。<br>（3）动手摆一摆，利用摆小棒的方法，突出"摆"的思维过程，感知凑十的基本过程。<br>**四、归纳释疑**<br>1.理解算理<br>将以上操作分一分、摆一摆的过程，用数学算式表示出来。<br>让学生进行口述，将"凑十"过程用数学语言表述出来 | 学生说说 10 加几的算式。<br><br><br><br><br><br><br><br><br>指名回答。<br><br><br><br><br><br>指名回答。<br><br><br><br><br><br><br><br>生动手摆一摆、说一说。<br><br><br><br>学生口答怎么凑十。 | 在整个环节中都让学生通过小组合作交流学习和自主探究学习来实现教学目标，并渗透数学中的转化思想，让学生经历数学技能从实物操作到表象操作再到抽象思维的过程。 |

续表

| 教学步骤 | 教师活动 | 学生活动 | 设计意图 |
|---|---|---|---|
| 教学过程 | $9 + 4 = 13$<br>$1 \quad 3$<br>$10$<br><br>想：9 加（1）等于 10，4 可以分成（1）和（3），10 加 3 等于（13）。<br>师再问：为什么要"凑十"？<br>从而引出此方法就是凑十法，并板书凑十法，同时向学生渗透转化思想。<br>归纳小结："凑十"的目的，就是要把 9 加几的题目转化成 10 加几的题目来计算，这样计算更简便。<br>展示学生导学单，请学生说说用什么方法得出结果。对比不同的方法，突出"凑十法"。<br>2. 画圈写数凑十要求：用"凑十法"比一比哪个小朋友最快！将摆好的两个图圈一圈，再算一算，看看谁是凑十小能手！<br>圈一圈，算一算。（课本第 89 页 1 题）<br>3. 卡片作答，总结规律<br>（课本第 89 页 2 题，得出规律）<br>$9+1+2=$    $9+1+5=$    $9+1+8=$<br>$9+3=$      $9+6=$      $9+9=$<br>小结规律：<br>（1）一个加数不变，另一个加数依次增加 1，和也依次增加 1。<br>（2）9 加几中，和的个位数都比第二个加数少 1。<br>**五、巩固提升**<br>1. 基础练习<br>抢答：利用规律，抢气球。<br>2. 加强练习<br>看图说图，再列式计算。 | 指名回答。<br><br><br><br><br>同桌交流。<br><br><br><br><br>学生独立完成，并指名汇报。<br><br><br><br><br><br>指名回答。<br><br><br>指名回答。 | 动手操作中，使学生体验"凑十法"，在说一说与摆一摆的活动中，加深对"凑十法"的理解，初步渗透转化的数学思想。<br><br>以卡片游戏的方式，让学生在轻松快乐的氛围中感知计算方法，通过找联系和规律，感受函数的思想，以便帮助学生更好地学习，从而达到思维训练的目的。 |

续 表

| 教学步骤 | 教师活动 | 学生活动 | 设计意图 |
|---|---|---|---|
| 教学过程 | 草地上有一群小白兔在做游戏，左边有9只兔子，右边有5只兔子，草地上一共有多少只兔子？<br>3. 提高训练<br>小动物摘苹果比赛。<br>4. 拓展练习<br>联系生活说数学（将所学的9加几算式编成文字题，再解答）。<br>5. 总结方法<br>回忆归纳，全面总结方法。<br>**六、评价延伸**<br>将今天的凑十法带回家与自己的父母分享，感受学习数学带来的快乐！并在快乐游戏中完成课本第89页的"做一做"的第3题 | | 在巩固练习时，通过让学生圈一圈——填方框——脱口说得数——拓展练习这四个层次的技能训练，使学生得到9加几的技能训练 |
| 板书设计 | 9 加几<br><br><br>凑十法<br><br>$9 + 4 = 13$<br>1    3<br>10 | | |

【点评】

本节课在编排上能注意体现新的教学理念，重点突出、层次清楚，有以下几个特点：

**1. 创设生活情境，引出数学问题**

新课程倡导数学教学要密切联系生活，要让学生感受到数学与生活的联系，感受到生活中处处有数学问题。教师根据新课程的理念，结合小学一年级学生的年龄特点和心理特征，创设了运动会的教学情境。通过让学生观察运动会场景图，发现数学信息，提出数学问题。这样的编排不仅沟通了数学与生活的联系，也培养了学生看图获取信息及提出问题的能力。

**2. 运用多种方法，突破教学难点**

"凑十"是本节课的教学重点和难点。教师从本课开始的导入练习到新授的例题计算方法的讲解一直很关注"凑十"这个知识点。尤其是能结合图示，让学生清楚地看到"凑十"动态演示的过程。借助多媒体技术，化静为动，化难为易，让学生直观形象地理解了"凑十"的算理，使原本很棘手的教学难点迎刃而解。

**3. 利用电子白板技术，提高课堂教学效率**

在本节课中教师使用了电子白板进行教学，利用电子白板的魔术笔、放大镜等功能突显教学重点和难点。利用电子白板的交互功能，进行多种解题方法的展示与交流。运用新的多媒体技术使本节课达到了较好的教学效果。

## 【导学单】

### 《9 加几》导学单

请同学们预习教材第 89 页例 1。

摆一摆，算一算：

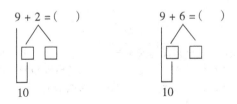

# 《认识平面图形》教学案例

## 【教学设计】

| 课题 | | 认识平面图形 | | 课型 | 新授课 |
|---|---|---|---|---|---|
| 三维目标 | 知识目标 | 初步认识并辨认长方形、正方形、三角形、平行四边形和圆，体会面在体上 | | | |
| | 能力目标 | 初步体会解决问题的方法和策略的多样性。在动手操作的过程中发展空间观念和创新意识；在小组合作中培养学生用数学进行交流、合作探究和创新的意识 | | | |
| | 情感目标 | 通过图形在生活中的广泛应用，感受到数学知识与生活密切相关，激发学生对数学学习的兴趣 | | | |
| 教学重点 | | 认识长方形、正方形、三角形、圆、平行四边形等平面图形 | | | |
| 教学难点 | | 体会面在体上 | | | |
| 学情分析 | | 一年级的学生好奇心强，喜欢动手操作，大多性格外向活泼，善于表达自己，有自己的想法和主见。他们的思维积极而活跃，有不同的意见时总会第一时间提出来。又加上上学期学生已经初步认识了立体图形，在日常生活中对于立体图形已经有了感性认识，通过小组合作中摸、找、描、说、拼等活动，能较有条理地表达自己的操作过程和思考 | | | |
| 教法、学法 | | 教法：讲授法、谈话法、讨论法、演示法<br>学法：自主学习法、探究学习法 | | | |
| 教学资源 | | 电脑课件、导学单、立体图形若干、平面图形若干、练习纸 | | | |
| 教学步骤 | | 教师活动 | | 学生活动 | 设计意图 |
| 教学过程 | | **一、情境导入**<br>小朋友们，今天图形王国的国王邀请大家到图形王国去玩，你们想去吗？看！国王派谁来接咱们啦！<br>（出示立体图形长方体、正方体、圆柱） | | | 学生知道了立体图形，但对它与平面图形的联系难以理解。通过创设参观图形王国 |

| 教学步骤 | 教师活动 | 学生活动 | 设计意图 |
|---|---|---|---|
| 教学过程 | 师：咦，国王明明派了四个立体图形来接咱们，怎么少了一个？三棱柱跑哪里去了？大家赶快帮忙喊一喊吧！<br>师：瞧！它来了。原来呀，是咱们的老朋友立体图形来接咱们啦！见到小朋友呀，它们特别高兴，在地上又蹦又跳的，留下了一串串欢快的脚印。聪明的小朋友们，你们知道这些脚印是谁留下来的吗？（学生找出脚印的主人，教师用 PPT 演示，和学生一起验证脚印的主人）<br>**二、导学探究**<br>师：小朋友们，这些脚印就是国王今天准备要介绍给大家认识的新朋友。这节课，我们就来认识认识这些新朋友，好不好？<br>**1. 长方形**<br>师：请小朋友拿出你的长方体，摸一摸它的这个面，摸起来感觉怎么样？<br>师总结：这个面摸起来确实平平的、滑滑的，长方体的这个面看上去长长的、方方的，所以我们把它叫作长方形。<br>（在黑板上贴长方形并板书：长方形）引导学生观察长方形的特征，并在长方体上找出长方形，体会面在体上。<br>**2. 正方形**<br>师：长方形有一个最好的朋友，我们也把它请出来好不好？请拿出你的正方体，摸一摸它的这个面，你有什么发现？<br>师：它也是平平的、滑滑的，它是正方体的一个"面"（引导学生说）。大家看它长得正正方方，我们把它叫作正方形。<br>（在黑板上贴正方形并板书：正方形）长方形的好朋友是正方形，它们俩有很多共同点和不同点。 | 全班齐说"三棱柱"。<br><br><br><br><br><br><br><br><br><br><br><br>学生摸一摸长方体学具，指名回答。<br><br><br><br>个别汇报。<br><br><br><br>学生摸一摸正方体学具，指名回答。 | 情景，巧妙地引导学生回顾前面学的立体图形，自然地过渡到平面图形的认识，从而对立体图形和平面图形的印象也更加深刻。<br><br><br><br><br><br>低年级学生的思维很具体形象，让他们动手去摸一摸，自己去发现，这样得到的知识才能被他们所接受和更好地理解。 |

| 教学步骤 | 教师活动 | 学生活动 | 设计意图 |
|---|---|---|---|
| 教学过程 | 学生观察找出正方形与长方形相同和不同的地方，并在正方体上找出正方形，体会面在体上。<br>3. 三角形<br>师：这是我们的第三个新朋友，它长这样，它叫三角形。<br>（在黑板上贴三角形并板书：三角形）<br>仔细观察，它有几个角、几条边。学生在桌上学具里的三棱柱上找一找三角形，感知面在体上。<br>4. 圆<br>师：第四个新朋友可不可爱，它长得圆圆的，我们给它起个可爱的名字——圆。<br>（在黑板上贴圆并板书：圆）<br>圆和前面的三个新朋友长得不一样，它很特别，仔细观察，它哪里不一样？<br>学生在圆柱上找一找圆，体会面在体上。<br>5. 平行四边形<br>师：其实呀，这四个新朋友都是图形王国里的第二大家族成员，它们叫平面图形。<br>（板书：平面图形）<br>平面图形大家族里还有一位成员——国王没有介绍，它长得和长方形可像了，瞧，它来了。<br>（师出示平行四边形并贴到黑板上，板书：平行四边形）<br>比一比长方形和平行四边形的相同点和不同点。<br>三、互动展示<br>魔术游戏：请大家记住平行四边形和长方形的样子，下面咱们去看一个魔术，睁大眼睛瞧仔细了，记住眼睛千万别眨。<br>（PPT演示平行四边形和长方形，学生快速说出它们的名称） | 学生指一指，数一数回答。<br><br><br><br><br><br><br><br>学生在学具找一找，指名回答。<br><br><br><br><br><br><br><br><br>指名回答。<br><br><br><br><br>全班回答。 | 展示一个小小的魔术，可以激发学生学习的兴趣 |

| 教学步骤 | 教师活动 | 学生活动 | 设计意图 |
|---|---|---|---|
| 教学过程 | 四、归纳释疑<br>师：今天我们认识了哪些图形？<br>找一找：身边哪些物体的面是我们今天认识的平面图形？<br>展示学生的导学单，看看大家都找到了什么。<br><br>五、巩固提升<br>师：我们的新朋友听说我们班的小朋友非常聪明，想考一考大家，你们敢接受他们的挑战吗？<br>智力大闯关<br>第一关：猜一猜躲在云朵后面的是哪个图形。<br>第二关：涂色。给长方形涂上红色，正方形涂上绿色，圆涂上黄色，三角形涂上蓝色，平行四边形涂上紫色，再数一数，填一填。<br>第三关：在教室里找一找今天学习的新朋友。<br><br>六、评价延伸<br>师：这节课你们认识了哪些新朋友？同学们，在这些平面图形里不但藏着许多知识，把这些平面图形组合在一起还能创造出一个个美丽的图案，请看，这是什么？说说它是由什么图形组成的。你能用手中的图形创造出一幅美丽的图案吗？请你和爸爸妈妈在家里一起创作吧！ | 小组交流。<br><br>指名汇报。<br><br><br>学生自由发言。<br><br><br><br><br>动手涂一涂 | 小孩子好胜心强，抓住这一点，我设计了一个智力大闯关环节，第一关抓住小孩子好奇的心理，调皮的新朋友藏在云朵后面，激发学生的兴趣。第二关通过将这些图形分别涂上不同的颜色，更吸引学生的注意力，更渗透了分类统计的思想。第三关通过学生自己去观察、去寻找，熟练认识今天学习的新朋友，并体会数学与生活的联系 |
| 板书设计 | **认识平面图形**<br>平面图形<br><br>长方形　　正方形　　三角形<br><br>圆　　平行四边形 | | |

## 【点评】

《认识图形》一课，是在第一册认识四种立体图形的基础上认识一些平面图形。这节课充分体现了课程标准的基本理念，能坚持以学生发展为本，积极倡导自主、合作、探究的学习方式。我认为本节课有以下几个特点：

**1. 寓教于乐**

教学中教师努力将教学内容融入一环环的活动中，以活动贯穿始终。为学生说、想、做创造恰当的氛围，创设必要的情境、空间。

**2. 努力体现学生是学习活动的主体**

《义务教育数学课程标准（2022年版）》（以下简称《数学课标》）明确要求：学生是学习的主体，教师是学习的组织者、引导者与合作者。在本节课的整个教学过程中，动手实践、自主探索与合作交流，成为学生学习数学知识的重要方式。学生通过自己去发现、去探索，获得数学知识。而教师只是这节课的引导者、材料准备者、活动的设计者。

**3. 注重数学与生活的联系**

当教师问学生："你在教室中见到哪些物体的面是长方形、正方形和圆形的？"学生马上在教室中观察自己所见到的物体，并在这些物体上准确地找到了长方形、正方形和圆形，这一设计使学生充分体会到了数学在现实世界中有着广泛的应用。

**4. 让学生在实际活动中体验和学习数学**

《数学课标》中指出："学生的学习是一个主动的过程，认真听讲、独立思考、动手实践、自主探索、合作交流等是学习数学的重要方式。"这节课正是在教学中突出以"活动为主线，学生为主体"，进行开放活动式的教学。

（1）教师安排了大量的动手操作活动，如找图形、变图形、分图形、围图形、拼图形等。让学生在操作中获取知识、在操作中充分感知，使学生获得对图形最直接的体验，体会"面在体上"。

（2）教师把操作与思考有机地结合起来，引导学生在操作中进行思考，把操作作为探索知识的一种手段。比如在学生从积木上找到平面图形后，教师问："怎样将这些图形变到纸上？"再如，围图形时，教师问："能围出圆吗？为什么？"这些都很好地体现了这一点。

（3）教师注意引导学生在操作的基础上进行讨论交流，在小组合作中进一步认识图形，发展空间观念。

## 【导学单】

### 《认识平面图形》导学单

请同学们预习书本第 2 页。

找一找家里哪些物体的面是长方形、正方形、平行四边形、三角形、圆形。

# 《十几减9》教学案例

## 【教学设计】

| 课题 | | 十几减9 | | 课型 | 新授课 |
|---|---|---|---|---|---|
| 三维目标 | 知识目标 | 让学生通过生活中的活动发现数学问题，在解决数学问题的过程中学习十几减9的计算方法，用十几减9的计算方法解决生活中的问题 | | | |
| | 能力目标 | 让学生通过独立思考、小组合作、全班交流，知道十几减9的计算方法是多样的。在多种方法中，选择自己喜欢的算法 | | | |
| | 情感目标 | 培养学生独立思考解决数学问题的能力以及学生之间合作交流的意识 | | | |
| 教学重点 | | 使学生掌握十几减9的计算方法，能正确进行计算 | | | |
| 教学难点 | | 掌握"破十法"的计算方法和算理 | | | |
| 学情分析 | | 本节课是在学生学习了20以内的进位加法和10以内减法的基础上进行的，而且十几减9是20以内退位减法的第一课时，学生对于20以内的退位减法的基本思维方法还没有建立起来。因此在十几减9这节课中，让学生探索和掌握十几减9的计算方法是最为重要的 | | | |
| 教法、学法 | | 教法：讲授法、谈话法、讨论法、演示法<br>学法：自主学习法、探究学习法 | | | |
| 教学资源 | | 电脑、课件、导学单、小木棒、圆点图 | | | |
| 教学步骤 | | 教师活动 | | 学生活动 | 设计意图 |
| 教学过程 | | 一、**情境导入**<br>出示教材第10~11页的游园活动图。<br>游园中的聪聪和明明分别提问：同学们，这是学校游园活动的场面，从图中你看了什么？（让学生自己看图相互说一说）<br>教师提出：游园活动中，老师有15个气球，卖了9个，还剩多少个气球？ | | 指名说。 | 吸引学生的注意力，同时引导学生发现数学来源于生活。 |

续 表

| 教学步骤 | 教师活动 | 学生活动 | 设计意图 |
|---|---|---|---|
| 教学过程 | 师：同学们，你们知道还剩多少个气球吗？相互说一说你是怎样发现的。<br>教师指出：刚才有的同学用数数的方法知道了还剩多少个气球，有的同学通过计算的方法知道了结果。下面，让我们一起来想一想这些同学是怎样计算 15 减 9 的。<br>**二、导学探究**<br>学生独立用学具（小棒）操作探究 15减 9 怎样减，教师巡回个别指导。<br>小组合作交流：相互说一说、摆一摆，告诉小组的同学自己是怎样摆 15减 9 的，自己是怎样想的。<br>出示课前导学学生的成果，说一说。<br>**三、互动展示**<br>在教学中，通过让学生观看课件演示，亲自动手摆一摆、想一想、说一说等方式，加深学生对"破十法"的理解，使学生能熟练运用"破十法"进行计算，提高学生的计算能力及计算速度。<br>**四、归纳释疑**<br>师：同学们，你们愿意用自己喜欢的方法到游园活动中去帮助小朋友解决猜谜语和套圈游戏中的问题吗？试试看。<br>（出示游园活动图，学生尝试练习，再集体小结）<br>引导学生自学教材第 10 页例 1，回答教材中的问题。<br>师：同学们会计算 15-9 和 12-9 了。下面，老师再带你们去看一看游园活动中云朵里藏着的问题，看哪些同学会用自己喜欢的方法帮助小鸟回自己的家。<br>（多媒体呈现练习二第 2 题的内容，学生合作完成） | 指名回答。<br><br><br><br><br><br><br><br>学生独立摆小棒，小组交流想法。<br><br><br><br>个别汇报。<br><br><br>学生动手摆一摆。<br><br><br><br><br><br><br><br><br><br><br><br><br><br>小组交流。<br><br>学生自主回答。 | 引导学生亲自动手实践，发现"破十法"的算理，为后面做铺垫。<br><br><br><br><br><br><br><br><br><br><br><br><br><br><br>进一步加深对"破十法"的理解，通过说一说让学生把算理说清楚。 |

续 表

| 教学步骤 | 教师活动 | 学生活动 | 设计意图 |
|---|---|---|---|
| 教学过程 | 五、巩固提升<br>1.运用新知，自主练习<br>师：刚才大家学习都很认真，接下来就让我们检验一下。<br>书上"做一做"。<br>（1）完成书本第10页"做一做"的第1题。<br>学生做完后集体订正，一名学生到展示平台上边摆小棒边讲方法。<br>（2）独立完成第2题。<br>同桌两人互相说说是怎样圈的，又是怎样算的。<br>2.趣味练习，体验成功<br>（1）小小邮递员（口算）。<br>（2）兔子收萝卜（同桌互相交流）。<br>（3）金鱼闯关（学生口算）。<br>（4）智慧乐园（独立在作业本上完成）。<br>学生自主选择，进行游戏。<br>六、评价延伸<br>师：今天你有什么收获？ | 指名回答。<br><br>同桌交流。<br><br>学生独立完成，个别汇报 | 谈收获，让学生体验学习成功后的喜悦，学生对本节课的知识有一个全面了解的同时，知道十几减九还有更巧妙的方法，培养了学生对知识的初步概括能力和学生思维的灵活性 |
| 板书设计 | 十几减9<br>$15-9=6$（个）<br>$9+6=15$    $15-9=6$<br>$10-9=1$    $5+1=6$ | | |

【点评】

《十几减9》是20以内退位减法的起始课，是学习十几减几的基础，因此学好它非常重要，但计算课比较枯燥，学生不感兴趣，特别是一年级小朋友。基于这一思考，在教学设计中，教师努力创设现实的、有意义的、学生感兴趣的生活情境，将计算教学融入具体情境中，促使学生主动参与学习。

**1.将计算教学融入学生感兴趣的现实生活情境中，学生的学习积极性高**

整堂课以学生感兴趣的情境为主线展开教学，而这些情境又是学生所熟悉的，他们能在已有知识水平和生活经验基础上，根据信息轻松地提出数学问题和解决问题，不断地体验到成功的喜悦，学生的学习积极性很高。同时让学生在现实情境中学习计算，能让学生从中感悟到学习计算的必要性，体验到学习数学的价值，从而帮助学生树立学好数学的信心。

**2. 让学生在自主探索和合作交流中亲历知识的形成过程，学生能较好地理解和把握新知**

在学习新知时，教师组织学生自主探索"15 – 9=？"，然后让学生在自主探索的基础上进行合作交流，让学生亲历新知的形成过程，不仅知其然，而且知其所以然。这样组织教学，不仅能更好地落实这节课的教学目标，而且能充分体现学生是学习的主人，同时培养了学生的交流能力和合作意识。

**3. 尊重差异，体现算法多样化，能增强学生学习数学的信心**

在探究"15 – 9=？"时，由于学生间的差异，出现了多种计算方法：

（1）将剩下桃子的个数数出来，算出 15 – 9=6。

（2）想加算减：9 + 6 = 15，15 – 9 = 6。

（3）破十法：10 – 9 = 1，1 +5 = 6，15 – 9 = 6。

（4）连续减：15 – 5 – 4 = 6，15 – 9 = 6。

教师尊重差异，将每一种方法都展示出来，并一一予以肯定，让不同的学生都体验到探索成功的愉悦，实现不同层次的学生在数学学习活动中得到不同的发展。

## 【导学单】

### 《十几减9》导学单

请同学们先预习书本第 10 页。

用小棒摆一摆，算一算：

15 – 9 =（　　　）　　　12 – 9 =（　　　）

# 《数100以内的数和数的组成》教学案例

## 【教学设计】

| 课题 | | 数 100 以内的数和数的组成 | 课型 | 新授课 |
|---|---|---|---|---|
| 三维目标 | 知识目标 | 引导学生会点数 100 以内的数，感受"十"在计数中的作用，知道 10 个十是 100，感受"十""百"的关系 | | |
| | 能力目标 | 会用 100 以内的数表示日常生活中的事物 | | |
| | 情感目标 | 培养学生的估算能力及探索观察能力，体验数学方法的多样性，发展思维的灵活性 | | |
| 教学重点 | | 建立 100 以内数的概念，正确数出 100 以内的数 | | |
| 教学难点 | | 数数时对"拐弯数"要重点指导 | | |
| 学情分析 | | "100 以内数的认识"是在学生学习了"20 以内数的认识"的基础上教学的，教学内容和 20 以内的数的认识编排顺序一样。但由于数的范围的扩展，与 20 以内数的认识不同，首先数数的难度增加了，学生虽然都能唱数到 100，但对 100 以内的数的概念未必都清楚。另外计数单位不同，在 10 以内计数单位是"个"，在 11~20 的数的认识中初步认识计数单位"十"，但由于数的范围的局限，以"十"为单位的计数单位内容在这一单元完成。另外，这部分涉及数概念的基本内容：数位、数的大小比较的基本方法，它是认识多位数的基础。数概念是整座数学大厦的基础，是重要的数学概念。这部分知识不仅是学习 100 以内数计算的基础，也是认识更大的自然数的基础，它在日常生活中有着广泛的应用 | | |
| 教法、学法 | | 教法：讲授法、谈话法、讨论法、演示法<br>学法：自主学习法、探究学习法 | | |
| 教学资源 | | 电脑课件、导学单、小棒、百羊图 | | |

续 表

| 教学步骤 | 教师活动 | 学生活动 | 设计意图 |
|---|---|---|---|
| 教学过程 | **一、情境导入**<br>今天我们带着学过的数去羊羊村转转，那么谁能告诉大家我们学过了哪些数呢？<br>（0~20）<br>课件出示百羊图，用我们学过的数可以数清这些羊吗？这些羊的只数比20怎么样？（多得多）<br>今天我们就要学习比20更大的数。<br>（板书课题）<br>**二、导学探究**<br>展示学生的导学单，小组交流自己的想法，听听别人怎么数的。<br>**三、互动展示**<br>1.学生自主探索不同的数数方法<br>师：要想知道这里到底有多少只羊。我们应该怎么办？<br>师：对，数一数！老师为大家准备了跟羊一样多的小棒，一根小棒就代表一只羊，请你跟同桌合作，数一数一共有多少根小棒。<br>师：你数出了多少根小棒？你是怎样数的？（课件出示不同的数数方法）<br>师：刚才大家用不同的方法数出了100根小棒！那哪种方法数得又快又准？你是怎样想的？<br>2.在数数中自主构建"10个十是100"<br>（1）活动：数小棒。<br>师：好，那现在就请大家用满十根就捆成一捆的方法再来数一数小棒吧！<br>师：你捆了多少捆？<br>师：10捆，一捆就是1个十，让我们一起10个10个地数数吧！<br>（师生共同数数，10，20，…，100）<br>师：我们已经知道10个一是10，从刚才数数的过程中，我们又知道了什么？ | 学生自由发言。<br><br><br><br><br><br><br><br>小组交流，指名汇报。<br><br><br><br><br><br>学生上台数一数。<br><br><br><br>指名回答。<br><br><br><br><br><br><br><br>学生指名回答。 | 将抽象的数具体化。<br><br><br><br><br><br><br><br><br><br><br><br><br><br><br><br><br><br><br><br><br>发现、体味十进制的简便。<br>在学生体味计数单位变化的过程中培养学生的数感、符号意识。 |

续　表

| 教学步骤 | 教师活动 | 学生活动 | 设计意图 |
|---|---|---|---|
| 教学过程 | （师根据学生回答板书）<br>（2）活动：数小羊。<br>师：那现在你们有好办法数出草原上有多少只羊了吗？羊不能捆起来怎么办？<br>（课件再次出现百羊图）<br>师：好，请你们数一数、圈一圈吧！<br>师：原来草原上有 100 只羊，你刚才估对了吗？<br>（3）活动：数数练习。<br>一十一十地数。<br>五十前面是（　　），六十后面是（　　），七十前面是（　　），八十后面是（　　）。<br>从三十数到七十。<br>从六十数到一百。<br>从十数到一百。<br>**四、归纳释疑**<br>1. 在数数中理解数，突破数数难点<br>从三十五数到四十，再数到五十三。<br>师：请拿出三十五根小棒，说说你是怎样摆的，为什么？<br>师：请你一根一根地边摆边数，从三十五数到四十（39 添 1 是多少？）<br>师：你是怎么知道的？<br>小结：因为 9 个一添 1 个一是 10 个一，10 个一是 10，39 添一是 1 是 4 个十，4 个十是 40。<br>师：请你接着再数到五十三，能一眼看出是五十三根小棒吗？<br>2. 从五十三数到六十五<br>师：哪位小朋友能上来数给大家看看？<br>3. 脱离小棒数数，从七十七数到一百<br>师：不用小棒你们会数吗？ | 学生圈一圈，估一估。<br><br>全班一起数。<br><br><br><br>学生动手摆一摆，数一数，同桌交流。<br><br><br><br>学生边添小棒边数。<br><br><br><br>学生在白板上边摆边数。<br><br><br>指名回答。 | 通过趣味游戏，进一步理解 10 个十是 100，同时丰富学生解决问题的策略。<br><br><br><br><br><br>让学生先交流各自的想法，既给了充分的思考空间，又在交流中相互启发，为下面的操作打开思路。在比较中优化。 |

续 表

| 教学步骤 | 教师活动 | 学生活动 | 设计意图 |
|---|---|---|---|
| 教学过程 | **五、巩固提升**<br>（1）数一数小猪吹了多少个泡泡？<br>（教材 P35）<br>师：大家都是数数小能手。小猪遇到了困难，想请大家去帮忙，咱们一起去看看吧！（课件出示泡泡图）<br>（2）数一数黄夹子、蓝夹子各有多少个？（教材 P38）<br>师：学会数数真有用，小兔子也想学习数数，请你们教教它吧！（课件出示夹子图）<br>（3）先圈出 10 颗，再估一估有多少颗糖。（教材 P38）<br>**六、评价延伸**<br>（1）这节课你有什么收获？<br>（2）用 100 以内的数说一句完整的话（联系生活，发展学生数学语言） | 指名回答。<br><br><br>动手圈一圈，估一估。<br><br><br>学生自由发言 | 练习趣味性强，深入浅出，加深了学生对新知的巩固 |
| 板书设计 | **数 100 以内的数和数的组成**<br>十根十根地数，10 个十是 100。<br>一百里有（10）个十。<br>一百里有（100）个一 | | |

## 【点评】

本节课从新课程标准的基本理念出发，围绕知识与技能、过程与方法、情感态度与价值观的三维目标设计教学。教学中利用学生原有的知识经验，即 20 以内的数的组成，迁移到 100 以内的数的组成的学习上，让学生通过动手摆小棒，亲身经历数的分与合的过程，充分发挥了学生的自主性和探究性。

**1. 教学思路清晰，教学设计有层次**

教师根据教学内容制定了教学思路，注重培养学生动手操作、主动探究的能力，每个操作环节都提出了具体的要求，通过学生动手操作活动来加深其对大数的组成的理解。整个教学过程详略得当，重、难点把握准确。这样的设计，符合学生年龄特点和认知规律，体现了以学生为主体的学习过程，培养了学生的学习能力。

## 2. 探求新知重过程与方法

充分地体现了新的数学课程理念。在数的分与合的过程中，让学生主动参与教学活动，理解数学知识，获取学习方法。教师在课堂中始终围绕着发展学生的思维和创新能力的新课程理念，取得了十分明显的教学效果。整节课在动手探究→方法归纳→方法的应用上环环相扣，通过自己动手摆一摆并说一说的方法来探讨数的组成，激发了学生的学习积极性，加深了其对100以内数的组成的理解。教师从学生的已有经验出发，逐步将数扩大到100，为今后学习100以内数的加减打下了扎实的基础。

## 3. 教态自然亲切，师生关系融洽

新课程给我们的启示是要关注学生，给学生一个宽松的氛围，给学生一个合理的、恰当的、鼓励的评价。教师很好地注意到了这一点。整堂课，教师始终面带灿烂的微笑，对于学生的积极发言总是给予肯定，让学生感受到成功的喜悦。对于回答不出或回答不完整的学生，教师总是耐心地加以启示、引导、点拨，让学生感受到回答不出或是回答错了也不要紧，让学生处处时时感受到教师的温暖以及班级大家庭的融洽、和谐。

## 【导学单】

### 《数100以内的数和数的组成》导学单

请同学们先预习教材第33~35页。

用你喜欢的方式数一数33页的主题图上有多少只羊。说说你是怎么数的：我是（　　　）地数，（　　　）个（　　　）是（　　　）。

用小棒摆一摆，说一说这些数的组成是什么。

50　　23　　17　　20

# 《整十数加、减整十数》教学案例

## 【教学设计】

| 课题 | | 整十数加、减整十数 | | 课型 | 新授课 |
|---|---|---|---|---|---|
| 三维目标 | 知识目标 | 学会提出问题，用不同的方式解决问题，理解整十数加、减整十数的计算方法 | | | |
| | 能力目标 | 独立思考问题，通过团队合作以及游戏的形式进行知识的巩固和深化 | | | |
| | 情感目标 | 在合作交流中，主动探究和培养独立思考的意识，培养思维灵活性；提高动手实践能力，建立集体荣誉感，具有团队协作精神 | | | |
| 教学重点 | | 理解整十数加、减整十数的算法，加深对加减法问题的理解，能够熟练地进行整十数加、减整十数的运算 | | | |
| 教学难点 | | 区分整十数加一位数的算法 | | | |
| 学情分析 | | 一年级的学生已经能够独立地进行整十数加、减整十数的运算，但是对算理不是很清楚，教师主要是帮助他们进一步加深对这个知识点的理解，并且帮助他们总结，使得学生知道如何运算正确，并且与整十数与一位数相加进行区分 | | | |
| 教法、学法 | | 教法：讲授法、谈话法、讨论法、演示法<br>学法：自主学习法、探究学习法 | | | |
| 教学资源 | | 电脑课件、导学单、小棒 | | | |
| 教学步骤 | | 教师活动 | | 学生活动 | 设计意图 |
| 教学过程 | | **一、情境导入**<br>师：同学们，学校来了一批新书，老师正在发新书呢！想不想去看看？（课件演示发书的画面）<br>师：同学们观察得真仔细，那么你能提出什么数学问题吗？ | | 学生自由发言。 | 让学生学会观察图中的信息，并且学会提出问题。 |

| 教学步骤 | 教师活动 | 学生活动 | 设计意图 |
|---|---|---|---|
| 教学过程 | 教师有选择性地板书：<br>一共有多少本书？<br>左边比右边少多少本？<br>**二、导学探究**<br>解决问题1：一共有多少本书？<br>学生列式：10+20<br>追问：为什么用加法？<br>想一想、算一算，也可以利用小助手——学具来解决这个问题。<br>（1）学生动手操作，想计算方法。<br>（2）拿出导学单，同桌交流计算方法。<br>（3）让学生交流汇报计算方法。<br>生1：数数的方法——10，20，30。<br>生2：摆小棒——先摆1捆小棒，再摆2捆小棒，一共是3捆小棒，1个十和2个十合起来是3个十，所以10+20＝30。<br>生3：借助计数器拨珠子——在十位上先拨1颗珠子，再在十位上拨2颗珠子，一共是3颗珠子，1个十和2个十合起来是3个十，所以10+20＝30。<br>生4：数的组成——1个十加2个十是3个十，就是30。<br>生5：计算的方法——因为1+2＝3，所以10+20＝30。1和2都在十位上，计数单位相同的数可以直接相加。<br>教师课件小结整十数加整十数的计算方法。<br>**三、互动展示**<br>解决问题2：左边比右边少多少本？<br>学生列式：20-10<br>（1）学生动手操作，想一想、算一算。<br>（2）拿出导学单，同桌交流计算方法。<br>（3）让学生交流汇报计算方法。<br>生1：摆小棒——先摆2捆小棒，再从2捆小棒里面去掉1捆，还剩1捆小 | 指名回答、列式。<br><br><br>学生动手操作，想计算方法。<br>小组交流，指名汇报。<br><br><br><br><br><br><br><br><br><br><br><br><br><br>学生动手操作，想一想、算一算。<br><br><br>小组交流，指名汇报。 | 学生通过动手操作，能更好地理解满十进一。<br><br><br><br><br><br><br><br><br><br><br><br><br><br>让学生先交流各自的想法，既给了充分的思考空间，又在交流中相互启发，为下面的操作打开思路。 |

| 教学步骤 | 教师活动 | 学生活动 | 设计意图 |
|---|---|---|---|
| 教学过程 | 棒，从 2 个十里面减去 1 个十，还剩 1 个十，所以 20-10 = 10。<br>生 2：借助计数器拨珠子——在十位上先拨 2 颗珠子，再从十位上去掉 1 颗珠子，还剩 1 颗珠子，从 2 个十里面减去 1 个十，还剩 1 个十，所以 20-10 = 10。<br>生 3：想——从 2 个十里面减去 1 个十，还剩 1 个十，就是 10。<br>生 4：计算的方法——因为 2-1 = 1，所以 20-10 = 10。1 和 2 都在十位上，计数单位相同的数可以直接相减。<br>（4）现在我们知道一共有 30 本书，老师发下去 20 本后，还剩多少本？<br>学生列出算式 30-20，并说出是怎么算的。<br>揭示课题，板书课题。<br>**四、归纳释疑**<br>观察算式：<br>3+2=5　　　4+5=9　　　6-4=2<br>30+20=50　40+50=90　60-40=20<br>你发现了什么？<br>引导学生对整十数加、减整十数的计算方法进行小结。<br>教师适时进行小结。（整十数加整十数，想几个十加几个十。整十数减整十数，想几个十减几个十）<br>**五、巩固提升**<br>看图列加法算式和减法算式，并说出是怎样计算的。<br>40+20=60　60-40=20　60-20=40<br>算一算：<br>3 + 2 =　　　6 - 4 =<br>4 + 5 =　　　7 - 3 =<br>30 + 20 =　　60 - 40 =<br>40 + 50 =　　70-30=<br>学生口算，发现：整十数加、减整十 | <br><br><br><br><br><br><br><br><br><br><br><br><br><br><br>学生指名回答。<br><br><br><br><br><br><br><br><br><br><br>学生自由发言。<br><br>全班齐读。<br><br><br><br>学生列一列，算一算。<br><br>开火车轮流回答。<br><br><br><br><br><br><br>指名回答。 | <br><br><br><br><br><br><br><br><br><br><br><br><br><br><br><br><br><br><br><br><br><br><br><br><br><br><br><br><br><br><br><br><br>练习趣味性强，深入浅出地加深了学生对新知的巩固 |

| 教学步骤 | 教师活动 | 学生活动 | 设计意图 |
|---|---|---|---|
| 教学过程 | 数，只要把十位上的数相加减就可以了。<br>解决问题：<br>一顶帽子50元，一副手套10元，一条围巾30元，<br>（1）买上面三样物品一共需要多少钱？<br>（2）付给售货员100元，应找回多少钱？<br>（3）你还能提出什么数学问题？<br>**六、评价延伸**<br>你们今天有哪些收获？（整十数加、减整十数，保护环境，爱护动物……）只要爱观察、爱动脑，你会发现，身边处处有数学，你每天都能学得开心、玩得快乐 | 学生自由发言 |  |
| 板书设计 | **整十数加、减整十数**<br>左边有10本书，右边有20本书。<br>（1）一共有多少本书？<br>　10+20=30　　1个十加2个十是3个十，就是30。<br>（2）左边比右边少多少本？<br>　20-10=10　　2个十减去1个十，还剩1个十，就是10 | | |

**【点评】**

整十数加、减整十数是在10以内加减法的基础上进行教学的，在教学中，真正体现了"以教师为主导，以学生为主体"的教学原则。

关注学生学习情绪，课堂学习氛围好；注重培养学生独立思考与合作交流的能力。

新课程标准认为"自主探索，合作交流"是学生学习数学的重要方式，在探究新知这一过程中，教师创设了有意义的问题情境和教学活动，激励每一位学生在动脑观察中独立思考，鼓励学生发现问题、提出问题，与同伴进行交流。引导学生思考计算方法，组织学生交流计算方法，特别注重让学生进行算理的阐述，运用了指名说算理、同桌互相说算理、全班同学一齐说算理等方法，让学生根据整十数的组成想出得数。这样，就给了学生充分探索、思考、动脑、动口的时间和空间。

组织好练习，进一步培养学生的计算能力。培养学生的计算能力，是本堂课的重要教学任务，为了达到这个目标，教师除了让学生合作交流算法，还提供了充分的形式多样的练习，并注意做到以下几点：

（1）注重全体学生口头算理的讲述。

（2）讲究练习的形式，力求练习形式多样化。

（3）突出难点，讲求实效。

（4）在学生的计算出现错误时，能让学生说出自己的想法，找出错误原因，对症下药。

## 【导学单】

### 《整十数加、减整十数》导学单

请同学们预习教材第61~62页。

用小棒摆一摆：10 + 20 = （    ）    20 − 10 = （    ）    20 + 30 = （    ）

30 − 10 = （    ）    50 + 20 = （    ）    90 − 40 = （    ）

二年级

数学教学案例

# 《认识厘米》教学案例

## 【教学设计】

| 课题 | | 认识厘米 | | 课型 | 新授课 |
|---|---|---|---|---|---|
| 三维目标 | 知识目标 | 认识厘米，初步建立1厘米的长度观念 | | | |
| | 能力目标 | 能用尺子正确地进行物体测量（限整厘米） | | | |
| | 情感目标 | 培养学生的观察比较能力、操作能力和合作意识 | | | |
| 教学重点 | | 认识厘米，并学会用厘米测量 | | | |
| 教学难点 | | 能正确地估测小物体的长度 | | | |
| 学情分析 | | 认识厘米和用厘米测量是学生初次认识长度单位。本节课充分发挥尺子的作用，鼓励学生通过测量的方式来直观感受"1厘米"的长度，进而认识厘米。同时在教学中，结合具体的问题情境理解并掌握用厘米测量的方法 | | | |
| 教法、学法 | | "自主探究"教学模式 | | | |
| 教学资源 | | 各种尺子、硬币、回形针、棱长1厘米的正方体等 | | | |
| 教学步骤 | | 教师活动 | | 学生活动 | 设计意图 |
| 教学过程 | | 一、创设情境，引入新课<br>分享导学单。<br>引入1：<br>师：同学们，你们知道古代人是如何测量长度的吗？<br>生：用尺子。<br>师：但是古代的测量工具还没那么先进，人们常常用身体的一部分作为测量长度的单位。 | | 全班分享导学单。 | 用问题导入的方式启发学生思考，提高学生的学习积极性，为接下来的内容做好铺垫。 |

| 教学步骤 | 教师活动 | 学生活动 | 设计意图 |
|---|---|---|---|
| 教学过程 | <br><br>师：你知道 1 庹（tuǒ）、1 拃（zhǎ）是什么意思吗？<br><br><br><br>1 庹（tuǒ）　　　1 拃（zhǎ）<br><br>师：比如当我们需要测量这个木板的长度时，可以一拃一拃地测，1 拃、2 拃、3 拃……<br>师：除此以外，我们也可以用脚来测量。<br><br><br><br>1 个脚长<br><br>师：比如测量一根棍子的时候，一个脚长、2 个脚长、3 个脚长、4 个脚长……<br><br><br><br>引入 2：<br>师：用拃作为单位量一量我们课桌的长度，跟同桌互相测量一下。<br>师：你们有结果了吗？<br>师：同学们，通过上面的测量，想一想，为什么测量的都是课桌，测量结果却不一样呢？<br>生：因为每个人的手掌大小不一样。<br>师：所以这样测量的结果会不同，这 | 学生互相讨论测量课桌的长度。<br>汇报：<br>生 1：我的课桌有 5 拃长。<br>生 2：我的课桌有 6 拃长。 | |

| 教学步骤 | 教师活动 | 学生活动 | 设计意图 |
|---|---|---|---|
| 教学过程 | 里我们就需要统一长度单位。<br>（教师板书：认识厘米和用厘米量）<br>**二、合作交流，探索新知**<br>1.认识厘米<br>（1）仔细观察刻度尺，回答问题。<br><br><br><br>师：请同学们拿出手中的直尺跟着老师一起来认一认吧！<br>师：仔细观察一下，你能找出刻度尺上有哪些信息吗？<br>师：很棒！你能找出"0刻度"在哪里吗？<br>生：在最左边的刻度线。<br>师：同学们找一找厘米所在的位置，这里的厘米就是刻度单位。<br>师：所以刻度尺上有刻度线、刻度数，还有0刻度和什么呢？<br>生：刻度单位（厘米）。<br>（2）认识1厘米。<br>师：同学们，你知道1厘米是多少吗？在刻度尺上找出来吧！<br><br><br><br>师：厘米我们用"cm"来表示。像这样请你试着用手比一比，比出1厘米来吧！<br>师：想一想：相邻两个刻度单位之间的长度是多少？<br>生：是1厘米。<br>（3）生活中1厘米的物体。<br>师：我们了解了1厘米的长度，那同学们知道生活中哪些物体的长度是1厘米吗？ | 生3：我的课桌有4拃多一点长。<br><br>学生自主讨论交流并回答问题。<br>生1：我发现刻度尺上有单位，是厘米。<br>生2：有刻度线。<br>生3：还有数字1,2,3,4……<br><br>学生自主在刻度尺上比画出1厘米的长度。 | |

| 教学步骤 | 教师活动 | 学生活动 | 设计意图 |
|---|---|---|---|
| 教学过程 | 学生自由讨论回答问题，教师总结。<br>师：像手指的宽度、田字格的宽度、图钉的长度等这些都是生活中常见的约1厘米。<br><br>师：同学们观察一下这些物体，想一想它们有什么特点。（从长度上看）<br>生：它们都比较短。<br>师：所以当测量比较短的物体时，可以用厘米作单位。<br>2.用尺子测量物体的方法<br>师：同学们，我们如何用尺子来正确测量一个物体的长度呢？现在大家拿出自己的铅笔，跟着老师一起来测量一下铅笔的长度吧！<br>第一步：把铅笔放平。<br>第二步：把铅笔的左端和刻度尺的"0刻度线"对齐。<br>第三步：读出物体的右端所对应的刻度数。<br><br>师：此时铅笔的右端对齐的刻度线是多少呢？<br>生：是9。<br>师：所以这支铅笔的长度是多少？<br>生：9厘米。<br>师：在测量时，有一个口诀可以帮我们快速记忆测量方法。口诀：一放正，二对0，三读数。<br>练习测量纸条的长度： | 学生操作。 | |

续 表

| 教学步骤 | 教师活动 | 学生活动 | 设计意图 |
|---|---|---|---|
| 教学过程 | 教师准备好不同长度的面纸条分发给学生。<br>师：同学们，请用刚才测铅笔长度的方法，按步骤测一下面纸条的长度吧！<br>3. 小结<br>测量比较短的物体时，可以用厘米（cm）作单位。<br>第一步：把物体放正。<br>第二步：把尺子的0刻度线对准物体的左端。<br>第三步：读出物体的右端所对的刻度数。<br>**三、应用迁移，巩固提高**<br>下面测量方法，哪一种是对的呢？请在○里画"√"。<br><br>估一估，量一量，填一填。<br><br>估计（　）厘米。<br>测量（　）厘米 | 学生自主测量面纸条的长度，同桌之间互相讨论，最后交流答案 | 通过以上教学环节，学生逐渐认识"厘米"及1厘米的长度。通过活动探究的方式，掌握如何用直尺测量物体的长度，学生更加易于掌握本节课的内容。<br><br>通过对已学知识的迁移，充分认识厘米这个单位，能够结合具体情境来说出物体的长度 |
| 板书设计 | 认识厘米和用厘米量<br>测量比较短的物体时，可以用厘米（cm）作单位。<br>9厘米<br>测量方法：<br>第一步：把物体放正；<br>第二步：把尺子的0刻度线对准物体的左端；<br>第三步：读出物体的右端所对的刻度数。<br>记忆口诀：<br>一放正，<br>二对0，<br>三读数。 | | |

## 【点评】

这节课的主要目的是让学生通过观察、测量等活动，体会建立统一长度单位的必要性，认识长度单位"厘米"，初步建立 1 厘米的长度观念，引导学生用计量工具测量较短物体的长度，用厘米作单位，同时培养学生的估测意识，从而提高学生的观察能力和动手能力。前置的导学单让学生在动手操作中初步积累了度量的经验，而课上教师巧用学生的身体部位，注重联系学生生活经验，浸润数学远古思想文化，培养学生核心素养，通过提升数学学科教学的品质，让学生有深入内心的数学获得感，并在此基础上合理、适当地让学生感受到劳动教育的意图。

## 【导学单】

### 《认识厘米》导学单

请同学们先预习书本第 2 页的相关内容。

试一试，我能行：用手量一量书桌的长和宽各是多少，用橡皮量一量数学课本的长和宽各是几个橡皮的长度。

# 《角的初步认识》教学案例

## 【教学设计】

| 课题 | | 角的初步认识 | 课型 | 新授课 |
|---|---|---|---|---|
| 三维目标 | 知识目标 | 1.结合生活情境及操作活动，使学生初步认识角，知道角的各部分名称。<br>2.初步学会用直尺画角，会比较角的大小 | | |
| | 能力目标 | 通过观察、操作等教学活动，培养学生的观察、操作、抽象思维等能力 | | |
| | 情感目标 | 在活动中，让学生充分感受数学与生活的密切联系，使学生获得学习数学的信心和乐趣 | | |
| 教学重点 | | 使学生初步认识角，知道角的各部分名称 | | |
| 教学难点 | | 学会用直尺画角，会比较角的大小。知道角的大小与什么有关 | | |
| 学情分析 | | 角的初步认识是在学生已经初步认识了长方形、正方形、三角形和平行四边形的基础上进行教学的。角与生活实际有着密切的联系，学生在生活中经常会看到角，对角已经有了一定的感性认识，但对图形中的角到底指的是哪个部分还是有些模糊，需要教师进行适当的引导。教学中通过认角、找角、角、折角、比角、画角等一系列的活动，能使学生初步掌握角的特点、会比较角的大小、会画角 | | |
| 教法、学法 | | "自主探究"教学模式 | | |
| 教学资源 | | 三角板、活动角、三角形卡片 | | |
| 教学步骤 | | 教师活动 | 学生活动 | 设计意图 |
| 教学过程 | | **一、创设情境，导入新课**<br>引入1：<br>师：同学们，看一看这些图形，它们都缺了一部分，你能帮它们找出来吗？<br><br>☆　　△　　▱ | 学生自主回答。 | |

| 教学步骤 | 教师活动 | 学生活动 | 设计意图 |
|---|---|---|---|
| 教学过程 | 老师公布答案：<br><br><br><br>师：躲起来的部分，我们称之为"角"。<br>引入2：<br><br><br><br>师：同学们，你能从图中找到角吗？<br>学生自由回答，老师公布答案：<br><br><br><br>师：看来同学们对什么是角已经有一定的了解了，能找到好多角，接下来让我们在美丽的校园里也找找看哪里有角吧！<br>师：同学们还有更多的答案对不对？那今天我们一起来认识角。<br>板书：角的初步认识<br>**二、合作交流，探索新知**<br>1.结合实物认识角<br><br><br><br>师：同学们看一看，这些物品中都有角。你们发现这些角有什么共同点？和同伴说说你的想法吧。 | 学生自由回答，教师出示动画。 | 充分利用情景图，引导学生进行观察，在培养学生观察能力和分析能力的同时，注重提高学生收集信息和处理信息的能力，并将生活中的角与数学的几何进行有机结合，让学生感受到学习数学的必要性。 |

| 教学步骤 | 教师活动 | 学生活动 | 设计意图 |
|---|---|---|---|
| 教学过程 | 合作交流，教师巡堂指导，学生汇报。<br>生1：角都有两条边。<br>生2：角都有一个顶点。<br>师：很好，同学们都发现了，角是由一个顶点和两条边组成的。那同学们有没有发现这些边和顶点有什么特点呢？<br>生：角的两条边必须是直的，都是从顶点出发。<br>师：根据角的特性，接下来我们一起来学学如何制作活动角吧。<br>2.制作活动角<br>师：我们一起跟着视频学习制作方法吧。做好后请找一找角的顶点和边在哪儿？（播放视频）<br>3.探究角的大小与什么有关<br>师：同学们都把活动角做好了，那我们来移动活动角的一条边，看看角有什么变化。<br><br><br><br>师：想一想，第一个角和第二个角谁大谁小呢？你是怎么判断的呢？<br>学生自由回答，教师给出答案。<br>师：在移动活动角的一条边时，同学们发现角的大小是怎样变化的？和同桌讨论一下吧。<br>生：我发现角的两边张开得越大，角就越大。<br>师：非常好，那同学们想一想，如果把活动角的边加长，但不移动边，角有什么变化？<br>学生自由回答，教师出示动画。 | 学生活动：利用手中的学具，将两个硬纸条的一端钉在一起制成一个活动角。<br><br><br><br>合作探究，汇报答案。 | |

续 表

| 教学步骤 | 教师活动 | 学生活动 | 设计意图 |
|---|---|---|---|
| 教学过程 | 学生汇报：我发现改变角两边的长短，角的大小不变。<br>师：除了制作活动角，我们还可以通过折纸折出大小不同的角哦。一起来折一折，再和同桌比比，谁的角大，谁的角小。<br>师：你们都是怎么比较角的大小呢？<br>生：对齐两个角的顶点，一条边也对齐。<br>4.小结<br>（1）一个角由一个顶点和两条边组成。<br>（2）角的大小与两边张开的大小有关，张开得越大，角就越大；张开得越小，角就越小。<br>（3）角的大小与角两边的长短无关。<br>5.探究角的画法<br>师：我们已经了解了什么是角，那么怎么画角呢？有没有同学跟我说说你的想法呢？<br>师：先画一个点作为角的顶点。再以顶点为起点画一条笔直的线。最后从顶点向不同的方向画出另一条笔直的线。（出示动画）<br>师：一起在练习本上画一画吧。<br>师：同学们可以用一句话概括你画画的步骤吗？<br>生：从一个点起，用尺子向不同的方向画两条笔直的线，就画成一个角。<br>**三、应用迁移，巩固提高**<br>你能从生活中的哪些地方找到角？<br>找一找角的顶点和边。 | 学生合作探究：取出一张正方形纸，用对折的方式折出大小不同的角。与同桌比一比谁折的角大。学生自由回答。<br><br>学生自主练习 | 结合低年级学生乐于交流、表达等特点，为学生创设自主探索、合作交流的学习空间，充分发挥学生的主体作用，使学生在动手、动脑过程中发展空间观念、思维能力、动手操作能力、合作学习能力。<br><br>通过对已学知识的迁移，充分掌握和运用已学知识点。 |

续 表

| 教学步骤 | 教师活动 | 学生活动 | 设计意图 |
|---|---|---|---|
| 教学过程 | 请你在练习本上画角，画好后与同桌说说你是怎么画的，画角的时候要注意什么。<br>**四、随堂练习，巩固新知**<br>指一指哪里有角。<br><br>是角的画"√"，不是角的画"×"。<br><br>（　）（　）（　）（　）<br><br>（　）（　）（　） | | 本环节设置基础练习，帮助学生巩固新知，掌握新知 |
| 板书设计 | **角的初步认识**<br><br>顶点　边　边 | | |

**【点评】**

　　角对于二年级学生来说比较抽象，为了帮助学生更好地认识角，整节课教师将观察、操作、演示、实验、合作探究等方法，在引导学生体验的基础上加以抽象概括，学生活泼愉快地参与到教师根据教学内容创造的不同教育情景中，在大量的实践活动中经历知识形成的过程，在观察中分析、在动手中思考。从而进一步调动学生的学习兴趣，努力做到教法、学法的最优结合，使全体学生都能参与到探索新知的过程中。这样既抓住了学生的好奇心，又能使学生迅速地进入最佳的学习状态，丰富了学生的想象力，激发了学生的创造力，也让学生在操作中认识物体和图形的特征，使情感体验在感悟中获得发展。

整节课符合学生的年龄特点，富有童趣，形式新颖。课件、教具的制作颇具匠心。从新课到练习题，层次分明，环环相扣，课上得错落有致、轻重缓急恰到好处。

## 【导学单】

### 《角的初步认识》导学单

预习教材第 39 页例 1、2 及相关内容。

请画一个你喜欢的角，并标注上角的各部分名称。

# 《乘法的初步认识》教学案例

## 【教学设计】

| 课题 | | 乘法的初步认识 | 课型 | 新授课 |
|------|------|------|------|------|
| 三维目标 | 知识目标 | 1.初步理解乘法的含义，知道求几个相同加数的和用乘法表示比较简便。<br>2.认识乘号，会读、写乘法算式 | | |
| | 能力目标 | 培养学生动手操作、语言表达、合作交流的能力及团结协作的良好品质 | | |
| | 情感目标 | 经历知识形成的全过程，体验探究的乐趣；感受到数学与生活的密切联系，体验到生活中处处有数学 | | |
| 教学重点 | | 理解乘法的含义 | | |
| 教学难点 | | 能把加法算式改写成乘法算式 | | |
| 学情分析 | | 二年级学生的认知水平属于初级阶段，基于其所具有的年龄特点，学生的思维以具体形象思维为主，学生有意注意力占主要地位，因此，要给学生提供生动活泼的教学情境，调动学生学习的积极性，还要让学生通过实际操作获得大量的感性认识，这样他们才能逐步理解乘法的意义。本节课在学生已掌握加减法的基础上，开始初步接触乘法，也为本单元后面学习乘法口诀打下基础 | | |
| 教法、学法 | | "自主探究"教学模式 | | |
| 教学资源 | | 实物图、小棒 | | |
| 教学步骤 | | 教师活动 | 学生活动 | 设计意图 |
| 教学过程 | | **一、创设情境，导入新课**<br>引入1：<br>（1）计算下列加法算式并分类。<br>1+3+4=    4+5+1=    5+5+5=<br>3+3+3+3=    6+2+3=    6+6+6= | | |

| 教学步骤 | 教师活动 | 学生活动 | 设计意图 |
|---|---|---|---|
| | 师：同学们算一算这些加法算式。<br>师：接下来我们一起将这些算式按照加数的特征进行分类吧。<br>生1：加数相同的有5+5+5，3+3+3+3，6+6+6。<br>生2：加数不同的有1+3+4，4+5+1，6+2+3。<br>引入2：<br>（2）游乐园里好热闹呀！看，小朋友们有的坐着过山车，有的坐着小火车，有的坐着……<br>师：你发现了哪些数学信息？你能提出哪些数学问题？<br>师：小朋友们有没有办法可以更简便地计算几个相同加数的和呢？今天我们一起学习乘法。<br>板书：乘法的初步认识 | 学生计算并汇报结果：8；10；15；12；11；18。<br><br><br><br><br><br><br><br><br><br>学生自由回答。 | |
| 教学过程 | **二、合作交流，探索新知**<br>1.根据情境图，列连加算式<br>（1）小飞机里共有多少人？<br>师：同学们看一看、数一数，小飞机里共有多少人？<br>生：15人。<br>师：大家通过观察发现了什么？<br>生：每架飞机里有3人，有5架飞机。<br>师：非常好，如何列加法算式呢？<br>生：3+3+3+3+3=15。<br>师：我们可以看到这个算式里总共有5个3。<br>（2）小火车里共有多少人？<br>师：同学们继续观察并说说，小火车里共有多少人？你是怎么计算的？发现了什么？<br>生1：每节车厢有6人，有4节车厢。<br>生2：我可以列出加法算式：6+6+6+6=24（人）。 | <br><br><br><br><br><br><br><br><br><br><br><br><br>合作交流，学生汇报。 | 充分利用情景图，引导学生进行观察，在培养学生观察能力和分析能力的同时，注重提高学生收集信息和处理信息的能力，并将生活中的数数和计算联系在一起。让学生感受到学习数学的必要性。 |

| 教学步骤 | 教师活动 | 学生活动 | 设计意图 |
|---|---|---|---|
| 教学过程 | 生3：这个加法算式有4个6。<br><br>师：很好，同学们都有很多自己的发现，那么接下来我们一起来看看过山车的情况吧。<br><br>（3）过山车里共有多少人？<br><br>师：说说这次你们又有什么发现吧。<br><br>生1：每排座位有2人，有7排座位。<br><br>生2：我可以列出加法算式：2+2+2+2+2+2+2=14（人）。<br><br>生3：这个加法算式有7个2。<br><br>2.认识乘法<br><br>（1）乘法的意义。<br><br>3+3+3+3+3=15<br><br>6+6+6+6=24<br><br>2+2+2+2+2+2+2=14<br><br>师：同学们观察上面的式子，发现这些算式有什么特点了吗？<br><br>生：都是相同加数的加法算式。<br><br>师：加数都相同的算式，还可以用一种新的运算——乘法来表示。举个例子：（出示例子）<br><br>2+2+2+2+2+2+2=14，如果要写成乘法算式，就会写成2×7=14。这个算式读作2乘7等于14。我们也可以写作7×2=14，这时读作7乘2等于14。在这里看到的"×"是一个运算符号"乘号"，读作"乘"。你能把刚刚写的其他加法算式也写成乘法算式吗？快来试试吧。<br><br>教师提示：一个加法算式一般可以写成两个乘法算式哦，不要写少了。<br><br>教师巡堂指导。<br><br>（2）比较加法算式和乘法算式，找出规律。 | 学生自由回答。 | 结合低年级学生乐于交流、表达等特点，为学生创设自主探索、合作交流的学习空间，充分发挥学生的主体作用，使学生自主探究乘法和加法之间的联系，找寻其中规律。 |

| 教学步骤 | 教师活动 | 学生活动 | 设计意图 |
|---|---|---|---|
| 教学过程 | ①对比 2+2+2+2+2+2=14 和 2×7=14。<br>师：对比两个算式，可以发现相同加数是几？相同加数的个数是多少？<br>生：2；7。<br>师：写在乘法算式里，第一个数字表示的是相同加数，第二个数字表示的是相同加数的个数。按这种方法，同学们找找规律吧。<br>②把 6+6+6+6=24 写成乘法算式。<br>生：加法算式是 4 个 6，所以可以写成 4×6=24 或 6×4=24。<br>3. 小结<br>（1）求几个相同加数的和，用乘法计算比较简便。<br>（2）读乘法算式时，要从左往右依次读。<br>（3）把加法算式写成乘法算式时，先要找出相同的加数是几，再数一数有几个这样的加数，最后用相同的加数乘相同加数的个数。<br>4. 乘法算式各部分的名称<br>你能帮我算算我的熊气球一共有多少个吗？<br><br><br>师：说说你是用什么方法计算的。<br>师：同学们都想到了用加法计算，你可以用乘法帮助国国算出答案吗？<br>学生自由回答：5×3=15 或 3×5=15。<br>师：3 和 5 是乘数，15 是积。<br>师小结：乘法算式各部分的名称可以简记为乘数 × 乘数 = 积。 | 学生独立完成后合作交流 | |

续　表

| 教学步骤 | 教师活动 | 学生活动 | 设计意图 |
|---|---|---|---|
| 教学过程 | 三、应用迁移，巩固提高<br>（1）先用小棒摆一摆，再填写加法算式和乘法算式。<br>4个2<br>＿＿＋＿＿＋＿＿＋＿＿＝＿＿<br>＿＿×＿＿＝＿＿ 或 ＿＿×＿＿＝＿＿<br>3个4<br>＿＿＋＿＿＋＿＿＝＿＿<br>＿＿×＿＿＝＿＿ 或 ＿＿×＿＿＝＿＿<br>（2）填一填。<br><br>　　6　×　5　＝　30<br>　　↓　　↓　　　↓<br>　（　）（　）（　）<br><br>一个乘数是5，另一个乘数是4，积是（　　）。<br>3个6相加，写成乘法算式是（　　　），读作（　　　）。<br>7和4相乘，写成乘法算式是（　　　），读作（　　　）。<br>（3）看图列式。<br><br><br><br>（　　）个（　　　）<br>加法算式：＿＿＿＿＿＿<br>乘法算式：＿＿＿＿＿ 或 ＿＿＿＿＿<br>读作：＿＿＿＿ 或 ＿＿＿＿<br>四、随堂练习，巩固新知<br>填空。<br><br><br><br>（　　）个（　　） | | 通过对已学知识的迁移，充分掌握和运用已学知识点。<br><br><br><br><br><br><br><br><br><br><br><br><br><br><br><br><br><br><br><br><br>本环节设置基础练习，帮助学生巩固新知，掌握新知 |

续 表

| 教学步骤 | 教师活动 | 学生活动 | 设计意图 |
|---|---|---|---|
| 教学过程 | （　　）个（　　）<br><br>下面哪些算式可以直接改写成乘法算式？请写出来。<br><br>3+3+3+2 ＿＿＿＿＿<br>2+2+2+2 ＿＿＿＿＿<br>5+5+5+5+5 ＿＿＿＿＿<br>8+8+2+5 ＿＿＿＿＿<br>3+2+2+3 ＿＿＿＿＿<br>4+4+4−3 ＿＿＿＿＿ | | |
| 板书设计 | 乘法的初步认识<br><br>2+2+2+2+2+2+2=14　　　　5+5+5=15<br><br>乘法算式：7×2=14　读作：7乘2等于14。　3×5=15<br>或：2×7=14　读作：2乘7等于14。　5×3=15<br><br>乘 乘 乘　积　　　　　乘 乘 乘　积<br>数 号 数　　　　　　　数 号 数 | | |

## 【点评】

"乘法的初步认识"是学生学习了100以内数的加减法后的教学内容，也是学生学习乘法的初始课，因此这节课显得尤为重要。本节课结合学生的实际生活和知识水平，以学生的主动探索学习为基本活动的形式展开教学。

**1. 数学来源于生活**

《全日制义务教育教学课程标准（实验稿）》指出："数学教学是数学活动的教学，是师生之间、学生之间交往互动与共同发展的过程。"这堂课把学生的数学学习过程当作数学活动的过程，让学生在充分的活动中学习数学，享受数学活动带来的快乐与成功。

**2. 创设生动有趣的生活情境，激发学习兴趣**

本节课，教师首先以学生喜欢的小动物做题材，又出示了学生喜闻乐见的

"游乐园"情境进行导入，激发了学生学习的兴趣。为学生创设一种轻松愉快的氛围，让学生在玩中发现数学问题、解决问题。同时，调动了学生的积极性，让学生愿意表达自己的想法，积极主动地去探索。

**3. 在教学中善于引发学生的认知冲突，以此为切入口进行有效教学**

在课堂中教师让学生看图提问题，并根据问题写出算式。学生在写出"5+1+3+4="和"2+2+2+2="时，再次引导学生比较这两道算式，从而巩固新知。学生进行对比后，对几个相同数连加有初步的感性认识；再让学生人人动手操作圈一圈，画一画，将刚刚形成的感性认识加工成表象，在亲自操作中体验"几个几"的意义。教师在轻松自然的谈话中让学生经历数学知识的呈现过程，了解新知的由来，既有利于学生掌握和理解知识，又有利于激发学生的学习主动性和创造性。

**4. 合理设计练习导练，强化新知**

要达到掌握知识，最终发展能力的目标，学生的思维就必须经过反复多次、循序渐进的实际应用。在练习上，教师也颇费苦心，设计有针对性。使学生初步掌握求几个相同加数的和还可以用乘法算，并能正确写出乘法算式。这些巩固性、多样性、层次性的练习，符合二年级学生的心理特征，让他们在动中学、在玩中学、在游戏中学，使他们对新知的认识升华一步，进而形成技能。

## 【导学单】

### 《乘法的初步认识》导学单

课本第47、48页例1、例2及相关内容。

摆一摆，算一算：用小棒代表图中的小朋友摆一摆，再分别算出共有多少人。

比一比，算一算：列出的加法算式有什么特别之处？分别表示什么意思呢？

# 《7的乘法口诀》教学案例

## 【教学设计】

| 课题 | | 7的乘法口诀 | 课型 | 新授课 |
|---|---|---|---|---|
| 三维目标 | 知识目标 | 1.经历编制7的乘法口诀的过程，体验7的乘法口诀的来源。掌握口诀的特征，并熟记口诀。<br>2.让学生主动投入学习中去，在活动中培养学生的探索精神、动手能力和合作交流的意识 | | |
| | 能力目标 | 培养学生动手操作能力、合作交流的能力及团结协作的良好品质 | | |
| | 情感目标 | 经历知识形成的全过程，体验探究的乐趣；感受到数学与生活的密切联系，体验到生活中处处有数学 | | |
| 教学重点 | | 经历编制7的乘法口诀的过程 | | |
| 教学难点 | | 掌握口诀的特征，并熟记口诀 | | |
| 学情分析 | | 本节课是"7的乘法口诀"，它是在学生掌握了2~6的乘法口诀的基础上进行教学的。结合前面的探索经验，本课利用七巧板拼图的活动，适时引导、点拨，使学生能顺利编制7的乘法口诀并利用口诀进行计算 | | |
| 教法、学法 | | "自主探究"教学模式 | | |
| 教学资源 | | 每人一套七巧板 | | |
| 教学步骤 | | 教师活动 | 学生活动 | 设计意图 |
| 教学过程 | | 一、创设情境，引入新课<br>引入1：<br>说出通关密语。（填一填）<br>小鱼找朋友。（连一连）<br> | 学生完成相应练习。 | 以游戏形式导入，不仅帮助学生复习了2~6的乘法口诀，同时快速吸引学生注意力，激发其学习兴趣。 |

| 教学步骤 | 教师活动 | 学生活动 | 设计意图 |
|---|---|---|---|
| 教学过程 | 引入2：<br>七巧板大比"拼"。<br>七巧板是一种古老的中国传统智力玩具，它可以拼成各种人物、动物、建筑等。<br>师：快发挥你的想象力，动手拼一拼吧！<br>师：前面我们学习了1~6的乘法口诀，那么关于"7"我们又该怎么运算呢？今天我们一起来学习7的乘法口诀。（教师板书课题）<br>**二、合作交流，探索新知**<br>学生小组合作，教师展示课件上的图案。<br><br>师：上面的每个图案都是由多少块拼板组成的呢？<br>师：拼1个图案有7块拼板，2个图案有多少块拼板？3个图案呢？……7个图案呢？今天我们一起来算一算，填一填吧。（学生完成书本等72页的表格）<br><br>| 图案个数 | 1 | 2 | 3 | 4 | 5 | 6 | 7 |<br>| 拼板块数 | 7 | 14 | 21 | 28 | 35 | 42 | 49 |<br>+7 +7 +7 +7 +7 +7<br>师：1个图案7块拼板，2个图案也就是多少个7，3个图案呢？（引导学生回顾几个7相加是多少） | | |

续 表

| 教学步骤 | 教师活动 | 学生活动 | 设计意图 |
|---|---|---|---|
| 教学过程 | 教师引导学生写出关于7的乘法算式，再引导编制7的乘法口诀。<br><br>$1 \times 7 = 7$　　一七（得七）<br>$2 \times 7 = 14$　　二七（十四）<br>$3 \times 7 = 21$　　三七（二十一）<br>$4 \times 7 = 28$　　四七（二十八）<br>$5 \times 7 = 35$　　五七（三十五）<br>$6 \times 7 = 42$　　六七（四十二）<br>$7 \times 7 = 49$　　七七（四十九）<br><br>编制完后，学生齐读口诀，并根据口诀填一填，锻炼利用口诀填算式。<br>教师让学生补充口诀，并提问：仔细观察口诀，你有什么快速记忆的方法吗？<br>学生观察，师生归纳：每相邻两句口诀的得数相差7，根据这个特点，我们可以快速记忆口诀。<br>教师出示7的乘法算式，让学生想口诀，快速得出结果。<br>小结。<br> | 观看微课 | 结合学生的学习经验及对知识的迁移能力，让他们独立、自主地编制口诀，在编制的过程中进一步感受乘法口诀的来源和含义，获得了良好的情感体验。接着又引导学生仔细观察、分析、比较，寻找规律，帮助记忆，体现了学生的自主学习。<br><br>在这个环节交流前置完成的导学单，有利于让学生有成就感，同时加深记忆。 |

| 教学步骤 | 教师活动 | 学生活动 | 设计意图 |
|---|---|---|---|
| 教学过程 | 7的乘法口诀有7句，每相邻两句口诀的得数相差7。<br>播放微课，加深记忆。<br>交流导学单。<br>**三、应用迁移，巩固提高**<br>（1）算一算。<br>7×4=　　　5×7=　　　7×6=<br>4×7=　　　7×5=　　　6×7=<br>（2）小蜜蜂该落在哪朵花上？（连一连）<br><br>（3）一共有多少个西红柿？（算一算）<br><br>**四、随堂练习，巩固新知**<br>（1）把口诀补充完整。<br>一七（　　）　　　五七（　　）<br>三七（　　）　　六（　　）四十二<br>（　　）四十九（　　）七二十八<br>（2）想一想，填一填。<br> | | 通过对已学知识的迁移，让学生进一步体会7的乘法口诀，能利用口诀解决实际问题。<br><br><br><br><br><br><br>本环节设置基础练习，帮助学生巩固新知，掌握新知 |

| 教学步骤 | 教师活动 | 学生活动 | 设计意图 |
|---|---|---|---|
| 教学过程 | 一个星期有（    ）天<br>两个星期有（    ）天<br>三个星期有（    ）天<br>四个星期有（    ）天<br>五个星期有（    ）天<br>六个星期有（    ）天<br>七个星期有（    ）天<br><br>（3）看图列式计算。<br><br>□○□=□（个）<br><br>□○□=□（颗） | | |
| 板书设计 | 7 的乘法口诀<br><br>$1 \times 7 = 7$　　一七（得七）　　$7 \times 1 = 7$<br>$2 \times 7 = 14$　　二七（十四）　　$7 \times 2 = 14$<br>$3 \times 7 = 21$　　三七（二十一）　$7 \times 3 = 21$<br>$4 \times 7 = 28$　　四七（二十八）　$7 \times 4 = 28$<br>$5 \times 7 = 35$　　五七（三十五）　$7 \times 5 = 35$<br>$6 \times 7 = 42$　　六七（四十二）　$7 \times 6 = 42$<br>$7 \times 7 = 49$　　七七（四十九） | | |

## 【点评】

在学习 7 的乘法口诀之前，学生已经学习了 1~6 的口诀，对口诀的结构及意义都有所了解，就教材而言，简单地处理成找规律、编口诀、背口诀的机械记忆的模式显得很枯燥，因此根据二年级学生的年龄特点、认知规律，教师在深入钻研与把握教材的基础上，对本课的教学目标进行了重新定位。力求创造性地开发课程资源，合理运用教学方法，发挥学生已有的2~6的乘法口诀的基础知识的迁移作用，为学生提供了很多自主探索的机会，引导学生完成对7的乘法口诀的编制，在"观察、尝试、交流、欣赏"等数学活动中形成相关的活动经验，体验数学创造的乐趣。同时也给学生提供了许多生活中与7有关的话题，让他们在学习活动中获得成功的体验。归纳起来本节课具有以下几个特点：

**1. 创设直观生动的情境，激发学生的学习兴趣**

教师根据低年级学生的年龄特点和心理特征，创设直观生动的活动情境。本课的一开始，通过"用七巧板拼图案"的情境，很直观地帮助学生展现了1个图案需要7块拼版，2个图案需要2个7块拼板这样的方式，让学生在加法的基础上初步感知了7的乘法口诀的所有得数，并让学生根据表格说出21是几个7相加的和，28里面有几个7等等，帮助学生认识乘法算式来源，也是编乘法口诀的基础，为后面学生编写乘法口诀做了很实在的准备。

**2. 给学生提供充分的自主探索与合作交流的机会，让学生经历知识形成的过程**

在课堂中，教师放手让学生自主探索7的乘法口诀，让学生根据表格填写的结果和以前编口诀的经验独立编口诀。学生利用旧知迁移进行新知的学习，而且教师在上一环节已为学生搭建了脚手架，根据口诀的得数学生很快就编出7的乘法口诀，然后进行小组交流，利用集体的智慧，写出所编写的口诀，从后面口诀的汇报可以看出教师这一环节的编排是非常成功的，学生主动去获取新知，激发了学习的主动性，并体验到成功的喜悦。接着教师在学生掌握7的乘法口诀的基础上，观察比较各句口诀之间有什么联系，让学生交流讨论并理清口诀之间的关系，进一步沟通口诀之间的联系，并说说哪些口诀比较好记，使学生明白即使忘记了哪一句口诀，也可以凭借它们之间的关系找出结果。在记忆口诀时教师紧密联系学生实际情况，从学生中来，回到学生中去，使口诀的记忆充满挑战和快乐。整个学习过程教师给予学生足够的自主探索和合作交流的时间和空间，让学生经历知识的形成过程，体验到学习是快乐的。

**3. 重视练习的趣味性和学生的情感体验**

教师不仅让学生在活动中不断充分、主动、积极表现自我，同时也注意用积极的语言评价学生的学习过程，让学生获得一种积极的情感体验，树立学好数学的信心。在知识处理方面，能够用"摘苹果"、观察古诗词，以及找出《西游记》儿歌歌词的数字中隐藏的乘法口诀、算七星瓢虫的星星等趣味方式，让学生在生活中体验、在体验中学习、在学习中感悟，从中学到了数学的思想、数学的方法，从而更深刻地认识到数学的价值。

整节课，教师创建了一种开放的、浸润的、积极互动的深度学习课堂，让学生学得轻松愉快、扎实有效，真正体验到了学习是快乐的。

## 【导学单】

### 《7 的乘法口诀》导学单

预习教材第 72 页及相关内容。

我会编：回顾一下我们是如何编写出 1~6 的乘法口诀的——"几个几相加""乘法算式""乘法口诀"，你能用这样的方法，尝试着编出 7 的乘法口诀吗？

# 《搭配——排列》教学案例

## 【教学设计】

| 课题 | | 搭配——排列 | 课型 | 新授课 |
|---|---|---|---|---|
| 三维目标 | 知识目标 | 通过操作、观察、猜测等活动，掌握事物简单的排列方法 | | |
| | 能力目标 | 初步体会排列的思想方法，形成有序、全面思考问题的意识 | | |
| | 情感目标 | 让学生感受数学与生活的紧密联系，培养学生学习数学的兴趣和用数学解决问题的意识 | | |
| 教学重点 | | 事物简单的排列方法 | | |
| 教学难点 | | 培养有序、全面思考问题的意识，初步感受排列的思想方法 | | |
| 学情分析 | | 本课时主要讲解"简单的排列"，是该学段学生首次接触排列，主要目的在于向学生渗透简单的排列的数学思想，初步培养学生有序、全面地思考问题的意识，为高年级学习概率统计知识奠定基础 | | |
| 教法、学法 | | "自主探究"模式 | | |
| 教学资源 | | 给学生准备数位表格、课件、彩笔等 | | |
| 教学步骤 | | 教师活动 | 学生活动 | 设计意图 |
| 教学过程 | | **一、创设情境，引入新课**<br>引入1：口算。<br>6×8＝　　　3×7＝　　　4×6＝<br>2×9＝　　　5×8＝　　　6×7＝<br>引入2：游戏寻宝。<br>国国根据藏宝图的提示找到了宝箱，然而宝箱被锁住了，需要密码打开，这可难倒了国国，同学们，你们能帮助国国破解密码，获得宝藏吗？（温馨提示：密码是由1和2组成，并且 | 学生讨论密码组成的可能。 | 以游戏形式引入，快速吸引学生的注意力，并且所设关卡符合该年龄段学生的心理特征和认知特点，能调动学生学习的积极性。 |

| 教学步骤 | 教师活动 | 学生活动 | 设计意图 |
|---|---|---|---|
| 教学过程 | 个位和十位并不相同）<br>师：用 1 和 2 两个数字可以组成哪两个两位数呢？<br>生 1：可以组成 12。<br>师：我们试一下 12 是不是宝箱的密码，（演示动画）很遗憾，12 不是宝箱的密码，还有可能是什么？<br>生 2：还可以组成 21。<br>教师演示动画：恭喜你，答对啦！通过刚刚的活动，我们发现两个数字可以通过不同的排列获得两个不同的两位数，今天我们一起学习第八单元第 1 课时——简单的排列。（教师板书课题）<br>**二、合作交流，探索新知**<br>例 1 用 1、2 和 3 组成两位数，每个两位数的十位数和个位数不能一样，能组成几个两位数？<br>师：亮亮和小红尝试用自己的方法组数，接下来，我们就一起来看看他们都用了哪些方法吧。<br>师（演示课件）：我们看到，亮亮用小卡片将数字组合起来，小红采用表格记录的方法。<br>教师组织学生自己试一试，看能组成几个两位数，适当引导学生交流汇报。<br>师：刚才老师看到有的同学用小卡片进行组数，可是有的小组组得多，有的小组组得少，这是为什么呢？<br>（演示课件）亮亮：我摆得有点乱，怎样做才能不重不漏呢？<br>师：同学们刚才是不是也遇到了这样的问题呢？有什么解决的办法呢？<br>生：按一定的顺序排列就不会乱了。<br>方法一：调换位置法。 | 学生活动，注意有序地依次排列，做到不重不漏 | |

| 教学步骤 | 教师活动 | 学生活动 | 设计意图 |
|---|---|---|---|
| 教学过程 | <br>师：能组成多少个两位数？<br>生：6个。<br>师：大家都组成6个两位数了吗？<br>师生归纳方法：用三个不同的数字组成十位数和个位数不重复的两位数时，可以先两个两个地组成不重复的两位数，再把每个两位数中的两个数字交换位置写出不同的两位数。<br>方法二：固定十位法。<br>教师提出，先固定十位上的数字，再确定个位上的数字，以此进行组数。<br><br>师生归纳：用三个不同的数字组成十位数和个位数不重复的两位数时，先把每一个数字（0除外）放到十位上，再用其余的两个数字依次和它组合。<br>师：你能模仿固定十位法，试着用固定个位法进行解答吗？<br> |  | 此环节主要引导学生自主探究，在探究过程中发生思维的碰撞，能主动思考解决问题，初步感受排列思想。 |

续 表

| 教学步骤 | 教师活动 | 学生活动 | 设计意图 |
|---|---|---|---|
| 教学过程 | 小结：<br>（1）用数字组数时，为了使组成的数不重复、不遗漏，就要按一定的顺序排列，做到有序思考。<br>（2）排列方法有两种：①调换位置法；②固定十（个）位法。<br>**三、应用迁移，巩固提高**<br>（1）用8、5、0能组成多少个十位数和个位数不同的两位数？请试着写下来。<br>（2）用 ▇、▨ 和 □ 3种颜色给地图上的两个城区涂上不同的颜色，一共有多少种涂色方法？<br>（3）亮亮一家要照一张全家福，有几种不同的排法？请你写一写。<br><br>爸爸 亮亮 妈妈<br>**四、随堂练习，巩固新知**<br>（1）摆一摆，填一填。<br>①用 ③、⑧ 两张数字卡片能组成（　）个不同的两位数，它们是（　）。<br>②用④、⑤、⑥三张数字卡片能组成（　）个不同的两位数，它们是（　）。<br>（2）用红、黄、蓝三种颜色的笔给下面的圆和三角形涂上不同的颜色，一共有多少种涂色方法？<br> |  | 通过对已学知识的迁移，让学生进一步感受生活中的简单排列，体会到排列思想，使应用技能得到提升。<br><br><br>旨在落实基础，巩固学习效果，同时通过反馈情况改进今后的教学 |

续 表

| 板书设计 | 搭配——排列 |
|---|---|

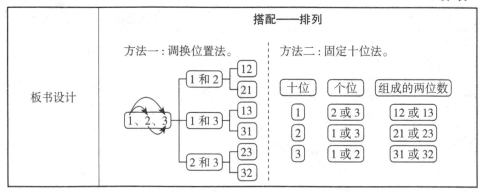

## 【点评】

　　教师的课堂引导非常有趣，从宝箱的密码引入课堂，让学生利用1和2组成一个两位数作为开启求知大门的钥匙，从而激发学生的学习兴趣，让学生初步接触利用数字组成一个数有多个可能，另外结合地图的涂色引入第一个例题。

　　教师利用了一条主线贯穿全课堂，利用宝箱密码开始课堂，最后对本节课做了升华，提高学生的解题能力，有始有终。

　　教师的教学环节设计比较巧妙，尤其是对于涂色的设计，让学生理解题意，注意题意的要求，并在黑板上进一步摆出图形，结合自己制作的图，让学生明白排列顺序的确定方法，可以先确定前面的，也可以先确定后面的。

　　教师通过几个例题和操作实践增强学生的动手能力，让学生自己探究实践，最后总结具体的方法，根据学生的活动，挑出能够快速完成的几个，总结方法，让学生了解方法的重要性。

　　在练习题的设计上也别出心裁，形式多样，有排数字、合影留念，教学环节联系生活，抓住学生的心理特点，实际进行模拟演练，让学生感兴趣，而且在练习上也拓宽思维，让学生根据自己喜欢的方式进行编号排序。

## 【导学单】

### 《搭配——排列》导学单

预习教材第97页例1及练习二十四部分习题。

试一试：剪下下面三张卡片，并按例1的要求摆一摆。

| 1 | 2 | 3 |

我摆成的两位数有：

我的发现：

我的疑问：

我想提醒：

# 《数据的收集和整理》教学案例

## 【教学设计】

| 课题 | | 数据的收集和整理 | 课型 | 新授课 |
|---|---|---|---|---|
| 三维目标 | 知识目标 | 让学生经历数据的收集、整理、分析和做出判断的过程，体会统计的必要性 | | |
| | 能力目标 | 认识简单的统计表，能根据统计表回答一些简单的问题 | | |
| | 情感目标 | 学会与他人合作，积累解决问题的经验，体会数学与生活的密切联系 | | |
| 教学重点 | | 学会收集数据，认识简单的统计表 | | |
| 教学难点 | | 能根据统计表回答一些简单的问题 | | |
| 学情分析 | | 学生已经学习了比较、分类等与统计相关的初步知识，为本单元进一步学习调查、记录、整理、简单分析数据奠定了基础。在日常生活中有许多与统计相关的生活场景，只是学生没有发现，需要教师在课堂上引导学生研究和体会"生活中处处有数学""数学来源于生活" | | |
| 教法、学法 | | 1.让学生经历抽样调查、记录、整理和分析数据的过程，了解统计的意义，会用简单的方法收集和整理数据。<br>2.使学生认识简单的统计表，并能根据统计表中的数据进行简单的分析。<br>3.通过对日常生活中有关事例的调查，激发学生的学习兴趣，培养学生的合作意识和创新能力 | | |
| 教学资源 | | 希沃 | | |
| 教学步骤 | | 教师活动 | 学生活动 | 设计意图 |
| 教学过程 | | **一、创设情境，引入新课**<br>同学们，新的学期开始了，学校要给同学们定做校服，有下面四种颜色，选哪种颜色合适呢？ | 在全校同学中调查一下，还可以在组内进行调查。 | 创造民主、宽松的课堂氛围，引导学生探究问题，更容易 |

| 教学步骤 | 教师活动 | 学生活动 | 设计意图 |
|---|---|---|---|
| 教学过程 | 红　黄　蓝　白<br><br>**二、亲历统计过程，体会收集数据的形式和过程**<br>1.收集数据<br>师：在这四种颜色中，你最喜欢哪种颜色？为什么？<br>师：要想知道最喜欢哪种颜色的同学最多？我们应该怎样调查呢？<br>师：我们可以采用举手、起立、画"√""○"做记号等很多方式来收集数据，但是这些方式中"举手"既快速又简捷，下面我们就用举手的方式来进行调查。<br>请听规则：每个人只能选一种颜色，每当老师说出一种颜色时，最喜欢这种颜色的同学就举手，好吗？<br>师：一个人能选两种颜色或不选吗？为什么？<br>师：是呀，收集数据有很多不同的方式，但是无论采用哪种方式，都要做到"不重复、不遗漏"，也就是说你只能选择一次。那好，现在我们开始举手调查。<br>2.整理数据<br>师：刚才同学们已经通过举手这种方式选出自己最喜欢的颜色了，老师也知道了，但是负责定做校服的人员还不知道，那该怎么办呢？<br>师：你们真会想办法。那我们现在再举一次手，在这张表中统计出最喜欢每种颜色的人数，好吗？（出示统计表） | 生自由发言。<br><br>学生以小组为单位进行调查。<br><br><br><br><br><br><br><br><br><br><br><br><br>生自由发言。 | 激发学生的兴趣，提高课堂的教学效率。<br><br><br><br><br><br><br><br><br><br><br><br><br><br><br><br>给予学生充足的时间和机会发表自己的见解，探究调查的方法，通过讨论体会抽样调查方法的合理性，学会进行抽样调查 |

| 教学步骤 | 教师活动 | 学生活动 | 设计意图 |
|---|---|---|---|
| 教学过程 | <br>| 颜色 | 红色 | 黄色 | 蓝色 | 白色 |<br>|---|---|---|---|---|<br>| 人数 | | | | |<br><br>最喜欢红色的请举手，请一个学生数出人数，教师记录在统计表中。采用同样的方式统计其余三种颜色的数据。<br>3.认识简单的统计表<br>师：同学们，刚才我们将统计后的结果用表格的形式展示出来，这种表格就是简单的统计表。仔细观察统计表。<br><br>| 颜色 | 红色 | 黄色 | 蓝色 | 白色 |<br>|---|---|---|---|---|<br>| 人数 | 9 | 6 | 15 | 8 |<br><br>师：你看懂了什么？<br>4.根据统计表解决问题<br>师：是的，这张统计表的第一行表示的是同学们最喜欢各种颜色，第二行表示的是最喜欢每种颜色的人数。统计表可以直接看出各种数据的多少，同学们可以根据这些信息分析和解决一些问题。下面就请大家根据统计表中的信息解决下面的问题。<br>（1）全班共有（　　）人。<br>生：要想知道全班有多少人，应该把最喜欢这四种颜色的人数全部合起来，即9＋6＋15＋8＝38（人），所以全班共有38人。<br>师：你真聪明，谁能解决第二个问题？<br>（2）最喜欢（　　）色的人数最多。<br>生：比较喜欢每种颜色的人数，15＞9＞8＞6，通过对比得出：喜欢蓝色的人数最多。<br>师：你真是个会思考的孩子！那你能解决最后这个问题吗？ | | |

续 表

| 教学步骤 | 教师活动 | 学生活动 | 设计意图 |
|---|---|---|---|
| 教学过程 | （3）如果这个班定做校服，选择（ ）色合适。全校选这种颜色做校服合适吗？为什么？<br>**三、巩固练习**<br>同学们，下面老师请你们用刚才学到的知识解决数学书第4页练习一的相关问题，你们敢挑战吗？<br>完成练习一的第1题；完成练习一的第2题。<br>**四、课堂小结**<br>同学们，通过今天的学习，你有什么收获？ | | |
| 板书设计 | 数据的收集和整理 ｛ 调查 / 记录 ｛ 画"正"字法（简便易数）/ 符号代替法 ｝ / 整理 / 分析 | | |

## 【点评】

本节课充分体现了学生的主体地位，用发展的眼光来设计学习活动。让学生在探究中亲历知识形成的过程，远比让学生直接但却被动地获取现成知识、结论要更加具有深远的意义和影响，学生的观察、猜想、探索和创新等其他各方面能力都能得到有效开发和锻炼。

这节课最大的亮点是教师突破常规的上课方式，利用定制校服的情境，通过学生读表格，获得信息，让学生体会数据是会说话的，从而自然引出数据的收集与整理的必要性及价值，每一个问题的解决都伴随着一个知识点的落实，最后又以小结的方式达到巩固知识的目的。在小组讨论中，学生可以在小组内发表自己的见解，倾听同学的想法，不断调整自己的方案，经历数据整理的过程。最后，教师还让小组代表把自己组的方案在实物投影仪上展示出来，提高了学生解决数学问题的能力。不难看出这确实是一节高效的课，练习充分，充分体现了课堂是"学"与"练"的结合体；教师更是利用一个个情景对学生进行集体荣誉感教育，以达成这节课的三维目标。

我们的学生大多只会被动地听而不能提出问题、发表见解，教师设计的一个个问题激发的正是学生的发散思维、创新思维。在问题的推动下，学生必然展开多角度、多方位的思维活动，以求得到多种答案。在整堂课的设计与教学中，教师始终本着"以人为本"的理念，以考虑学生的后续发展为指导思想，让学生对知识的学习始终处在积极主动的状态中。

本节课教师努力为学生创设民主、和谐、宽松、愉悦的学习氛围，使教学过程成为一个不断创设问题情境和探索解决问题的过程，努力为学生提供充分的活动条件和活动空间，使学生的数学学习成为一个不断感受、体验、探索、交流和应用数学的过程；始终把学生看作学习的主人，达到培养和提高学生数学素养的目的。本节课中重点环节的教学，充分反映出学生学和教师导的过程，教师边导边教，真正把课堂还给学生，培养了学生敢想、敢说、敢做的精神和自主学习的能力，是一堂经典的渗透统计思想的示范课。

## 【导学单】

### 《数据的收集和整理》导学单

请同学们先预习书本第 2 页的相关内容。

仔细观察课本第 2 页例 1 的主题图，并阅读给出的文字信息。通过观察和阅读，你知道了什么数学信息？请用"＿"画出来。

# 《混合运算》教学案例

## 【教学设计】

| 课题 | | 混合运算 | | 课型 | 新授课 |
|---|---|---|---|---|---|
| 三维目标 | 知识目标 | 掌握同级混合运算的运算顺序，并能够进行正确运算 | | | |
| | 能力目标 | 通过情境理解加减混合的运算顺序，通过知识迁移应用到加减或乘除混合运算中，学会解答同级两步混合运算 | | | |
| | 情感目标 | 培养良好的学习习惯和数学的意识 | | | |
| 教学重点 | | 掌握含有同级的两步计算方法，并能正确计算 | | | |
| 教学难点 | | 知道混合运算的运算顺序 | | | |
| 学情分析 | | 由于学生之前已经或多或少地接触过混合运算，只是缺乏对混合运算顺序的归纳总结，所以本单元的学习对于学生来说没有太大难度，关键就是掌握不同情况的混合运算的计算顺序，并能熟练地进行计算 | | | |
| 教法、学法 | | 1.通过多种多样的练习，使学生掌握混合运算的计算顺序，提高学生的计算能力和水平。<br>2.结合具体的情境分析，帮助学生理解并掌握混合运算的计算顺序，为今后计算能力的提高做准备 | | | |
| 教学资源 | | 投影仪；练习本 | | | |
| 教学步骤 | | 教师活动 | 学生活动 | | 设计意图 |
| 教学过程 | | **一、问题情境**<br>师：同学们，我们以前学过 100 以内的两步连加、连减计算，你们还记得计算顺序是怎样的吗？<br>生：100 以内的两步连加、连减计算，是按从左往右的顺序计算的。 | 观察并小结计算顺序。 | | "温故而知新"，引导学生回忆 100 以内的两步连加、连减计算的顺序，为混合运算顺 |

| 教学步骤 | 教师活动 | 学生活动 | 设计意图 |
|---|---|---|---|
| 教学过程 | 二、自主探究<br>1.教学例1<br>师：你还记得 53-24+38 是按怎样的运算顺序计算的吗？<br>生：按从左往右的顺序，先算减法再算加法。<br>师：好。看谁算得又对又快。<br>师：我们以前学过的加、减、乘、除这四种运算，其实是两级不同的运算，加法和减法是同一级的运算，乘法和除法是同一级的运算。在没有括号的算式里，只有加减法或只有乘除法，都要按从左往右的顺序计算。也可以说在没有括号的算式里，只有同级运算时，都要按从左往右的顺序计算。<br>师：计算 53-24+38，为了便于看出这个综合算式的运算顺序，我们采用脱式计算，写出每次运算的结果。（边讲解边板书）<br>师：现在请大家像老师这样把综合算式 15÷3×5 的计算过程写下来。<br>教师巡视了解情况，然后组织学生交流汇报。<br>师：接下来我们进行一场比赛，用刚才的方法计算下面各题，看谁算得又对又快。（课件出示：教材第47页"做一做"）<br>教师巡视，指导个别学习有困难的学生。最后组织交流汇报，对完全正确的同学给予表扬鼓励。<br>2.教学例2<br>师：请看题目，你发现了什么？（课件出示：教材第48页例2）<br>生1：在跷跷板乐园里，有3组小朋友正在玩跷跷板，每组有4人。 | 学生独立完成计算，并交流汇报。<br><br>学生尝试独立完成练习。 | 序的教学做准备。<br><br>层层深入，由扶到放，逐步引导学生掌握混合运算的顺序。在告诉学生运算法则的情况下，放手让学生尝试独立计算，既可以有效地锻炼学生的计算能力，又可以使学生把所学的知识点掌握牢固。 |

| 教学步骤 | 教师活动 | 学生活动 | 设计意图 |
|---|---|---|---|
| 教学过程 | 生2：还有7位小朋友在周围观看，问跷跷板乐园一共有多少人。<br>师：想一想，先算什么，再算什么？怎样列式计算呢？<br>生1：我先算跷跷板上有多少人，4×3=12（人）；再算一共有多少人，12+7=19（人）。<br>生2：我也是这么算的，不过我列的是综合算式，4×3+7=19（人）。<br>生3：在我列的算式里，7+（4×3）=19（人），因为要先求4×3，就用小括号了。<br>师：同学们的想法都很棒！其中7+（4×3）可以写成7+4×3，因为在没有括号的算式里，如果既有乘法（或除法），又有加减法，要先算乘法（或除法），后算加减法。也可以说在没有括号的算式里，要先乘除后加减。<br>师：现在请同学们把下面各题第一步要先算什么圈出来。（课件出示：教材第48页"做一做"）<br>（教师逐一出示，学生逐一回答，教师及时做出评价，以鼓励为主）<br>师：现在同学们运用这个规则完成例2的计算，好吗？<br>教师巡视了解情况。<br>组织学生交流汇报，重点说明运算顺序。教师结合反馈情况，进行强调讲解。<br>3.教学例3<br>师：刚才我们说的两种情况也可以归纳为一种情况，它们都是没有括号的算式，如果在有括号的算式里，运算顺序又是怎样的？（课件出示：教材第49页最上面一句话） | 学生尝试独立完成计算。 | |

续 表

| 教学步骤 | 教师活动 | 学生活动 | 设计意图 |
|---|---|---|---|
| 教学过程 | 学生齐读：算式里有括号的，要先算括号里面的。<br>师：运用这个规则，你能完成下面的习题吗？（课件出示：教材第49页例3）<br>教师巡视了解情况。<br>组织学生交流汇报，重点说明运算顺序。<br>**三、总结提升**<br>师：同学们，通过今天的学习，你们学会了什么？<br>（在没有括号的算式里，如果只有同级运算，就按从左往右的顺序计算；如果含有两级运算，要先算乘除后算加减。算式里有括号的，要先算括号里面的） | 学生尝试独立完成。 | 课末总结能有效地帮助学生回顾本节课所学知识，使之系统化、条理化，提高课堂教学效率 |
| 板书设计 | 没有括号的混合运算两步式题<br><br>　　　　53-24+38　　　　15÷3×5<br>　　　　=29+38　　　　　=5×5<br>　　　　=67　　　　　　=25 | | |

## 【点评】

　　本节课整体上教师对学生的把握非常准确，在出示复习题时要求明确，为新课做了很好的铺垫。

　　在讲课过程中，教师能面向全体学生，激发学生深层次的思考和情感投入，鼓励学生大胆质疑，独立思考，引导学生用自己的语言阐明自己的观点和想法，能合理组织学生自主学习、合作探究，对学生进行及时、切合的评价。

　　本节课的难点是掌握脱式计算的书写要求，能够理解算式中每一步的意思。教师对每一步的讲解都非常清晰，总结出每一步是哪里来的，强调计算顺序。通过讲练结合，引出同级运算的定义，明确同级运算的顺序后，大胆地放手让学生自己做题，同时让学生说出计算顺序，强调了计算步骤。在练习中，与课本相结合，由易到难，最后通过判断对错再一次强调了计算顺序，强调了重难点。

关于学生：学生在学习的过程中积极思考，会听取别人的意见，能够自由表达自己的观点，遇到困难能与其他同学合作交流，共同解决问题。

本课教学内容较多，在购物的情境中探究乘加、乘减混合运算的运算顺序，通过理解算式的意义明白运算顺序，并总结出来。混合运算中算式的读法、运算顺序、递等式的书写格式都是较为抽象、学生难以理解的内容。课堂中，教师设置合理的问题，让学生独立思考、小组讨论、全班交流，达到教师精讲、学生多练，解放学生的手、嘴、脑的目的。在练习中，教师很注意从学生的生成中解决问题。

## 【导学单】

### 《混合运算》导学单

把课本第 47 页例 1 连起来读一遍，思考：

（1）课本第 47 页例 1 下面小男孩和小女孩列出的算式：你知道他们是怎样想的吗？

（2）课本第 47 页例 1 中小精灵的话：通过读你知道什么样的算式是综合算式吗？你还记得以前是按怎样的运算顺序计算的吗？

（3）课本第 47 页例 1 中综合算式的计算过程：你能试着总结一下这两种综合算式的计算方法吗？

# 《1000以内数的认识》教学案例

## 【教学设计】

| 课题 | | 1000以内数的认识 | | 课型 | 新授课 |
|---|---|---|---|---|---|
| 三维目标 | 知识目标 | 学会数1000以内的数，体会数的含义和作用 | | | |
| | 能力目标 | 能大致估出1000以内物品的数量，培养数感 | | | |
| | 情感目标 | 理解事物之间的相互联系，提高解决问题的能力 | | | |
| 教学重点 | | 正确数1000以内的数，掌握十进制关系 | | | |
| 教学难点 | | 接近整十、整百、整千数的数法 | | | |
| 学情分析 | | 数的概念是学生学习数学的基础，学生已经学习了"20以内数的认识""100以内数的认识"，也知道10个一是10，10个十是100。本单元的教学将认数的范围扩展到万以内，因此在教学时，可放手由学生自主认知，提高学生运用多样性策略解决问题的意识，更要让学生自己总结归纳数数的方法和规律。在这一阶段，学生将认识更大的数。它不仅是大数计算的基础，还在日常生活中有广泛的应用，必须要掌握 | | | |
| 教法、学法 | | 让学生经历数数的过程，体验数的产生和作用。能认、读、写万以内的数，知道这些数是由几个千、几个百、几个十和几个一组成的，能够用符号和词语描述万以内数的大小，能说出各个数位的名称，识别各个数位上数字的意义 | | | |
| 教学资源 | | 教学挂图或课件。计数器、每人十个小方块 | | | |
| 教学步骤 | | 教师活动 | 学生活动 | | 设计意图 |
| 教学过程 | | **一、问题情境**<br>师：同学们，今天我们上一节非常有趣的数学课。（课件出示：教材第74页情景图） | 鼓励学生大胆猜想。 | | 引导学生回忆百以内数的数法，为学习新课做准备，培 |

| 教学步骤 | 教师活动 | 学生活动 | 设计意图 |
|---|---|---|---|
| 教学过程 | 师：这是宽敞、明亮的体育馆，你能猜猜体育馆大约能坐多少人吗？<br>师：看来同学们估计的结果不一样，要想知道每样东西大约有多少，可以用数数的方法，我们以前学过百以内的数是怎么数的？<br>生：一个一个地数，一十一十地数……<br>师：如果数目比较大，我们还是这样一个一个地数，显然就不恰当了，今天我们就一起来认识、研究 1000 以内的数。<br>**二、自主探究**<br>1. 教学例 1<br>师：如果我们一个一个地数，10 个一是多少？<br>生：10 个一是 10。<br>师：如果我们一十一十地数，10 个十是多少？<br>生：10 个十是 100。<br>师：图中的小木块有多少？该怎样数呢？在小组里讨论交流一下，告诉大家你数出的数是多少。（课件出示：教材第 75 页例 1 图）<br>教师巡视了解情况。<br>生 1：我先数出最下边的一行是 10 块，然后就一行一行地数出最前面的一排是 100 块，最后就一百一百地数，发现有 10 排，也就是 10 个一百。<br>师：10 个一百又是多少呢？<br>生 2：我也是先数出一列有 10 块，然后一列一列地数，也就是一十一十地数，发现最下面的一层是 100 块，后来就一百一百地数，结果是 1000。<br>师：是啊。我们可以一百一百地数，10 个一百是 1000。 | 学生在小组里讨论交流。<br><br>小组交流，重点说清是怎样数的。 | 养学生的迁移类推能力。<br><br>在引导学生数数的过程中，让其体会十进制关系，帮助学生掌握数数的策略 |

续表

| 教学步骤 | 教师活动 | 学生活动 | 设计意图 |
|---|---|---|---|
| 教学过程 | 2. 教学"做一做"<br>师：现在请同学们拿出计数器，按要求边拨珠边数数，同桌互相检查，看谁能都数对。<br>教师巡视了解情况。<br>指定学生数数，其他人认真倾听并做出评价。<br>**三、总结提升**<br>同学们，通过今天的学习，你们知道了什么 | 同桌互相监督边拨珠边数数 | |
| 板书设计 | 1000 以内数的认识<br>10 个一是 10<br>10 个十是 100<br>10 个一百是 1000 | | |

## 【点评】

"1000 以内数的认识"这节课，是在学生已经学习了"20 以内数的认识"和"100 以内数的认识"的基础上，将其认识数的范围扩展到万以内的数。教师从学生的发展和学习需求出发，创造性地使用教材，在整体设计上注重了数数和数感的培养。

**1. 构建新的课堂教学模式，注重发展学生数感**

数感是人的数学素养的基本内涵之一，加强学生数感的培养是当前数学与计算教学领域改革的一个重要理念。数的认识由 100 以内扩展到 1000 以内，数目增多了，内涵更丰富了，抽象程度也更高了。这节课，教师注意利用各种素材发展学生的数感，让学生数 1000 个小正方体，从一个一个地数到十个十个地数，再到百个百个地数，最终引出 10 个一百是 1000。让学生在数小正方体的操作活动中自己去体验和感悟，从而发现数数的方法。在整个过程中，针对二年级小学生的认知特点及时进行强化，在学生脑海中建立 1000 这个概念。在数数时利用小组合作交流，学生感受数数量比较少的物体的个数时，可以一个一个地数；当数数量比较多的物体的个数时，可以一十一十地数；当数更多的物体的个数时，可以一百一百地数，这样更有利于学生理解数、学会数数。

**2. 课堂上运用动态演示和计数器突破数数难点**

这节课的教学重点是体会相邻两个计数单位之间的十进制关系，为了更有效地夯实这一教学重点，教师运用动画进行操作演示。这要比学生自主操作更具体、更快捷、更有实效，而且它可以根据学生的认知情况反复播放。教师通过计数器向学生直观地展示 1000 以内数的组成，帮助学生明白，对于不同的计数单位，所表示的数的意义是不一样的。

**3. 教学中注重学生的创新精神培养**

教师结合多媒体，利用大屏幕向学生进行数小方块的演示和指导，鼓励学生去发现数数的规律，激发学生的学习兴趣。教师还为学生创造机会让学生大胆说。

**4. 及时练习巩固新知**

练习形式丰富多样，一方面可以集中学生的注意力；另一方面可以提高其学习的积极性，多样的练习可以加深其对所学知识的理解。在练习中还应注重教学内容和二年级学生的学习特点，注重练习的层次性、开放性。小游戏和竞赛活动都能充分调动学生的学习积极性。

总之，教师的这节课对基础知识教学比较扎实，学生学习兴趣浓厚，课堂上师生互动、生生互动较好，使课堂充满了生机与活力，教学中还注重了学生的情感与态度的培养以及知识与技能、过程与方法的形成与发展。

【导学单】

### 《1000 以内数的认识》导学单

预习课本第 75~77 页及相关内容。

思考：（1）10 里面有多少个一？100 里面有多少个十？1000 里面有多少个百？

（2）观察第 76 页、77 页例题的数数方法，你发现了什么？

三年级

数学教学案例

# 《秒的认识》教学案例

## 【教学设计】

| 课题 | | 秒的认识 | | 课型 | 新授课 |
|---|---|---|---|---|---|
| 三维目标 | 知识目标 | 认识时间单位"秒",知道1分=60秒,体会秒在生活中的应用 | | | |
| | 能力目标 | 通过观察、体验等活动,使学生初步建立1秒、几秒、1分的时间观念 | | | |
| | 情感目标 | 通过教学,使学生体验数学与生活的密切联系,同时渗透珍惜时间、交通安全等思想品德教育 | | | |
| 教学重点 | | 1. 知道时间单位秒,理解并掌握1分=60秒。<br>2. 初步建立1秒、几秒、1分的时间观念 | | | |
| 教学难点 | | 初步建立1秒、几秒、1分的时间观念 | | | |
| 学情分析 | | 对于时间单位"秒"学生们并不陌生,在生活中有接触。1分=60秒,学生也有模糊的印象,但是,时间单位比较抽象,不像长度、重量单位那样容易用具体的物体表现出来。因此知道并理解1分=60秒是本课教学的重点,而初步建立1秒、几秒、1分的时间观念不仅是本课教学的重点,亦是难点。教学中,注重联系生活,唤醒学生的生活经验,注重给足学生观察、发现、探究、体验的时间和空间,注重多媒体课件的有效运用,以达成本课的教学目标 | | | |
| 教法、学法 | | 讲授法、探究法 | | | |
| 教学资源 | | 多媒体课件 | | | |
| 教学步骤 | | 教师活动 | | 学生活动 | 设计意图 |
| 教学过程 | | **一、设疑激趣,引入新课**<br>1. 出示主题图<br>同学们,你看到了什么?你们看,新年的钟声即将敲响,让我们一起倒计时,十、九、八、七、六、五、四、 | | | |

| 教学步骤 | 教师活动 | 学生活动 | 设计意图 |
|---|---|---|---|
| 教学过程 | 三、二、一！<br>揭示：计量很短的时间常用秒。秒是比分更小的时间单位。<br>2.哪位同学上台展示导学单？<br>揭示课题并板书。<br>**二、创设情境，导学探究**<br>谈话：你都知道哪些关于秒的知识？你是怎么知道的？<br>结合学生回答引导探究。<br>1.认识秒针<br>（1）出示钟面（没有秒针）：你看到了些什么？（时针、分针、12个数字、12个大格，60个小格）<br>（2）出示钟面（有秒针）：它与刚才的钟面有什么不同？（多了一根指针）<br>揭示：钟面上最长最细的针就是秒针。<br>（3）观察钟面，秒针还有什么特点？（最细最长，走得最快）<br>（4）找一找：找一找自己钟面学具上的秒针，指给同桌看看。<br>2.认识1秒和几秒<br>（1）揭示：秒针走1小格的时间是1秒。<br>（2）秒针走2小格的时间是几秒？走一大格呢？你是怎么想的？秒针走1圈的时间呢？为什么？<br>3.理解1分=60秒<br>（1）课件演示秒针走动1圈，学生边观察边说出时间：1秒，2秒，3秒……58秒，59秒，60秒。<br>（2）课件演示，学生仔细观察钟面，想一想，你有什么发现？<br>（3）学生汇报，教师引导：秒针走了一圈用了多少秒？在秒针走一圈的同时，分针走了几小格？也就是几分钟？你发现了什么？（1分=60秒） | 学生独立完成题目，并展示导学单的成果，回答教师的问题。<br><br><br><br><br><br>学生找自己钟面学具上的秒针，指给同桌看，并互相说一说是怎样想的。 | 从学生已有的生活经验出发，为后面的学习做铺垫，为有效突破教学难点做准备。<br><br><br><br>把学习的主动权真正交给了学生，让学生在足够自主的空间、足够活动的机会中自主探究、积极合作，足以让学生获得积极的、深层次的体验。 |

| 教学步骤 | 教师活动 | 学生活动 | 设计意图 |
|---|---|---|---|
| 教学过程 | （4）你发现时、分、秒这三个单位间有什么关系？（1时=60分,1分=60秒）<br>4.认识秒表和秒的计时方法<br>（1）这是秒表,一般在体育运动中用来记录以秒为单位的时间。<br>（2）介绍秒表的计时方法。<br>（3）有的电子表可以显示到秒。你知道这个电子表显示的时刻吗？（6时55分57秒）<br>（4）读出电子表上的时刻。<br>（5）你还知道哪些地方、哪些工具记录以秒为单位的时间？<br>5.体验1分钟、1秒和几秒<br>（1）1分钟有多长？<br>课件播放《时间像小马车》,猜猜播放多长时间。<br>课件验证。<br>（2）学生闭眼感受1分钟。<br>（3）1分钟能做哪些事？<br>（4）1秒究竟有多长呢？<br>出示钟表滴答声,学生闭眼感受。<br>（5）1秒钟能做哪些事？<br>课件出示:<br>1秒钟,猎豹在草原上可飞奔28米;<br>1秒钟,蜂鸟振翅55次;1秒钟,地球绕太阳转动29.8千米,从太阳接收486亿千瓦的能量,太阳系在银河系内运行220千米,宇宙空间里有79个星体发生爆炸结束其"生命"。<br>（6）感受几秒。<br>①师吟诵《明日歌》。猜一猜,老师用了多长时间？你是怎么想的？<br>计时验证。<br>②师吟诵《长歌行》。估一估,老师用了多长时间？你是怎么估的？<br>**三、课堂练习,巩固新知**<br>课本第7页第7题。 | 学生仔细观察钟面,说出自己的发现。<br><br><br><br><br><br><br><br><br><br><br><br><br><br><br><br>学生畅谈。<br><br><br><br><br><br><br><br><br><br><br><br>学生独立完成练习,并汇报订正 | 启发学生通过合作学习,总结、归纳,培养学生的语言表达能力和逻辑思维能力。 |

续 表

| 教学步骤 | 教师活动 | 学生活动 | 设计意图 |
|---|---|---|---|
| 教学过程 | **四、全课总结，升华新认识**<br>课件播放《长歌行》，说说你从中知道了什么。<br>你还知道哪些关于时间的名言警句？<br>通过这节课的学习，你有哪些收获？<br>还有什么不清楚的吗 | | 学以致用，让学生在生动活泼的数学学习活动中感受到数学与生活的紧密联系 |
| 板书设计 | **秒的认识**<br>计量很短的时间常用秒。秒是比分更小的时间单位。<br>秒针走一小格是 1 秒，1 分 =60 秒 | | |

## 【点评】

学习本节课之前，学生在生活中对"时、分、秒"已有一定的感性认识，对时针、分针、秒针、整时有了一定的认识，时间单位"秒"在生活中也有所接触。1 分 =60 秒，学生也有模糊的印象。本节课主要有以下几个特点：一是密切联系生活实际，加深学生对概念的理解。在"设疑激趣，引入新课"环节，从学生已有的生活经验出发，用新年钟声敲响倒计时初步感知秒是一个很小的时间单位，为后面学习"秒"做铺垫，为有效突破教学难点做准备。二是把学习的主动权交给学生，让学生做学习的主人。在"创设情境，导学探究"环节，给学生提供足够的空间，让学生进行自主探究、小组合作，让学生在教师的引导下获得积极的、深层次的体验。三是为学生提供丰富的体验活动，建立时间观念。在"创设情境，导学探究"环节，通过播放《时间像小马车》、吟诵《明日歌》等，让学生在轻松愉快的氛围中充分感知"1 分钟""几秒"这些时间单位的长度，调动学生的多种感官，帮助学生建立清晰、准确的时间感知，让学生在生动活泼的数学学习活动中感受到数学与生活的紧密联系。

## 【导学单】

### 《秒的认识》导学单

预习课本第 2~4 页例题 1，尝试完成下列练习：分针走一小格是（　　）分，走一大格是（　　）分；时针走一大格是（　　）时，走一圈是（　　）时。

思考：2 时 =（　　）分，你是怎样想的呢？为什么？

# 《毫米的认识》教学案例

## 【教学设计】

| 课题 | | 毫米的认识 | 课型 | 新授课 |
|---|---|---|---|---|
| 三维目标 | 知识目标 | 让学生经历观察、比画、测量等学习活动，明确毫米产生的实际意义，使他们初步认识新的长度单位"毫米"，建立1毫米的概念，会用毫米作单位进行测量，并能掌握毫米与厘米间的关系，进行简单的换算 | | |
| | 能力目标 | 借助具体的测量活动，进一步培养学生的动手操作能力，能估计一些物体的长度，进一步发展估测意识 | | |
| | 情感目标 | 感受数学与生活的密切联系，学会与他人合作，从而获得积极的学习数学的情感 | | |
| 教学重点 | | 建立较为准确的"1毫米"的概念 | | |
| 教学难点 | | 建立较为准确的"1毫米"的概念 | | |
| 学情分析 | | 在初步认识毫米时，要让学生掌握用分米和毫米作单位测量物体的长度。尤其是用毫米作单位测量物体长度时，对学生操作测量工具以及准确读出测量结果的要求较高，因而难度较大。这就需要教师组织大量的测量活动，提高学生的操作水平，积累活动经验 | | |
| 教法、学法 | | 讲授法、探究法 | | |
| 教学资源 | | 教师准备课件、米尺；学生准备书、直尺一把、一枚1分硬币、一张银行借记卡、小棒等 | | |
| 教学步骤 | | 教师活动 | 学生活动 | 设计意图 |
| 教学过程 | | 一、设疑激趣，引入新课<br>（1）复习米和厘米，引导学生用手势来表示1米和1厘米各有多长。<br>（2）展示、交流导学单。<br>（3）组织交流测量结果，引出毫米产生的意义。<br>（4）揭示课题并板书。 | 学生独立完成题目，并展示导学单的成果，回答教师提出的问题。 | 从学生已有的生活经验出发，为后面的学习做铺垫，为有效突破教学难点做准备。 |

续 表

| 教学步骤 | 教师活动 | 学生活动 | 设计意图 |
|---|---|---|---|
| 教学过程 | **二、创设情境，导学探究**<br>1. 建立"1毫米"的表象<br>（1）毫米可以用字母 mm 来表示。设疑：关于毫米，你已经知道了哪些知识？<br>（2）在学生交流的基础上，重点探讨1毫米有多长，请学生在尺上相互指指，从哪里到哪里是1毫米。再请持有不同意见的同学向全班汇报、交流。<br>揭示：为了看得更清楚些，我们把尺子用放大镜放大，把1厘米平均分成10份，其中的任何一份也就是每一小格的长度，就是1毫米。（边介绍边用课件演示）<br>然后，请学生在自己的尺子上再指一指1毫米有多长。<br>（3）思考：现在你觉得毫米与厘米之间有什么关系？<br>1厘米 = 10毫米<br>（4）请学生想一想哪些物体的长度大约是1毫米。（教师准备1分硬币、电话卡和银行借记卡，请学生量一量厚度，加深对"1毫米"的体验）<br>（5）引导学生用手势来表示1毫米有多长，并谈谈自己的感受。<br>（6）说一说，生活中还有哪些地方用到"毫米"作单位。（学生举例，教师提供一些资料）<br>（7）学生填写数学书的厚和宽并反馈。<br>2. 画线段（3厘米7毫米长的线段）<br>提问：用直尺画线段时需要注意什么？如何画出3厘米7毫米长的线段？<br>学生可能有以下几种画法：<br>①利用刻度尺先画出3厘米的线段，再接着画出7毫米； | 四人为一组根据问题引领展开讨论，并互相说一说是怎样想的。<br><br><br><br><br><br><br><br><br>学生在自己的尺子上指1毫米有多长。<br>思考：现在你觉得毫米与厘米之间有什么关系？<br><br><br><br><br>学生用手势表示1毫米有多长，并谈自己的感受。<br><br><br><br><br>画线段。（3厘米7毫米长的线段） | 把学习的主动权真正交给了学生，让学生在足够自主的空间、足够活动的机会中自主探究、积极合作，足以让学生获得积极的、深层次的体验。 |

续 表

| 教学步骤 | 教师活动 | 学生活动 | 设计意图 |
|---|---|---|---|
| 教学过程 | ②在刻度尺上指出 37 毫米（3 厘米=30 毫米），然后画线段。<br>学生操作，教师巡视引导，注意线段从"0"刻度开始画和不从"0"刻度开始画的区别。<br>3. 毫米和厘米的换算<br>出示教材第 23 页 5 角硬币的图片。<br>提问：从图中我们知道一个 5 角硬币的直径长度是多少？（板书：2 厘米）如果换成用毫米作单位又是多少呢？<br>[板书：2 厘米＝（　　　）毫米]<br>我们可以怎样想？根据提示讨论。<br>（1）1 厘米是（　　　）毫米。<br>（2）2 厘米是（　　　）个 10 毫米。<br>（3）2 厘米就是（　　　）毫米。<br>让学生讨论，并指名回答。<br>学生回答 2 厘米就是 2 个 10 毫米，即 20 毫米。组织学生动手量一量，验证 2 厘米与 20 毫米的长度关系。<br>小结：当我们要把以厘米为单位的长度换算成以毫米为单位的长度时，根据 1 厘米等于 10 毫米，想几厘米就是几个 10 毫米，也就是几十毫米就可以了。<br>**三、巩固提升**<br>学生根据本课的新内容完成"做一做"第 1、2 题。<br>第 1 题：让学生根据图示读出刻度尺所测量的物体长度。明确先 1 厘米 1 厘米地数，不满 1 厘米的再 1 毫米 1 毫米地数，这样的方法更加快捷方便。学生读数，再指名汇报。<br>第 2 题：让学生先估算，再测量，然后集体订正，指名说说理由。<br>完成练习五第 2 题：以毫米为单位测量出每条边的长度。 | 根据提示讨论。<br>（1）1 厘米是（　　　）毫米。<br>（2）2 厘 米 是（　　　）个 10 毫米。<br>（3）2 厘 米 就是（　　　）毫米。<br><br><br>学生独立完成练习，并汇报订正 | 学生通过合作学习，总结、归纳，培养学生的语言表达能力和逻辑思维能力。 |

续表

| 教学步骤 | 教师活动 | 学生活动 | 设计意图 |
|---|---|---|---|
| 教学过程 | 完成练习五第3、5题。<br>**四、课堂小结，课外延伸**<br>这节课我们学习了什么？你学会了什么？请你用手势表示1毫米大约有多长。<br>米不是最大的长度单位，毫米也不是最小的长度单位，如果你们有兴趣，可以到书中或网上查查看 | | 学以致用，让学生在生动活泼的数学学习活动中感受数学与生活的紧密联系 |
| 板书设计 | **毫米的认识**<br>量比较短的物体的长度或者要求量得比较精确时，可以用毫米作单位。<br>1厘米 =10毫米 | | |

## 【点评】

本节课的教学是建立在学生已经掌握了厘米的基础上的。学生已经有了学习厘米的经验，并且他们经常用到直尺，有用直尺测量的经历。这时，水到渠成地学习"毫米的认识"，能让学生对长度单位有一个比较完整的认识。本节课有以下几个特点：一是让学生产生认知冲突，引出更小的单位——毫米。在"设疑激趣，引入新课"环节，教师先让学生估算书的宽、厚，再让学生实际测量，看看哪个同学的估测最接近准确的结果，孩子通过测量发现仅仅用"厘米"作单位是不行的，这时需要一个更小的单位，在认知冲突中引出"毫米"这个比厘米更小的单位。二是引导学生合作探究，经历数学活动的过程，体验毫米的大小。教学过程中，教师让学生充分参与到数学活动中，通过用手势、说一说、填一填、画一画等活动感知毫米的大小，引导学生自己去探索和解决问题，感受数学的价值，获得成功的喜悦。不足：忽视了学生对长度、宽度、厚度的理解，以至于学生测量数据时出现错误。

## 【导学单】

### 《毫米的认识》导学单

我以前学过的长度单位有（　　　）和（　　　），1米 =（　　　）厘米。

自主学习课本第 21 页例 1 的内容。

用直尺实际测量出数学书的长是（　　　）厘米，宽是（　　　）厘米，厚是（　　　）厘米。

当测量的长度不是整厘米时，应该使用什么单位表示？

考考你：我知道生活中（　　　）等物品的长度大约是 1 毫米。

# 《倍的认识》教学案例

## 【教学设计】

| 课题 | | 倍的认识 | 课型 | 新授课 |
|---|---|---|---|---|
| 三维目标 | 知识目标 | 充分认识"倍"的概念，理解"一个数的几倍是多少"的含义，并会运用倍数的知识解决简单的实际问题 | | |
| | 能力目标 | 理解"一个数是另一个数的几倍"的含义，并会运用倍数的知识解决简单的实际问题 | | |
| | 情感目标 | 掌握"已知两项求倍数"的解题过程和方法 | | |
| 教学重点 | | 经历"倍"的概念的形成过程，建立"倍"的概念，学会已知两项求倍数的基本方法 | | |
| 教学难点 | | 建立"求一个数是另一个数的几倍"的一般思路，体验"求一个数是另一个数的几倍"的方法 | | |
| 学情分析 | | 重视意义理解，多角度、循序渐进建立倍的概念。倍是一个比较抽象的概念，学生建立和理解倍的概念需要一个反复、持续的过程，教学时要注意让学生在充分的活动中逐步加深对倍的认识，理解倍的本质 | | |
| 教法、学法 | | 讲授法、探究法 | | |
| 教学资源 | | 多媒体课件 | | |
| 教学步骤 | | 教师活动 | 学生活动 | 设计意图 |
| 教学过程 | | **一、设疑激趣，引入新课**<br>师：同学们，在上课之前，我们请一些同学上讲台来。<br>教师请 3 名女生站在第一排，再请 6 名男生站在第二排（3 个 3 个站在一起）。<br>教师提问：第一排有几个女生？（3 个）第二排有几个 3？（2 个 3） | | 从学生已有的生活经验出发，为后面的学习做铺垫，为有效突破教学难点做准备。 |

续 表

| 教学步骤 | 教师活动 | 学生活动 | 设计意图 |
|---|---|---|---|
| 教学过程 | 师：哪位同学上台展示导学单？<br>揭示课题并板书。<br>**二、创设情境，导学探究**<br>1. 初步形成"倍"的概念<br>教学教材第 50 页例 1。<br>师：我们一起来看看这幅图片，兔子特别喜欢吃萝卜，我们看看在图片中有多少根大胡萝卜。（2 根）<br>师：那带叶子的小胡萝卜有多少根呀？（6 根）<br>师：我们把 6 根小胡萝卜 2 根 2 根放在一起，就是 3 个 2 根，对不对？（对）<br>师：所以我们说小胡萝卜的根数是大胡萝卜的 3 倍。<br>师：大家一起来看一下，白萝卜一共有几根？（10 根）<br>师：如果白萝卜每 2 根放在一起，就有 5 个 2 根，那白萝卜的根数是大胡萝卜的几倍呀？（5 倍）<br>2. 巩固"倍"的概念<br>师：现在，请大家拿出自己的小棒，我们一起来动动手。<br>大家看教材第 50 页"做一做"第 2 题。<br>第一行摆 5 根小棒。<br>第二行是第一行的 4 倍，在第二行每 5 根小棒摆在一起，要摆几个 5 根？一共有多少根？<br>学生动手摆小棒、数小棒，然后汇报由于第一行是 5 根小棒，第二行是 4 个 5 根小棒，所以第二行一共有 20 根小棒。<br>师：大家完成得非常不错，现在你们都明白"倍"的概念了吗？<br>3. 体验求倍数的一般思路<br>☆○☆○○☆○○○○○○○ | 学生独立完成题目，并展示导学单的成果，回答教师的问题。<br><br><br><br><br><br><br><br>同桌根据问题引领展开讨论，并互相说一说是怎样想的。初步形成"倍"的概念。<br><br><br><br><br><br><br><br>学生动手摆小棒、数小棒，然后汇报。 | 把学习的主动权真正交给了学生，让学生在足够自主的空间、足够活动的机会中自主探究、积极合作，足以让学生获得积极的、深层次的体验。 |

| 教学步骤 | 教师活动 | 学生活动 | 设计意图 |
| --- | --- | --- | --- |
| 教学过程 | 师：那请同学们想想○的个数是☆的几倍，说说你是用什么方法来计算的。<br>教师巡视发现学生可能的解法。<br>解法一：画示意图。<br>星星：☆☆☆<br>圈圈：○○○○○○○○○<br>所以，○的个数是☆的3倍。<br>解法二：要求○的个数是☆的多少倍，就是求9里面有多少个3，用除法计算：9÷3=3。<br>回顾与检验：☆有3个，○是它的3倍，就是3个3，所以是9个，解答正确。<br>4.巩固"已知两项求倍数"的解题思路<br>教学教材第51页例2。<br>问题讨论，需要利用哪些信息？<br>问题：擦桌椅的人数是扫地的几倍？<br>师生共同检验：扫地的有4人，4的3倍是12，正好是擦桌椅的人数，解答正确。<br>5.归纳与总结<br>同学们根据自己的想法解出了这道题目，这也是今天我们要学习的"已知两项求倍数"的一般思路。<br>第一步：阅读与理解，知道问题的条件，明确要解决什么问题。<br>第二步：选择合适的方法解决问题，可以用图示法，也可以直接用除法计算出结果。<br>第三步：回顾与反思，检验解答是否正确。（板书） | 学生独立思考，自主解答。<br><br><br><br><br><br><br><br><br><br><br>学生讨论，归纳方法。<br>第一种：图示法。<br>第二种：要求擦桌椅的人数是扫地的几倍，就是求12里面有几个4，用除法计算：12÷4=3。<br>师生共同归纳与总结 | 启发学生通过合作学习，总结、归纳，培养学生的语言表达能力和逻辑思维能力 |
| 板书设计 | **倍的认识**<br>第一行：☆☆☆<br>第二行：☆☆☆　☆☆☆　☆☆☆　3个4<br>第二行是第一行的3倍 | | |

## 【点评】

"倍"的概念对于三年级的学生来说是第一次接触，比较陌生。但是，在实际生活中，会经常遇到关于"倍"的描述。学生在潜意识中有一些零散的、不成形的关于"倍"的认识。本节课通过适当的情境，充分唤醒学生的潜意识，让学生在活动中逐步深化理解，为后续学习打基础。本节课主要有以下几个特点：第一，通过情境演示，激发学生学习兴趣。通过让学生到前面演示，调动了学生的学习兴趣以及参与意识，同时为后面学习"倍"做准备。第二，学生是学习的主人，教师是学习的引导者。新知的学习层次性强，充分体现了教师组织者、引导者、合作者的作用。

## 【导学单】

### 《倍的认识》导学单

填一填：20 里面有（　　　）个 10，10 里面有（　　　）个 2。

预习书本例 1 后，尝试完成下题：观察图片，可以先圈一圈再填空。

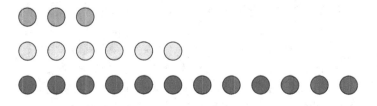

我们可以说，⚪是⚪的（　　　）倍，⚫是⚪的（　　　）倍，⚫是⚪的（　　　）倍。

# 《口算乘法》教学案例

## 【教学设计】

| 课题 | | 口算乘法 | 课型 | 新授课 |
|---|---|---|---|---|
| 三维目标 | 知识目标 | 在具体情境中，探究整百、整十数乘一位数以及两位数乘一位数（不进位）的计算规律 | | |
| | 能力目标 | 掌握整百、整十数乘一位数以及两位数乘一位数（不进位）的计算方法，提高口算能力 | | |
| | 情感目标 | 在学习中感受数学与生活的密切联系 | | |
| 教学重点 | | 能正确地理解整十、整百数乘一位数以及两位数乘一位数（不进位），能解决简单的数学问题 | | |
| 教学难点 | | 能正确口算整十、整百数乘一位数以及两位数乘一位数（不进位），理解计算方法 | | |
| 学情分析 | | 计算本身是枯燥乏味的，机械的训练更使学生厌烦，这是学生对数学失去兴趣的一个重要原因。因此，本单元教材每一个例题的呈现，都安排了一个具体的情境，每一个计算知识的学习都是在对情境中数学信息的分析基础上进行的。这样可让学生理解计算是解决问题的方法，产生计算的需要，从而形成学习的内部动机 | | |
| 教法、学法 | | 讲授法、探究法 | | |
| 教学资源 | | 多媒体课件 | | |
| 教学步骤 | | 教师活动 | 学生活动 | 设计意图 |
| 教学过程 | | **一、设疑激趣，引入新课**<br>出示教材第56页情境图。<br>师：星期天，爸爸妈妈带着孩子们到儿童游乐园游玩，有的玩旋转木马，有的玩碰碰车，大家玩得很开心。 | | |

续 表

| 教学步骤 | 教师活动 | 学生活动 | 设计意图 |
|---|---|---|---|
| 教学过程 | 师：同学们，你能根据这幅情境图所提供的信息提出用乘法计算的问题吗？<br>师：哪位同学上台展示导学单？<br>揭示课题并板书。<br>**二、创设情境，导学探究**<br>1. 出示坐碰碰车的图片及数学问题<br>坐碰碰车每人20元，3人要多少钱？<br>（1）你会解决这一问题吗？<br>（2）怎样解决？<br>根据学生的回答，板书：20×3=<br>（3）你是怎样算的？小组交流反馈。<br>①算法一：20+20+20=60；<br>②算法二：2个十乘3是6个十，就是60。<br>（对于算法二，教师先引导学生一起说，学生再在下面自由说）<br>（4）想一想：200×3= ？<br>①怎么计算？②你是怎么想的？<br>（注意引导学生将例1的思路迁移到这里）<br>2. 在迁移类推中学习新知识<br>出示玩过山车的图片及问题。<br>坐过山车每人12元，3人要多少钱？<br>（1）你会解决这一问题吗？<br>（2）根据学生的回答，教师板书：<br>12×3=<br>（3）小组合作讨论：学生说说自己是怎样计算的。<br>（4）汇报交流：<br>①学生汇报：<br>10×3=30<br>2×3=6<br>30+6=36<br>②老师出示小棒图（见教材），证明上面算法的正确性。<br>③想一想：12×4=<br>怎么算？怎么想？全班交流思路。 | 学生独立完成题目，并展示导学单的成果，回答教师的问题。<br>四人为一组，根据问题引领展开讨论，并互相说一说是怎样想的。 | 从学生已有的生活经验出发，为后面的学习做铺垫，为有效突破教学难点做准备。<br><br>把学习的主动权真正交给学生，让学生在足够自主的空间、足够活跃的氛围中自主探究、积极合作，这足以让学生获得积极的、深层次的体验。 |

| 教学步骤 | 教师活动 | 学生活动 | 设计意图 |
|---|---|---|---|
| 教学过程 | （5）想一想，在计算过程中你发现了什么？（让学生认识到这类题目可以转化为表内乘法来计算，这样为后面学习整百数、整千数乘一位数的计算打下基础）<br>3. 总结归纳<br>（1）谁能根据情境图，再提出几个与一位数相乘的数学问题？<br>学生可能会提出这样的问题：①坐激流勇进每人 10 元，8 人要多少钱？②坐登月火箭每人 15 元，3 人要多少钱？③坐旋转木马每人 5 元，13 人要多少钱？<br>（2）说出解决问题的方法并列出算式：$10×8$、$15×3$、$5×13$。<br>探究计算方法，全班交流、汇报。<br>思考：①整十、整百、整千数乘一位数该怎样计算呢？<br>归纳：在计算整十、整百、整千数乘一位数时，可以把整十、整百、整千数看成几个十、几个百、几个千和一位数相乘；也可以把它们转化为表内乘法计算，即先用 0 前面的数与一位数相乘（用表内乘法），再看乘数末尾有几个 0，就在积的末尾添上几个 0。②一个两位数乘一位数又该怎么计算？<br>归纳：把两位数分成整十加几，再分别与一位数相乘，最后把结果加起来。<br>三、巩固练习<br>（1）完成教材第 57 页"做一做"，口算结果，并说说你是怎么想的。<br>（2）完成教材练习十二第 1 题，先填写，然后说说"一位数乘整十、整百、整千的数"怎样计算简便。<br>（3）完成教材练习十二第 3 题。投影出示第 3 题：①让学生观察图，收集信息，明确问题；②让学生独立完成，集体交流。 | 学生尝试解决问题的方法。<br><br>学生独立完成练习，并汇报订正。 | 学生通过合作学习总结、归纳，培养学生的语言表达能力和逻辑思维能力。<br><br>学以致用，让学生在生动活泼的数学学习活动中感受到数学与生活的紧密联系。 |

续 表

| 教学步骤 | 教师活动 | 学生活动 | 设计意图 |
|---|---|---|---|
| 教学过程 | （4）完成教材练习十二第4题，用开火车的方式回答计算结果。<br>**四、课堂小结**<br>这节课你学会了什么 | | |
| 板书设计 | **口算乘法**<br>例1　20×3=60，想：2个十再乘3是6个十，就是60。<br>200×3=600<br>例2　12×3=36，想：10×3=30，2×3=6，30+6=36。<br>12×4=48 | | |

## 【点评】

本节课是本册教材的重要组成部分，是在学生学习了表内乘法的基础上展开教学的，它既是表内乘法的进一步发展，也是表内乘法的拓展，又是将来进一步学习多位数乘法的重要基础。本节课具有以下几个特点。一是情境引入，激发学生学习兴趣。在"设疑激趣，引入新课"环节，教师通过游乐园的情境，激发学生学习的积极性。同时，学生通过分享课前布置的导学单，为后面的新知学习做准备。二是通过合作探究，经历知识生成的过程。在"创设情境，导学探究"环节中，教师充分放手把学习的主动权交给学生，让学生有足够的时间、空间进行独立思考、自主探究，此外，教师让学生自己设计与一位数相乘的数学问题，让学生在活动中获得积极的、深层次的体验。三是层层深入，巩固提升。在"巩固练习"环节，教师通过不同层次的题目让学生掌握好两位数乘一位数的笔算方法。正确理解并掌握本节课的内容，不仅可以进一步加深学生对乘法运算的理解，提高运算能力，也能为学生继续学习多位数乘法打下基础。

## 【导学单】

### 《口算乘法》导学单

预习课本第57页例题1、2，完成下列各题。

50是（　　　）个十，5个百是（　　　）。

32里面有（　　　）个十，（　　　）个一。

2个30是多少？为什么？你是怎样想的呢？

# 《四边形》教学案例

## 【教学设计】

| 课题 | | 四边形 | | 课型 | 新授课 |
|---|---|---|---|---|---|
| 三维目标 | 知识目标 | 直观感知四边形，能区分和辨认四边形。进一步认识长方形和正方形 | | | |
| | 能力目标 | 通过找一找、说一说、画一画、剪一剪等系列活动，培养学生的观察比较和概括抽象的能力 | | | |
| | 情感目标 | 通过多种活动，发展学生的空间观念和推理能力 | | | |
| 教学重点 | | 能直观感知四边形，能区分和辨认四边形 | | | |
| 教学难点 | | 能知道长方形和正方形的特点 | | | |
| 学情分析 | | 在一年级时，学生已经直观认识了长方形、正方形、平行四边形、三角形和圆等平面图形。本单元的重点是让学生在主动探究中认识图形的特征，教材分三个层次编排。同时，让学生在经历了一般图形周长的探索过程之后，进一步研究长方形、正方形的周长 | | | |
| 教法、学法 | | 讲授法、探究法 | | | |
| 教学资源 | | 多媒体课件 | | | |
| 教学步骤 | | 教师活动 | | 学生活动 | 设计意图 |
| 教学过程 | | **一、设疑激趣，引入新课**<br>课件播放美丽的校园录像，学生欣赏。<br>师：这是哪儿？在这幅图中你能发现哪些图形？（课件出示定格的校园图片）。 | | 学生从中找图形，一边看一边汇报。 | 从学生已有的生活经验出发，为后面的学习做铺垫，为有效突破教学难点做准备。 |

续 表

| 教学步骤 | 教师活动 | 学生活动 | 设计意图 |
|---|---|---|---|
| 教学过程 | （学生很容易说出长方形、正方形、三角形、圆形，至于平行四边形、菱形、梯形、半圆形等，虽然教材中还没有正式出现，但学生并不一定就一无所知。如果学生能说出，教师要适时给予肯定和鼓励；如果学生没说出，教师可以补充）<br>学生回答时，教师可以演示课件：把学生发现的图形用不同的颜色涂出，当学生全部回答完后，课件只留下图形，其他内容全部隐去。<br>揭示课题并板书。<br>**二、创设情境，导学探究**<br>1. 想一想<br>师：同学们，我们来到了数学王国！在这里我们就要和新朋友——四边形见面了。<br>你想象中的四边形应该是什么样的？<br>指名回答，让学生能够充分发表意见。<br>2. 找一找<br>师：四边形到底是什么样的图形呢？看，数学王国里有这么多的图形，请你挑出你认为是四边形的图形，并涂上颜色，利用导学单进行交流。<br>（有的学生可能会把长方体也涂色，有两种情形：一是把长方体的三个面涂上颜色，因为长方体的每个面都是长方形；二是涂的就是整个长方体，把平面图形与立体图形混淆。教师一定要让学生说一说想法，如果是第一种，不要盲目否定，要指出这个图形虽然每个面都是四边形，但整个图形不是四边形；如果是第二种，教师要给予指正，让学生认识到四边形是平面图形，长方体是立体图形） | 展示导学单的成果，回答教师的问题。 | 把学习的主动权真正交给学生，让学生在足够自主的空间、足够活跃的氛围中自主探究、积极合作，这足以让学生获得积极的、深层次的体验。 |

| 教学步骤 | 教师活动 | 学生活动 | 设计意图 |
|---|---|---|---|
| 教学过程 | 3.讨论四边形的特征<br>师：请大家观察一下，在"四边形的家"里面的这些图形有什么共同的特征，在小组内说一说。<br>（如果学生能说出"四边形有四条直的边，有四个角"，教师要给予表扬；如果学生说出"有四条边，有四个角"，教师可出示"⬭"这样的图形，让学生判断它是不是四边形，使学生理解四边形的边是直的边）<br>概括出四边形的特征后，引导学生说一说例题1中涂色的几个图形为什么是四边形，另外几个为什么不是四边形。<br>教师板书四边形的特征：有四条直的边，有四个角。<br>同桌相互说一说四边形的特征，再分别指一指例题1中四边形的边和角。<br>4. 寻找生活中的四边形<br>让学生说一说生活中哪些物体表面的形状是四边形。<br>教师及时鼓励。<br>5. 画四边形<br>教材第79页"做一做"第2题。<br>（1）在点子图上画自己喜欢的四边形。<br>（2）展示学生作业：他们画的是四边形吗？为什么？<br>**三、书本例2**<br>教师出示长方形和正方形纸条让学生观察，说说长方形和正方形分别有什么特点。<br>教师指出：长方形较长的一组对边叫作长方形的长，较短的一组对边叫作长方形的宽；正方形的4条边都叫边长。<br>板书：长、宽、边长。 | 四人为一组，根据问题引领展开讨论，并互相说一说是怎样想的。<br>学生小组活动后全班交流。<br><br><br><br><br><br><br>学生自由发言。 | <br><br><br><br><br><br><br><br><br><br><br><br><br><br><br><br><br><br><br><br><br><br>启发学生通过合作总结、归纳，培养学生的语言表达能力和逻辑思维能力。 |

续 表

| 教学步骤 | 教师活动 | 学生活动 | 设计意图 |
|---|---|---|---|
| 教学过程 | 深化练习：<br>（1）教材第80页"做一做"第1题（画一个长方形和一个正方形）。<br>（2）"做一做"第2题（用长方形纸剪出一个正方形，展示剪法）。<br>**四、巩固练习**<br>练习十七第1题。（判断，说理由）<br>练习十七第2题。（独立填写，集体反馈）<br>练习十七第4题。（填一填，为什么这样填？）<br>练习十七第5题。<br>**五、课堂小结**<br>这节课你有什么收获？ | 学生独立完成练习，并汇报订正 | 学以致用，让学生在生动活泼的数学学习活动中感受数学与生活的紧密联系 |
| 板书设计 | **四边形**<br>四边形：四条直的边、四个角围成的图形。<br>长方形：对边相等，四个角都是直角。<br>正方形：四条边都相等，四个角都是直角 | | |

## 【点评】

本节课是在学生已经初步认识了长方形、正方形、三角形、长方体、正方体、圆柱、球这些几何图形的基础上进行教学的。学生已经形成了一定的空间观念，也具有一定的生活经验。本节课通过找一找、说一说、画一画、剪一剪等一系列活动，让学生充分感知四边形，抽象出四边形的特征，为以后进一步学习更深层的几何知识打下基础。

本节课具有以下两个特点。第一，体现数学源于生活，用于生活。在"设疑激趣，引入新课"环节，教师通过播放校园录像创设实际情境，让学生感知数学来源于生活。在创设情境环节，教师通过让学生找生活中的四边形，让学生体会生活中的四边形无处不在，激发了学生的学习兴趣，增强了学生数学源于生活又用于生活的意识。第二，学生是学习的主体，教师只是引导者、组织者、参与者。在导学探究环节，前置完成的导学单令学生的思考变得更充分。通过一系列活动，教师让学生充分感知四边形的特征，并让学生思考、总结特征，培养了学生的动手操作能力、合作交流能力，注重知识的生成过程，使学生的主体地位得到了充分的体现。

## 【导学单】

### 《四边形》导学单

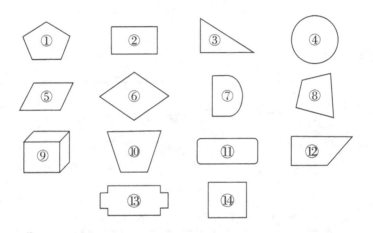

把你认为是四边形的图形圈出来。四边形有什么特点？

答：四边形的特点是_____

如果把这些四边形分类，你会怎样分？

答：我按（　　）来分，_____

# 《认识东、南、西、北》教学案例

## 【教学设计】

| 课题 | | 认识东、南、西、北 | 课型 | 新授课 |
|---|---|---|---|---|
| 三维目标 | 知识目标 | 使学生认识东、南、西、北四个方向，能够根据给定的一个方向辨认出其余的三个方向 | | |
| | 能力目标 | 让学生参与活动，能用东、南、西、北描述物体所在的方向 | | |
| | 情感目标 | 从现实生活的场景中引入新课，使学生体会在生活中需要用到的方位知识，感受数学与日常生活的密切联系 | | |
| 教学重点 | | 根据给定的一个方向辨认出其余的三个方向 | | |
| 教学难点 | | 能正确描述物体所在的方向 | | |
| 学情分析 | | 本节课是本单元的起始课。这部分内容是在学生已掌握了用上、下、前、后、左、右描述物体相对位置的基础上进行教学的，为学生今后继续学习其他方位知识和看简单的路线图打下扎实的基础。教材借助北京天安门广场的照片和平面示意图，引出本单元的学习内容，通过校园图引导学生辨认东、南、西、北四个方向。教材的编排充分考虑了学生的认知特点和年龄特征，同时与学生的生活实际紧密联系，有利于学生体会"数学源于生活"这一理念。教学时，教师可带领学生到操场上观察、辨认，让学生在具体的活动中感知东、南、西、北四个方向，发展学生的空间观念 | | |
| 教法、学法 | | 讲授法、探究法 | | |
| 教学资源 | | 多媒体课件 | | |
| 教学步骤 | | 教师活动 | 学生活动 | 设计意图 |
| 教学过程 | | 一、**设疑激趣，引入新课**<br>1.复习旧知<br>提问：你座位的前、后、左、右分别是谁？教室在第几层？楼上是几年级？楼下是几年级？如果现在咱们要 | | |

| 教学步骤 | 教师活动 | 学生活动 | 设计意图 |
|---|---|---|---|
| 教学过程 | 开家长会，请家长坐在自己孩子的座位上，你怎样告诉家长自己的位置呢？<br>2. 导入新课<br>师：太阳是从什么地方升起的？<br>师：哪位同学上台展示导学单？<br>**二、创设情境，导学探究**<br>1. 辨认东、南、西、北四个方向<br>（1）到操场找一找太阳在哪里。<br>（2）说一说，太阳从什么方向升起。（东方）<br>（3）想一想，太阳从什么方向落下。（西方）<br>（4）指一指，西边在哪里。<br>（5）请同学们面向太阳升起的方向。<br>提问：你们面对的、背对的、左手的、右手的位置分别是什么方向？<br>（6）讲述前、后、左、右与东、南、西、北的联系。<br>2. 指出校园内的四个方向<br>（1）说说学校的校门朝什么方向。<br>（2）站在操场中央，看一看，校园内的四个方向各有什么建筑物。<br>3. 学习两组相对的方向<br>（1）站在操场上，你能确定你家在学校的什么方向吗？<br>（2）面向你家所在的方向站好。<br>①观察：家在东、西方向的同学，他们是如何站着的？（背对背而站）<br>②观察：家在南、北方向的同学，他们是如何站着的？（也是背对背而站）<br>③发现：东与西两个方向、南与北两个方向是相对的。<br>（3）说一说，操场四个方向的建筑物，哪两个是相对的。 | 学生独立完成题目，并展示导学单的成果，回答教师的问题。<br>学生结合已有知识进行发言。<br><br>学生依据经验回答。 | 通过生活情境使学生体会到数学与生活的紧密联系。<br><br>通过学习东、南、西、北，让学生初步形成方向的意识，感受方向在现实生活中的意义。 |

续 表

| 教学步骤 | 教师活动 | 学生活动 | 设计意图 |
|---|---|---|---|
| 教学过程 | （4）说一说，你与谁家的方向是相对的。<br>**三、巩固提升**<br>1.把教材第3页例1补充完整<br>（1）提问：小明是面向什么方向站立的？你是怎么知道的？<br>（2）同桌互相交流，说一说操场四周的建筑物各在什么方向。把结果填在教材上。<br>2.教材第5页练习一的第1题<br>（1）说一说，教室在操场的什么方向。<br>（2）说一说，教室里的东、南、西、北各有些什么。<br>3.教材第5页练习一的第2题<br>向同学们介绍你的房间是怎样布置的。<br>**四、全课小结**<br>同学们，这节课你有什么收获？ | 学生独立完成练习，并汇报订正 | 通过练习，帮助学生巩固所学知识，达到学以致用的目的 |
| 板书设计 | **认识东、南、西、北**<br>早晨起来，面向太阳。前面是东，后面是西；左边是北，右边是南。<br>面南背北，左东右西。面北背南，左西右东。<br>面西背东，左南右北。面东背西，左北右南 | | |

## 【点评】

教师将本节课与学生的生活实际紧密联系，有利于学生体会"数学源于生活"这一理念。教学时，教师让学生亲自观察、辨认，让学生在具体的活动中感知东、南、西、北四个方向，发展学生的空间观念。本节课具有如下几个特点。一是密切联系生活实际，激发学生学习兴趣。这节课教师由学生熟悉的生活情境——太阳入手，让学生走到操场，在熟悉的情境中初步认识四个方向，然后在生活化的、有趣的情境中主动建构知识，远离单调、乏味、干瘪的被动式学习，寻觅数学知识的源泉。这样的数学会让学生感到十分有趣，甚至会终生难忘。二是合作探究。学生是学习的主体。这节课，教师把课堂作为数学活动的主阵地，设计了多种多样的数学活动。学生在自由、宽松、活跃的学习氛围中独立思考、自主探究，发现并解决问题，经历了知识的生成过程，激发学生的学习兴趣，体现了学生的主体地位。

## 【导学单】

### 《认识东、南、西、北》导学单

预习书本第 3 页，说一说你所知道的方向有哪些。

想一想：早晨，太阳在（　　　）方升起；傍晚，太阳在（　　　）方落下；中午，太阳在我们的（　　　）方；晚上，北极星永远在（　　　）方。

# 《认识小数》教学案例

## 【教学设计】

| 课题 | | 认识小数 | | 课型 | 新授课 |
|---|---|---|---|---|---|
| 三维目标 | 知识目标 | 联系生活实际认识小数，知道以元为单位、以米为单位的小数的实际含义 | | | |
| | 能力目标 | 知道十分之几可以用一位小数表示，百分之几可以用两位小数表示 | | | |
| | 情感目标 | 能识别小数，会读、会写小数 | | | |
| 教学重点 | | 知道小数的实际含义并会读、会写小数 | | | |
| 教学难点 | | 知道小数的实际含义并会读、会写小数 | | | |
| 学情分析 | | 本节课是学生系统学习小数的开始，在此之前，学生已经有了丰富的生活经验，以及初步认识了分数。本节课主要学习一位和两位小数的读、写法及意义，旨在通过本节课的学习让学生对小数有一个理性的认识，为今后系统地学习小数知识打下基础。由于小数的意义（一位小数表示十分之几）是小学数学概念中较抽象、较难理解的内容，教学时教师可通过对分数认知的引导，类推出用一位小数表示分数的方法 | | | |
| 教法、学法 | | 讲授法、探究法 | | | |
| 教学资源 | | 多媒体课件、米尺、收集的超市收款凭证小票 | | | |
| 教学步骤 | | 教师活动 | | 学生活动 | 设计意图 |
| 教学过程 | | 一、设疑激趣，引入新课<br>让学生说一说学过的常用的长度单位有哪些，相邻单位间的进率是多少。<br>让学生上台展示导学单？ | | | |

| 教学步骤 | 教师活动 | 学生活动 | 设计意图 |
|---|---|---|---|
| 教学过程 | **二、创设情境，导学探究**<br>1. 引入小数<br>师：同学们经常和爸爸妈妈去超市购物，爸爸妈妈到收银台付完钱以后，售货员就会给他们什么呢？哪些同学把这些收款小票带来了？你能向大家展示一下吗？<br>师：老师这里也有一张小票，是小华的妈妈给小华买文具的收款凭证，现在老师把它做成了标价牌。（展示）<br>师：请同学们仔细观察，你能不能把这些标价牌中的数分一分类呢？怎么分？<br>师：左边这组数是 45、3、18，是我们以前学过的整数。谁还能举出其他整数的例子？右边这组数有什么特点呢？（数中间都有一个小圆点，小圆点叫作小数点）像这样的数叫作小数。<br>师：今天我们就来学习一些关于小数的初步知识。（板书题目：认识小数）<br>2. 认识小数<br>师：同学们，你们会读小数吗？（让学生读文具标价牌上的三个小数和学生拿的小票）<br>引导学生认识以元为单位的小数的实际含义。让学生看圆珠笔、铅笔、橡皮的标价牌，说一说，它们分别表示多少钱。<br>3. 学习教材第 92 页例 1<br>出示例 1 情境图，让学生观察图意和图中提出的问题。<br>出示米尺，引出以米为单位的一位小数。<br>教师提问：把 1 米平均分成 10 份，每份是多少分米？<br>教师总结：1 米平均分成 10 份，每份是 1 分米，1 分米也就是 10 份中的 1 份，所以 1 分米也可以表示为 $\frac{1}{10}$ 米，还可以写成 0.1 米。 | 学生独立完成题目，并展示导学单的成果，回答教师的问题。<br><br><br><br><br><br><br><br><br><br><br>让学生读文具标价牌上的三个小数和学生拿的小票。 | 通过创设生活情境，引领学生轻轻松松地走进生活、走近小数，初步感受小数的现实意义。<br><br><br><br><br><br><br><br><br><br><br><br><br><br>先通过形象的课件唤醒学生对分数的记忆，再通过单位换算帮助学生建立分数与小数的联系，让学生知道小数是分数的另一种表现形式，从而理解小数的意义。 |

续　表

| 教学步骤 | 教师活动 | 学生活动 | 设计意图 |
|---|---|---|---|
| 教学过程 | 教师提问：3分米是几分之几米？还可以写成零点几米？（3分米是 $\frac{3}{10}$ 米，还可以写成0.3米）<br>教师指导学生认识以米为单位的两位小数。教师指着米尺问：把1米平均分成100份，每份是多少厘米？（把1米平均分成100份，每份是1厘米）<br>那么用分数表示就是 $\frac{1}{100}$ 米，也就是0.01米。3厘米是几分之几米？写成小数是多少米？18厘米呢？<br>教师引导学生讨论：王东身高1米3分米，写成小数是多少米？（1米3分米写成小数是1.3米）<br>4.完成教材第92页"做一做"<br>请同学们看教材第92页的"做一做"，请同学们读题，先说一说题目的含义再解答。<br>三、巩固提升<br>（1）教材第94页练习二十的第1、3题。<br>（2）填单位名称。<br>8.37元=8（　　）3（　　）7（　　）<br>2.65米=2（　　）6（　　）5（　　）<br>0.24米=2（　　）4（　　）<br>3.40元=3（　　）4（　　）<br>（3）填适当的数。<br>0.25米=（　　）厘米<br>0.73元=（　　）元（　　）角（　　）分<br>2.92米=（　　）米（　　）厘米=（　　）厘米<br>四、全课小结<br>说说你这节课最大的收获是什么 | 学生独立完成练习，并汇报订正 | 通过练习，既巩固了小数的含义，又培养了学生的数感 |
| 板书设计 | **认识小数**<br>像3.45、0.85、2.60、36.6、1.2和1.5这样的数叫作小数。<br>一位小数表示十分之几，两位小数表示百分之几 | | |

## 【点评】

本节课是学生系统学习小数的开始，在此之前，学生已经有了丰富的生活经验，并且初步认识了分数。但是小数的意义对于三年级学生来说还是比较抽象、比较难理解的内容，教学时教师可通过对分数认知的引导，类推出用一位小数表示分数的方法。本节课具有以下几个特点。一是了解学情，为教学做充分的准备。在"创设情境，导学探究"环节，教师通过创设生活情境，引领学生走进生活、走近小数，初步感受小数的现实意义，在认识小数环节，教师通过让学生汇报标价牌上的三个小数和学生拿的小票的价钱的形式，了解学生认读小数的基础，在此基础上确立"读小数"的数学教学，采用合作学习、同伴互助的形式，摒弃了烦琐的形式，提高了课堂教学效率。二是创设情境，感受数学与生活实际的联系。在本课教学中，教师充分利用了小数与日常生活紧密联系的特征，让学生在熟悉的生活情境中读、写小数，感悟小数的意义。三是以学生为主体，经历知识生成过程。在"创设情境，导学探究"环节，教师给学生提供积极探索和合作交流的空间，并不断鼓励学生从多角度思考问题，大胆发表个人见解，整个教学环节充分体现了教师是学生学习活动的组织者、引导者和合作者的教学理念。

## 【导学单】

### 《认识小数》导学单

预习书本第 91~92 页。

找一找你身边的小数，记录下来。

## 第四篇

四年级

数学教学案例

# 《公顷》教学案例

## 【教学设计】

| 课题 | | 公顷 | | 课型 | 新授课 |
|---|---|---|---|---|---|
| 三维目标 | 知识目标 | 知道常用的土地面积单位"公顷";通过实际观察和推算,体会1公顷的实际大小;知道1公顷=10000平方米,会进行简单的单位换算 | | | |
| | 能力目标 | 应用平面图形的面积计算公式和有关面积单位换算的知识解决一些简单的实际问题 | | | |
| | 情感目标 | 通过积极参与观察、推算、分析的过程,培养学生主动参与数学活动的意识,提高与同伴合作交流的能力,在学习中获得快乐的情感体验 | | | |
| 教学重点 | | 认识公顷的含义 | | | |
| 教学难点 | | 体会公顷的大小 | | | |
| 学情分析 | | 学生已经掌握常用的面积单位,如平方厘米、平方分米等,这些较小的面积单位适用于计量物体表面、平面图形等面积。教学利用学生已有的知识经验,通过测量、计算等推算出较大的土地面积 | | | |
| 教法、学法 | | 教法:采用观察法和发现法,适当地设计教学内容,引导学生探索发现和动手操作,学生自主参与知识的发生、发展、形成的过程。<br>学法:以自主探究式的学习方法为主,学生通过积极思考、动手,建构和掌握公顷这一面积单位概念 | | | |
| 教学资源 | | 网络、信息技术、PPT | | | |
| 教学步骤 | | 教师活动 | | 学生活动 | 设计意图 |
| 教学过程 | | **一、情境导入**<br>谈话引入:<br>同学们,我们已经学过了一些常用的面积单位。你知道教室的地面有多大吗?用什么面积单位计量比较合适? | | 学生表述自己的认识。 | 结合生活实际,复习平方厘米、平方分米等单位;学生通过感知自己班教室的大小,产生更 |

| 教学步骤 | 教师活动 | 学生活动 | 设计意图 |
|---|---|---|---|
| 教学过程 | **二、导学探究**<br>（1）先请同学们欣赏下面一些图片（呈现"鸟巢"、中华世纪坛、日月潭和我国大片森林的画面，并出示相应的文字说明），让学生自己读一读图片中的文字。（交流导学单）<br>（2）教师提问：这些文字说明中都使用了什么面积单位？<br>（3）揭示课题：<br>今天，我们就来学习"公顷"这一常用的土地面积单位。<br>**三、互动展示**<br>教学例1：<br>（1）认识1公顷的含义。<br>（2）谈话：100米有多长？你能结合实际说一说吗？想象一下，边长100米的正方形土地面积有多大？指出：像这样的正方形的面积就是1公顷。<br>**四、归纳释疑**<br>1.引导<br>1公顷有多少平方米呢？先独立算一算，再与同桌交流。在交流的基础上得出：1公顷 =10000 平方米。<br>2.出示教材第34页"做一做"<br>（1）边长是10米的正方形，面积有多大？多少块这么大的正方形的面积是1公顷？引导学生推算出结果。<br>（2）提问：我们已经初步认识了1公顷，下面我们再去实际感受一下。（把学生带到操场）让学生先量出边长是10米的正方形土地面积，再让学生数一数围的人数，再把这块土地的大小估一估，说明这么大是100平方米。刚才我们已经计算出100个这样的正方形面积大约是1公顷，让学生闭眼想一想1公顷有多大。（也可以将学生带到篮球场） | 学生独立完成导学单，完成后小组内交流讨论 | 大面积单位表示的需要。 |

| 教学步骤 | 教师活动 | 学生活动 | 设计意图 |
|---|---|---|---|
| 教学过程 | **五、巩固提升**<br>1.教材练习六第 1 题<br>教师提供数据（或学生课前准备），学生独立计算出学校操场的面积，看够不够 1 公顷。<br>2.教材练习六第 2、3 题<br>（1）第 2 题先由学生独立完成，然后让学生说这两题有什么相同点和不同点。提醒学生进行单位换算时，要根据不同的要求采用不同的方法。<br>（2）在学生完成第 3 题后，及时组织反馈，帮助计算错误的学生分析原因，指导他们订正。<br>小结：进行单位转换时，要先想清楚这两个单位之间的进率；如果把高级单位改写成低级单位要乘进率，如果把低级单位改写成高级单位要除以进率。<br>3.教材练习六第 4 题<br>先让学生独立完成，再交流计算的结果和思考过程。<br>**六、评价延伸**<br>通过今天的学习，你有什么收获？还有什么问题 | | 充分利用学生熟知的事物体验 1 公顷的大小。通过推算、想象让学生深刻体会更大的面积，同时鼓励学生要关注身边的事物，将数学与生活紧密联系 |
| 板书设计 | **公顷**<br>边长是 100 米的正方形的面积是 1 公顷<br>1 公顷 =10000 平方米 | | |

## 【点评】

第一，激发学生爱挑战的心理。首先教师给学生出示例题，猜测"鸟巢"的占地面积大约是 20（　　），让学生猜测单位。虽然学生利用自己学过的知识进行了试填，但都认为自己填的单位不合适。这时候，教师再适时给学生一个没有学过的单位。这样进入新课，学生感觉有挑战性，又激发学生的学习兴趣。

第二，给学生提供脚手架。学生的学习需要支撑，在上课前，学生利用导学单适当预习。在预习的基础上，学生能较容易地进入新知识情景，学生学习的脚手架建立起来，利于学生主动学习。

第三，学习和生活结合起来。教师在教学中举了很多的例子，而这些例子都是学生在现实世界中能够接触到的，这样学生能更好地形成自己的数学形象，进行更为容易的形象思维，建立表象。

本节课，教师重视学生的感受，学生只有通过自己的感觉器官去感受，才能更好地理解或掌握知识。

## 【导学单】

### 《公顷》导学单

请同学们先预习书本第 34~35 页。

找一找，面积大约是 1 公顷的有：

# 《线段、直线、射线和角》教学案例

## 【教学设计】

| 课题 | | 线段、直线、射线和角 | 课型 | 新授课 |
|---|---|---|---|---|
| 三维目标 | 知识目标 | 借助实际情境的操作活动，认识线段、射线与直线，并知道它们的区别与联系 | | |
| | 能力目标 | 进一步认识角，知道角的含义，能用角的符号表示角 | | |
| | 情感目标 | 会用字母正确表示线段、射线与直线，渗透符号化思想 | | |
| 教学重点 | | 体会线段、射线与直线的特征 | | |
| 教学难点 | | 线段、射线与直线三者之间的关系 | | |
| 学情分析 | | 学生对角已经有了一定的认识，会借助三角板来辨认直角、锐角和钝角；具有一定的操作能力。通过学习让学生进一步加深对角的认识 | | |
| 教法、学法 | | 教法：让学生进行观察和操作，辅以谈话启发法、引导发现法，让学生认识直线、射线和角。<br>学法：指导学生运用观察、操作的方法，组织学生进行学习 | | |
| 教学资源 | | 网络、信息技术、PPT | | |
| 教学步骤 | | 教师活动 | 学生活动 | 设计意图 |
| 教学过程 | | **一、情景导入**<br>在日常生活中，我们经常可以看到各种各样的线（出示几种线，如电线、电视天线、跳绳等）。这些线有的是直的，有的是弯曲的。<br>教师演示：两手拿着一根线，两手靠近线就是弯曲的，两手把线拉紧后线就是直的。今天我们就来学习和线有关的知识。 | 学生表达自己的认识。 | 把实际生活中的问题作为教学的出发点，有利于帮助学生找准数学与生活之间的连接点，同时也能激发学生学习的兴趣。 |

| 教学步骤 | 教师活动 | 学生活动 | 设计意图 |
|---|---|---|---|
| 教学过程 | **二、导学探究**<br>了解学情：交流导学单（小组内交流），展示学生导学单。<br>**三、互动展示**<br>1. 认识线段<br>（1）投影出示教材第 38 页的两幅图，像这样一根拉紧的线、绷紧的弦，都可以看作线段。<br>（2）把两幅图分别去掉两端的手和弓，改为两点，这就是线段。为了表述方便，两点处分别标上"A""B"，这就是线段 AB。<br>提问：线段有几个端点？（两个）<br>我们可以用直尺量出线段 A 点和 B 点之间的长度，所以线段的长度是有限的。<br>2. 认识射线<br>把线段一端无限延伸，就得到一条射线。<br>3. 认识直线<br>把线段向两端无限延伸，就得到一条直线。（课件显示）<br>提问：直线有端点吗？能量出长度吗？<br>（直线没有端点，无限长，不能量出长度）<br>直线除了用"直线 AB"表示，还可以用小写字母表示，如直线 l。<br>**四、归纳释疑**<br>出示教材第 38 页下面的三幅图片，说明手电筒、探照灯、焰火等射出来的光线都可以看作射线。<br>提问：射线有端点吗？有几个？能量出长度吗？用字母怎样表示？<br>（射线有一个端点，无限长，不能量出长度，可以用射线 AB 表示）<br>1. 直线、射线和线段之间的区别和联系<br>直线、射线和线段之间有什么区别和联系？ | 学生独立完成导学单，完成后小组内交流讨论 | 通过合理地设计实验过程，创造良好的探究情境，在操作过程中不断地引导学生观察、实验、探索，使学生在探索中发现直线、射线、线段的特征 |

续 表

| 教学步骤 | 教师活动 | 学生活动 | 设计意图 |
|---|---|---|---|
| 教学过程 | 组织学生在小组中展开讨论，明确它们之间的区别与联系。教师根据学生的汇报，总结归纳。<br><br>表格见下方<br><br>2.认识角<br>（1）我们认识过角，下面的图形都是角。<br>（2）这些角有什么共同点？<br>一个点，两条射线。<br>归纳：①从一点引出两条射线所组成的图形叫作角；②这一点叫作角的顶点，两条射线叫作角的边。<br>（3）怎样表示一个角呢？<br>角通常用符号"∠"表示。（注意与小于号"＜"的区别）<br>记作：∠1　　记作：∠2<br>读作：角1　　读作：角2<br>（4）运用上面的知识画一个角，并写上各部分的名称，标上字母，用角的符号表示出角，读一读。<br>**五、巩固提升**<br>1.教材第39页上面的"做一做"<br>先让学生说一说直线、射线、线段之间的区别与联系，再独立辨一辨，并在小组中互相说一说。<br>2.教材第39页下面的"做一做"<br>数一数有几个角。小组或同桌之间互相数，看谁数得又对又快。<br>3.教材练习七第1题<br>先组织学生在小组中议一议：怎样画？再动手画一画。<br>指名汇报：你发现了什么？ |  |  |

| 名称 | 区别 | 联系 |
|---|---|---|
| 直线 | 没有端点，无限长 | 都是直直的线 |
| 射线 | 只有一个端点，无限长 | |

续 表

| 教学步骤 | 教师活动 | 学生活动 | 设计意图 |
|---|---|---|---|
| 教学过程 | 结论：经过一点可以画出无数条直线，经过两点只能画出一条直线。<br>**六、评价延伸**<br>通过今天的学习活动，你有哪些新的收获 | | |
| 板书设计 | **线段、直线、射线和角**<br><br>| | 形式 | 相同点 | 不同点 |<br>\| 线段 \| \| \| \|<br>\| 射线 \| \| \| \|<br>\| 直线 \| \| \| \|<br><br>角　记作：∠1　读作：角1 | | |

## 【点评】

### 1. 思路清晰，处理得当

学生已经学过线段，教师通过演示引入新课，让学生观察线段，说说线段的特点。认识线段后，教师顺势擦掉了一个端点，就过渡到射线的学习上。学完射线后，再擦掉线段的两个端点，直线就形成了。三种线形的过渡比较自然，顺理成章，学生学习起来比较轻松。

### 2. 注重调动学生多种感官参与

通过用眼看、动口说、动手画、动脑思，让学生观察、想象、体验、操作、思考、概括，从而建立线段、直线、射线和角的概念。重视发挥学生的想象，培养学生的空间观念。通过教学把线段的两端无限延伸，就得到直线，把线段的一端无限延伸，就得到一条射线。在这两种线的教学中，让学生通过画一画、想一想，理解无限延伸的含义，培养学生的想象力和空间意识。

### 3. 动手实践，突出学生主体地位

教师留足了时间让学生深入地感悟学习材料，能充分展开学习过程，让学生在亲身体验、经历数学的过程中逐渐建立概念。比如，探究"经过一点可以

画多少条射线""经过一点可以画多少条直线""经过两点可以画多少条直线"这几个问题时，教师让学生画了、体验了，并最终得到了准确的答案。再如，通过小组活动，总结线段、直线、射线三者之间的联系和区别，师生交流尽量实现数学隐性知识的显现化，让他们深刻地理解和掌握这三者之间的含义和区别。这些都充分体现了学生在学习过程中的主体地位。不但给学生提供了一个自主探索的空间，同时培养了学生的合作意识和自主探索能力。整堂课自始至终让学生经历观察、体验、操作、猜想、验证、思考、概括等数学活动，体现了学生的数学学习是一个生动活泼、主动和富有个性的过程。

**4. 把握课堂知识的生成，演绎精彩课堂**

"生成"是新课程标准倡导的一个重要的教学理念。学生是活生生的人，有生命，有活力，有发展的潜能。他们带着自己的知识和经验、兴趣和需求、思考和灵感参与课堂活动，从而使课堂异彩纷呈。教师在教学过程中时刻关注生成，并及时捕捉课堂上师生互动中产生的有探究价值的新情况、新信息、新问题，重新调整教学结构，重组信息传递方式，把师生互动的探索引向深入，使课堂上产生新的思维碰撞，促进教学的不断生成和发展，从而使课堂更加精彩。而在前面的一节试教课中，在探究"过两点能画几条直线"这个问题时，有一个学生通过画图操作得出结论：过两点能画 3 条直线。教师看了他画的，没做任何处理。笔者估计，直到上完课，这个学生也没弄清楚过两点到底能画多少条直线。在现实的课堂教学中，很多教师，也包括笔者在内，对于学生预料之中的答案往往是满意的，对于预料之外的生成答案往往重视不够，不是放之不顾，就是手忙脚乱，不会处理。而这节课，同样是在探究"过两点能画几条直线"这个问题时，教师发现了学生的错误，不是回避，而是给予正确的引导，在与学生对话交流中不断生成和构建，让学生在探讨、尝试中得出结论。

## 【导学单】

### 《线段、直线、射线和角》导学单

认识射线、直线和线段：

你觉得生活中哪儿有射线和直线？

画一条射线和一条直线、线段。

# 《三位数乘两位数的笔算乘法》教学案例

## 【教学设计】

| 课题 | | 三位数乘两位数的笔算乘法 | | 课型 | 新授课 |
|---|---|---|---|---|---|
| 三维目标 | 知识目标 | 1.通过复习两位数乘两位数，自主归纳三位数乘两位数的一般笔算方法。<br>2.通过练习，提高学生笔算的准确率 | | | |
| | 能力目标 | 经历探索三位数乘两位数计算方法的过程，掌握三位数乘两位数（因数中间或末尾没有0）的笔算方法。运用利用已有知识解决新的计算问题的体验，感受数学知识和方法的内在联系 | | | |
| | 情感目标 | 在主动参与学习活动的过程中进一步体验成功带来的快乐，激发探索计算方法、解决计算问题的兴趣 | | | |
| 教学重点 | | 掌握三位数乘两位数（因数中间或末尾没有0）的笔算方法 | | | |
| 教学难点 | | 理解竖式中第二个因数的十位与第一个因数相乘时，积的末尾要与十位对齐的道理 | | | |
| 学情分析 | | 本单元的知识是在学生掌握了两位数乘两位数的计算方法的基础上进行教学的。本节课利用知识迁移让学生掌握三位数乘两位数的笔算方法，提高学生学习的兴趣与自学的能力，提高计算的准确性 | | | |
| 教法、学法 | | 启发式教学、探究学习法 | | | |
| 教学资源 | | 网络、信息技术、PPT、导学单 | | | |
| 教学步骤 | | 教师活动 | | 学生活动 | 设计意图 |
| 教学过程 | | **一、复习导入**<br>16×4=　　　　230×4=<br>19×3=　　　　180×4=<br>140×7=　　　　24×15=<br>210×5=　　　　136×32=<br>教师出示口算卡片，学生开火车口算，口算136×32的学生会有困难，教师顺势引出课题。 | | 学生表达自己的认识。 | 复习三位数乘一位数、两位数乘两位数的笔算方法，起到知识迁移的作用，使学生看到新旧知识间的联系，以 |

| 教学步骤 | 教师活动 | 学生活动 | 设计意图 |
|---|---|---|---|
| 教学过程 | 引入：因数是一位数的乘法我们用口算就可以算出正确的结果，如果因数是两、三位数而又不是整十整百的数，口算就没有那么容易了，因此我们要学习笔算。<br>（板书课题：笔算乘法）<br>**二、导学探究**<br>教学例1：<br>（1）投影出示例1，指名读题。<br>（2）怎样计算该城市到北京有多少千米？<br>指名列出算式：145×12=<br>讨论：怎样计算145×12呢？<br>导学单探究。昨天同学们已尝试过计算，交流一下你的想法。<br>汇报导学单情况。<br>**三、互动展示**<br>说一说笔算的方法和步骤，教师根据学生的汇报，板书笔算的过程，完成答题。<br>议一议：①计算中"5"为什么同十位对齐？②计算中十位上为什么是"9"呢？<br>使学生明确：①第二个因数十位上的1表示1个十，去乘另一个因数的个位时，得到的积表示几个十，因此要同十位对齐。②计算中，哪一位上满了几十，就要向前一位进几。<br>**四、归纳释疑**<br>1.教材第47页"做一做"<br>指名板演，余者练习，然后集体订正。<br>2.师生共同小结<br>三位数乘两位数怎样计算呢？<br>（1）先用两位数个位上的数与另一个因数的每一位依次相乘，所得积的末位同个位对齐。 | 学生独立完成导学单，完成后小组内交流讨论。<br><br>学生讨论中可能会有以下几种情况：<br>A.145接近150，12接近10，所以 145×12 ≈ 1500。<br>B.直接用计算器计算：145×12=1740。<br>C.用笔算：<br><br>$$\begin{array}{r} 1\ 4\ 5 \\ \times\quad 1\ 2 \\ \hline 2\ 9\ 0 \\ 1\ 4\ 5\quad \\ \hline 1\ 7\ 4\ 0 \end{array}$$<br><br>说算理，培养学生口述的能力。 | 便更好地学习三位数乘两位数的笔算方法。<br><br><br><br>使学生能结合具体情境估算三位数乘两位数的积的范围，掌握估算的策略和方法，复习乘法的意义，为后面讲明算理打下基础。<br><br>给学生独立思考的机会和时间，再进行小组交流；通过交流、比较、反思，引导学生发现不同算法之间的联系，明晰算理 |

续 表

| 教学步骤 | 教师活动 | 学生活动 | 设计意图 |
|---|---|---|---|
| 教学过程 | （2）再用两位数十位上的数与另一个因数的每一位依次相乘，所得积的末位同十位对齐；<br>（3）然后把两次乘得的结果加起来。<br>**五、巩固提升**<br>1. 教材练习八第 1 题<br>（1）先笔算，再用计算器验算。（提醒学生注意 54×145 这样的算式怎样笔算比较方便）<br>（2）让学生在小组中分工完成，然后用计算器验算。<br>2. 教材练习八第 2 题<br>引导学生理解题意，然后列式、计算、解答，集体订正。<br>**六、评价延伸**<br>说一说三位数乘两位数的笔算步骤和方法。<br>在笔算中应注意什么呢 | 指名学生读题 | |
| 板书设计 | **三位数乘两位数的笔算乘法**<br><br>　　　 1 4 5<br>　× 　1 2<br>　　 2 9 0 ——145×2 的积<br>　 1 4 5 ——145×10 的积<br>　 1 7 4 0 ——290+1450 的和 | | |

## 【点评】

我们都知道，数学离不开计算，计算是数学学习中一个非常重要的组成部分，如何让计算变得灵动有趣，从而激发学生对数学的学习热情尤为重要。

"三位数乘两位数的笔算乘法"这节课，首先，从教学设计上来说，设计合理、有新意，突破了计算教学枯燥乏味的困难，通过自主探究算法、说说算理等多样化的活动，使数学课堂彰显生命的活力，使计算教学更加"灵动"，学生在轻松、愉悦的课堂氛围中，熟练地理解、掌握并运用了新知识。

**1. 注重新旧知识的联系与迁移**

首先，通过复习口算（包括估算）、两位数乘两位数、三位数乘一位数引入，重视了学生的已有经验。复习两位数乘两位数的估算，有利于学生对三位数乘两位数的估算的迁移；复习两位数乘两位数的笔算，有利于学生对三位数乘两位数的算理和算法的迁移。因此，学生能把两位数乘两位数的估算和笔算的方法迁移到三位数乘两位数上来，这充分说明新课前的复习迁移很有必要。

**2. 活化例题，打造灵动课堂气氛**

教材中的例题不易引起学生的学习兴趣，教师将例题"活化"，让学生根据题目提供的信息提出数学题，有利于激发学生的学习兴趣，提高了学生主动参与的有效性，使课堂更具灵动性。

**3. 注重学生的自主探索，培养学生迁移类推能力**

三位数乘两位数的计算方法与两位数乘两位数的计算方法在算理上是一致的，因此，教师充分考虑到学生已有的知识经验和认知发展水平，课前设计安排了丰富的复习活动，激活了学生的思维。

有了课前的复习和引入，学生就能积极主动地投入自主探索中来。因此，之后的新课教学，基本上是让学生自己尝试。学生先根据题目中的信息提出数学问题，再根据提出的问题列出算式，以及之后学生将两位数乘两位数的计算方法迁移到三位数乘两位数中来，学生始终处于主动的地位，在自主探索与交流的基础上，进一步理解三位数乘两位数乘法的算理，达到自主掌握三位数乘两位数的计算方法，并用它解决简单问题的目的。

**4. 注重渗透算理，总结算法**

本节课中，无论是前面复习的两位数乘两位数，还是新课中的三位数乘两位数都注重了算理、算法的渗透。特别是新课中，给予了学生充足的时间探究三位数乘两位数的算理、算法，计算后让学生说一说每一步计算所表达的意思，让学生充分地理解算理、算法，最后总结出三位数乘两位数的计算方法。

总之，在这节课中，教师给学生充分的时间和空间，让他们主动去思考、去探索，去体验数学学习中的乐趣，真正把学习的主动权交给学生，让学生能主动地、自发地去发现问题、提出问题、解决问题，让他们在有趣的数学学习中放飞自己的梦想。

## 【导学单】

### 《三位数乘两位数的笔算乘法》导学单

请同学们先预习书本第 47 页例 1。

用竖式计算 $45 \times 12$ 和 $145 \times 12$。计算时有什么相同点与不同点？

# 《平行与垂直》教学案例

## 【教学设计】

| 课题 | | 平行与垂直 | | 课型 | 新授课 |
|---|---|---|---|---|---|
| 三维目标 | 知识目标 | 结合生活情境，通过自主探究活动，初步认识平行线、垂线 | | | |
| | 能力目标 | 使学生经历从现实空间中抽象出平行线的过程，培养空间概念 | | | |
| | 情感目标 | 在数学活动中让学生感受到数学知识在生活中是真实存在的，增强学生学习数学的兴趣，培养学生将数学应用于生活的意识 | | | |
| 教学重点 | | 理解平行与垂直的概念 | | | |
| 教学难点 | | 相交现象的正确理解 | | | |
| 学情分析 | | 本节课是在学生认识了直线、射线、线段的性质，学习了角以及角的度量等知识的基础上进行学习的。在"空间与图形"的领域中，平行与垂直是学生今后认识平行四边形、梯形以及长方形、正方形等几何图形的基础，同时也为培养学生的空间观念提供一个很好的载体 | | | |
| 教法、学法 | | 教法：通过展示生活中的平行与垂直，引导学生通过观察、讨论、归纳，总结出平行与垂直的定义。<br>学法：通过自主探索、小组合作，理解平行与垂直的概念 | | | |
| 教学资源 | | 网络、信息技术、PPT | | | |
| 教学步骤 | | 教师活动 | | 学生活动 | 设计意图 |
| 教学过程 | | **一、情境导入**<br>（完成导学单，师提前检示）<br>直接在屏幕上出示一条直线，问是不是直线，让学生也来画一条，问"你们画的长还是老师画的长"，然后说出直线的特征，引导学生好好运用这些特征来解决后面的问题。 | | 学生表达自己的认识。 | |

| 教学步骤 | 教师活动 | 学生活动 | 设计意图 |
|---|---|---|---|
| 教学过程 | 师：如果再画一条直线。（出示另一条直线）它们的位置可能会有什么变化呢？（预习了的同学会回答：相交、平行等）这就是我们今天这节课要研究的问题了。（可以根据学生汇报情况灵活决定板书）<br>昨天已让同学们尝试画了，大家拿出导学单，同桌间交流一下。<br>**二、导学探究**<br>1.交流导学单<br>结合昨天预习的导学单，在组内说说有哪几种情况。（汇报导学单）<br>2.小组活动<br>师：仔细观察每个同学画的情况，将能够代表你们小组的作品圈出来，再从1号袋学具里找出你圈出的作品。（师展示要求，并说明情况，然后学生活动。师巡视，选出合适小组，特别留意有没有分三类或两类的，给予指导）<br>**三、互动展示**<br>指名一小组上台（展示作品），师问：其他小组还有补充吗？（指名）<br>教师让学生把具有代表性的作品展示到黑板上，进行分类讨论。<br><br>① ② ③ ④<br>⑤ ⑥ ⑦ ⑧<br><br>师：同学们的想法都一样，看来它们肯定有一定的共性，我们来看看可不可以按它们的特点分分类。<br>仔细观察，请你来（指名一生上台分类，并说说分的理由） | 学生独立完成导学单，完成后小组内交流讨论。<br><br><br><br><br><br><br><br><br><br>学生上台展示，分类。 | 从数学角度出发，引导学生观察、发现数学问题，不但可以调动学生学习数学的兴趣，而且能让学生感受到数学的价值。<br><br><br><br>让学生在动手操作活动中通过想一想、摆一摆、说一说等方法，不知不觉地掌握知识，发展空间观念，积累活动经验。 |

| 教学步骤 | 教师活动 | 学生活动 | 设计意图 |
|---|---|---|---|
| 教学过程 | 当学生汇报时，出现"交叉"一词，教师随即解释：这种交叉的关系数学上称为什么？（板书：相交）<br>预设：①分两类：相交的一类，不相交的一类；②分三类：相交的一类，不相交的一类，快要相交的一类；③分四类：相交的一类，不相交的一类，快要相交的一类，相交成直角的一类。<br>达成一致：①看上去不相交的两条直线，延长后实际上是相交的；②相交成直角也是相交，它是一种特殊的位置关系；③第三种分类，分类的标准不同，前面是按两条直线是否相交来分类的，而相交成直角是按两条直线相交后所成角度来分类的；④将同一平面的两条直线的位置关系分为两类：相交，不相交。（板书：不相交）<br>小结：同一平面内两条直线的位置关系有两种：相交和不相交。在判断两条直线是否相交时我们不能光看表面，要看它们的本质，也就是这两条直线延长后是否相交。（当无法画出相交时，我们可以发挥自己的想象力）<br>**四、归纳释疑（认识平行与垂直）**<br>1.认识平行<br>（1）感悟平行特征。<br>师：这两条直线真不相交吗？如何验证？<br><br>————————————<br>————————————<br><br>学生回答。<br>用课件演示两条直线无论如何延长都不会相交的动态过程。<br>（2）揭示平行概念。<br>（课件出示平行线）师：像这样永不相交的直线，叫作平行线。那是不是只要永不相交的直线就都是平行线呢？ | 学生汇报。<br><br><br><br>学生举例子。<br><br><br>学生观察。 | 通过前面的大量活动，学生对互相垂直有了较深的感受，在此基础上提高难度，更能激发学生的探究兴趣，也有利于培养学生有序思考。<br><br><br><br>当学生总答不出准时，启而不发，教师可以适当引导，如抓到一个点——延长，立即让学生试答或教师示范 |

| 教学步骤 | 教师活动 | 学生活动 | 设计意图 |
|---|---|---|---|
| 教学过程 | 让学生去质疑、思考，从而引出"同一平面"。<br>出示实物魔方和同一平面、不同平面的木棍，学生体会"同一平面"和"互相平行"的含义。<br>课件呈现不同位置的平行线。<br><br><br><br>学生思考相同点、不同点，介绍平行的本质与怎样摆放无关。<br>小结：两条直线互相平行要具备两个条件：①同一平面内。②两条直线不相交。这两个条件缺一不可。<br>师：我们用符号"∥"来表示平行，上图中 a 与 b 都互相平行，记作 a∥b，读作 a 平行于 b。<br>师：你们感觉这样表示怎么样？<br>2.认识垂直<br>（1）感悟垂直特征。<br>师：观察一下这些相交的情况，有什么发现？（都形成了四个角，有的是锐角，有的是钝角，还有的比较特殊，四个角都是直角……）<br>师：你是怎么确定它们都是直角的？试着测量一下。<br>（2）揭示垂直的概念。<br>师：如果两条直线相交成直角，我们就说这两条直线互相垂直，其中一条直线叫作另一条直线的垂线，这两条直线的交点叫作垂足。（板书：垂直）<br>课件呈现三组不同位置的垂线。<br><br> | <br><br><br><br><br><br><br><br><br><br><br><br><br><br><br><br><br><br><br><br><br><br><br><br>学生测量。 | |

| 教学步骤 | 教师活动 | 学生活动 | 设计意图 |
|---|---|---|---|
| 教学过程 | 介绍垂直的本质与怎样摆放无关。<br>小结：两条直线互相垂直要具备两个条件：①两条直线要相交。②相交所形成的角一定是直角。这两个条件缺一不可。<br>师：我们用"⊥"来表示垂直，直线 $a$ 与直线 $b$ 互相垂直，记作 $a \perp b$，读作 $a$ 垂直于 $b$。<br>3.感受生活中的平行、垂直现象<br>师：生活中我们还会常常遇到平行、垂直的现象，你能举出生活中一些有关平行、垂直的例子吗？<br>教师用多媒体课件补充一些实例。<br>**五、巩固提升**<br>（1）下面各组直线，哪一组互相平行，哪一组互相垂直？<br><br>① ② ③ ④<br><br>⑤ ⑥ ⑦ ⑧<br><br>互相平行：_____；互相垂直：_____<br>（填序号）。<br>（2）判断题：<br>①小方在纸上画了一条平行线。（    ）<br>②永不相交的两条直线叫作平行线。（    ）<br>③同一平面内的两条直线，不平行就互相垂直。（    ）<br>④两条直线互相垂直，这两条直线就一定相交。（    ）（拓展）<br>（3）选择题：<br>①长方形的相邻两边互相（    ）。<br>A.垂直　　B.平行　　C.重合 | 学生举例 | |

| 教学步骤 | 教师活动 | 学生活动 | 设计意图 |
|---|---|---|---|
| 教学过程 | ②下图中有一组平行线，一组垂线。<br>（　　）<br><br>A.1，3　B.2，2　C.1，2<br>（4）拓展提升<br>下图中，互相平行的：_____、_____、<br>_____、_____、_____。<br>互相垂直的：_____、_____、<br>_____、_____、_____。<br><br>a<br>d　　　e／f／g　　c<br>b<br><br>**六、评价延伸**<br>（1）通过这节课的学习活动，你有什么收获？还有什么疑问？<br>（2）课后任务。<br>基础题：<br>在一个正方形中有（　　）组对边互相平行，（　　）组边互相垂直。<br>两条直线相交成四个角时，其中的一个角是直角，其他三个角都（　　）。<br>（3）下图中有4条直线a，b，c，d，其中（　　）和（　　）互相平行，（　　）和（　　）互相垂直。<br><br>a<br>b　　　d<br>c | | |

| 教学步骤 | 教师活动 | 学生活动 | 设计意图 |
|---|---|---|---|
| 教学过程 | 提高题：<br>在这个长方体纸盒中，你能找出几组平行线？几组垂线？ | | |
| 板书设计 | 平行与垂直<br><br>同一平面内的两条直线 —— 相交 —— 不成直角<br>—— 成直角 —— 垂直 —— 记作 $a \perp b$　读作 $a$ 垂直于 $b$<br>—— 不相交 —— 平行 —— 记作 $a /\!/ b$　读作 $a$ 平行于 $b$<br><br>① ② ③ ④ ⑤ ⑥ ⑦ ⑧ | | |

【点评】

这是一堂图形与空间领域的概念课。教师充分认识到了这部分内容是在学生学习了直线及角的知识的基础上进行教学的，是认识平行四边形和梯形的基础。垂直与平行是同一平面内两条直线的两种特殊位置关系，而且在生活中有着广泛的应用。整堂课平实、朴实、扎实、高效。

**1. 以学生为主体，关注学生的情感体验，让孩子们始终处于积极的学习状态**

整节课始终以学生的作品为学习素材，使学生在学习中增加了亲切感，提高了主动探究的意识。学生的作品，学生自己来探究、分类、解决，挖掘隐藏的新知识。笔者想，在关注知识目标的同时，更应该注重学生的情感态度，有了积极的态度，学习才能有激情，智慧的火花才能不断迸发。

**2. 以分类为主线，通过学生自主探索，体会同一个平面内两直线间的位置关系**

从研究同一平面内两条直线的位置关系入手，逐步分析出两条直线的位置关系有相交和不相交之分，相交中还有相交成直角与不成直角的情况，是一种由"面"到"点"的研究。这样设计，不仅符合学生的认知规律，也更有利于学生展开探索与讨论。

**3. 教师素质**

教师教态自然，营造了民主、平等、和谐的氛围，在教学评价时，注意面向全体，且注意从语气、态度、表情等方面进行调控。在提问时给学生一个广阔的思维空间，提问面较广，体现素质教育面向全体学生的要求。

**4. 在知识探究的过程中完成了空间想象能力的培养**

主要表现在以下几个方面：①无限大平面的想象以及在同一平面内两条直线位置关系的想象；②对两条直线看似没有相交而实际却相交的情况的想象；③对平行线永不相交的想象。学生通过观察与想象，感知并感受无限大的平面，为下一步进行两条直线间位置关系的想象提供一个可操作的平台。

## 【导学单】

### 《平行与垂直》导学单

请同学们先预习书本第 56~57 页例 1。

请你在纸上任意画两条直线，你能画出几种情况？什么叫平行线？两条直线怎样才互相垂直？

# 《除数是整十数的除法》教学案例

## 【教学设计】

| 课题 | | 除数是整十数的除法 | 课型 | 新授课 |
|---|---|---|---|---|
| 三维目标 | 知识目标 | 掌握除数是整十数的除法的笔算方法，能正确地进行笔算 | | |
| | 能力目标 | 经历除数是整十数的除法的笔算过程，体会迁移的思想和方法 | | |
| | 情感目标 | 在学习活动中获得成功的体验，培养学生应用数学知识的意识，激发学生学习的兴趣 | | |
| 教学重点 | | 除数是整十数的笔算除法的试商方法和商的书写位置 | | |
| 教学难点 | | 能正确地确定商的位置、估商 | | |
| 学情分析 | | 学生在认识和掌握万以内数的基础上学习，生活中大数广泛存在，对大数的认识，既是万以内读写的巩固和扩展，也是学生必须掌握的最基础的数学知识之一 | | |
| 教法、学法 | | 教法：通过引导设疑，帮助学生理解除数是整十数的笔算除法的试商方法。学法：通过观察比较、发现交流、合作学习，能正确、熟练地计算 | | |
| 教学资源 | | 网络、信息技术、PPT | | |
| 教学步骤 | | 教师活动 | 学生活动 | 设计意图 |
| 教学过程 | | **一、复习导入**<br>口算：<br>$32 \div 10 \approx$ $40 \div 20 =$<br>$90 \div 30 =$ $52 \div 30 \approx$<br>$78 \div 20 \approx$ $150 \div 50 =$<br>$241 \div 30 \approx$ $60 \div 60 =$<br>教师用卡片出示计算题，学生开火车练习。 | 学生独立完成，完成后回答。 | 通过口算除法，复习两位数除以整十数，提炼两位数除以整十数的计算方法，为后面学习三位数除以整十数的笔算除法及除法 |

| 教学步骤 | 教师活动 | 学生活动 | 设计意图 |
|---|---|---|---|
| 教学过程 | **二、导学探究**<br>除数是整十数的除法怎样笔算呢?<br>(板书课题:除数是整十数的除法)<br>交流导学单。<br>师:同学们昨天也尝试了两道笔算题,小组内交流一下,你发现了什么?<br>汇报导学单。<br>**三、互动展示**<br>教学例1:<br>(1)投影出示例1题目,读题理解题意。<br>(2)说一说怎样列式。<br>(板书)92÷30=<br>(3)你准备怎样计算?说一说。<br>教材第73页"做一做"第1题,指四名学生板演,余者练习,再集体订正。<br>**四、归纳释疑**<br>教学例2:<br>(1)(板书)178÷30=<br>(2)你会笔算吗?试一试。<br>指一名学生板演试算,余者试算练习。<br>(3)讨论:①被除数的前两位比除数30小,该怎么办?②为什么商是5?因为30×5接近178且小于178,所以商是5。③商应写在哪一位上?为什么?④余下的数能比30大吗?<br>学生汇报后,师强调:被除数的前两位不够除时,要看前三位。余下的数要比除数小。<br>比一比:例1和例2两题竖式有什么相同点和不同点?<br>教师概括说明三位数除以整十数的笔算方法。<br>教材第73页"做一做"第2题:指三名学生板演,余者练习,再集体订正。<br>**五、巩固提升**<br>(1)教材练习十三第1题。<br>应该怎么想?指名板演,集体订正。 | 学生独立完成导学单,完成后小组内交流讨论。<br><br>学生利用导学单展示自己对例题的想法:<br>A.口算:92≈90,92÷30≈3。可以分给3个班。<br>B.摆小棒,可以看出来:92里面有( )个30,所以商( )。<br>C.笔算:笔算时,余下的2表示什么?<br><br>小组讨论。<br><br><br>小组汇报 | 计算过程中的试商做准备。<br><br><br><br><br><br>在教学过程中给学生足够的探究空间,让学生通过自主尝试—经历体验—感悟发现的学习过程,理解算理、掌握算法,使学生经历口算、笔算的过程,培养学生的探索精神。<br><br><br>通过错例的展示,让学生不要忽视错题,错题也是学习的一个重要的经历 |

157

续 表

| 教学步骤 | 教师活动 | 学生活动 | 设计意图 |
|---|---|---|---|
| 教学过程 | （2）教材练习十三第2题。<br>指名说说后，学生独立练习，填在教材上。<br>（3）教材练习十三第3、4题。学生独立练习。<br>**六、评价延伸**<br>除数是两位数的除法应注意些什么 | | |
| 板书设计 | **除数是整十数的笔算除法**<br><br>$92 \div 30 =$　　　　　　　　　　　$178 \div 30 =$<br><br>　　　　3　商写在什么位置？<br>30 )9 2　为什么？<br>　　　9 0 ← 90是怎样来的？<br>　　　　2<br><br>　　　　5<br>30 )178<br>　　　150<br>　　　　2 8 | | |

## 【点评】

**1. 情境创设让课堂充满了勃勃生机**

整堂课从学生非常熟悉的口算活动切入，走进用竖式计算除法的学习中，这样的情境创设让课堂充满了勃勃生机。到最后解决生活中的实际问题，则充分体现"数学源于生活，赋予生活，用于生活"的思想。

**2. 重视口算、估算和笔算的结合**

口算是计算能力的一个重要组成部分，它是估算、笔算的基础，笔算和估算是在准确、熟练地口算的基础上发展起来的。教师在出示例1"$92 \div 30$"的时候就让学生估计商是多少，并且说出估计的方法。进行笔算以后，又引导学生运用估算的方法来验证计算的正确性，商3乘除数30是90，说明商3是正确的。教师在教学中的正确引导，为学生良好的学习习惯的养成起到了重要的作用。

**3. 重视算理**

教师以清晰的理论与直观图形指导学生理解算理，在理解算理的基础上掌握计算方法，最后形成计算技能。在学习尝试了例1的笔算以后，教师组织学生重点交流了"3"到底应该写在什么位上。学生通过互动，明白了3写在个位上是表示 3 个一，92 里面最多有 3 个 30；写在十位上是表示 3 个十，92 里面有 30 个十错误的。再讲解例 2 时，很好地运用学生的生成资源，处理了"被除数的前两位不够除，要看前三位"，尽管没有在计算中产生"够"与"不够"的矛盾，但教师在这里比较准确地把握了算理和算法的结合。

**4. 重视计算练习的层次性**

教师提供的练习资源，使学生在由单一到综合、由简单应用到灵活应用的练习过程中掌握了本节课的基本知识，同时又培养了基本的数学思考能力。

## 【导学单】

### 《除数是整十数的除法》导学单

预习书本第 73 页例 1、例 2，尝试完成下面两题。

$$2 \overline{\smash{\big)}\,6\ 1} \qquad 20 \overline{\smash{\big)}\,6\ 1}$$

思考：竖式中商里面的 3 各表示什么意思？

# 《优化（一）：沏茶问题》教学案例

## 【教学设计】

| 课题 | | 优化（一）：沏茶问题 | 课型 | 新授课 |
|---|---|---|---|---|
| 三维目标 | 知识目标 | 通过简单的事例，初步体会运筹思想在解决实际问题中的应用 | | |
| | 能力目标 | 认识到解决问题策略的多样性，养成寻找解决问题最优方案的意识 | | |
| | 情感目标 | 使学生感受到数学在日常生活中的广泛应用，尝试用数学的方法解决生活中的简单问题 | | |
| 教学重点 | | 经历合理安排时间的过程，体会合理安排时间的重要性 | | |
| 教学难点 | | 寻找解决问题的最优方案，提高学生解决问题的能力 | | |
| 学情分析 | | "数学广角"主要是介绍一些数学思想，让学生运用这些数学思想解决一些实际问题，学生在前几册教材中已经初步体验了一些数学思想。四年级的学生具备一定的思考能力，教学时，教师可以通过简单的事例，让学生初步体会运筹思想和对策论的方法在解决问题中的应用，初步培养学生的应用意识，提高解决实际问题的能力 | | |
| 教法、学法 | | 教法：充分利用教材创设的情境，组织学生探索。<br>学法：通过自主探究、小组合作，体会运筹思想在解决实际问题中的应用 | | |
| 教学资源 | | 网络、信息技术、PPT | | |
| 教学步骤 | | 教师活动 | 学生活动 | 设计意图 |
| 教学过程 | | **一、谈话导入**<br>师：同学们，在学习新知识之前，我们来解决一个语言问题。请用"一边……一边……"造句。<br>（指名学生将所造的句子说一说） | 学生自由联想造句 | |

| 教学步骤 | 教师活动 | 学生活动 | 设计意图 |
|---|---|---|---|
| 教学过程 | 师：大家说的这两件事情都是同时进行的吗？<br>（板书：同时进行）<br>师：大家都说得不错，但不知道做得好不好，完成的效率高不高。我们今天要学习的就是怎样合理地利用时间，提高效率。<br>（板书课题：沏茶问题）<br>**二、导学探究**<br>教学教材第104页例1。<br>1. 课件出示教材第104页中的情境图<br>师：想一想，你平时沏茶之前都要做哪些准备呢？<br>学生自由回答。<br>师：我们来看看小明沏茶都做了哪些事，分别用了多长时间。<br>烧水：8分钟；洗水壶：1分钟；洗茶杯：2分钟；接水：1分钟；找茶叶：1分钟；沏茶：1分钟。<br>2. 组织学生讨论交流<br>师：如果这六件事情一件一件地做，要多长时间？（学生回答：14分钟）这个时间有点长了，万一李阿姨在家里做客的时间不长怎么办？看，小明在想什么？<br>安排学生在小组中充分讨论：怎样才能尽快让客人喝上茶？<br>师生共同交流。<br>**三、互动展示**<br>教师根据学生的汇报，用流程图记录下做事情的过程。<br>洗水壶 → 接水 → 烧水 → 沏茶<br>　　　　　　　　洗茶杯<br>　　　　　　　　找茶叶<br>烧水同时洗茶杯和找茶叶<br>共用11分钟。 | 学生表达自己的认识。<br><br>学生独立完成导学单，完成后小组内交流讨论。<br><br><br>学生小组讨论，小组选派一人汇报方案 | 利用课件创设生活情境，激发学生的兴趣，让学生小组合作交流，通过摆一摆、算一算，让学生在亲自动手实践的过程中，设计出合理安排时间的最优方案。 |

| 教学步骤 | 教师活动 | 学生活动 | 设计意图 |
|---|---|---|---|
| 教学过程 | **四、归纳释疑**<br>师：我们刚才做的这些，都是采用同时做几件事的方法来节省时间，提高效率，从而来合理安排时间。<br>**五、巩固提升**<br>（1）教材第105页"做一做"第1题：学生独立完成，再小组讨论，得出最佳的方案。<br>（2）教材第107页练习二十第1题：组织学生在小组中讨论交流，指派小组代表汇报解决方案。<br>**六、评价延伸**<br>通过今天的学习，你有什么收获 | | 学生认识到解决问题的多样性，形成寻找解决问题最优方案的意识 |
| 板书设计 | 优化（一）：沏茶问题<br>洗水壶→接水→烧水→沏茶<br>洗茶杯<br>找茶叶<br>1+1+8+1=11（分钟） | | |

## 【点评】

本节课的教学理念以及相应的教学模式值得我们借鉴：通过自主学习、合作交流、导疑释疑、当堂检测的流程达到让学生主动求知、培养学生能力的目的。

**1. 充分运用导学单的引领作用，把握学生自学方向，引导学生有序思考**

课前先根据导学单进行自学，课一开始小组先交流预习情况，然后是自学反馈，教师通过巡视、询问、提问了解和收集自学信息，并梳理、归纳与教学有关的共性问题逐一解决。解决了导学单的问题，也就完成了本课知识的主体部分。学生学得主动，教师导得轻松。

**2. "教师的指导"与"学生的自主"的关系处理得当**

在课堂上，"教师的指导"与"学生的自主"在不断地碰撞与融合。如果教师指导多了，学生就失去了主体地位；如果教师引导少了或不到位，教学目标就不能实现。在本课中，教师做到了一切以学生为主，以学生的问题为出发点，引导学生对比、探究、发现，进而建构新知识。比如在解决"沏茶问题"时，先放手让学生自主解决问题，得出不同的答案，教师再引导学生对两个流程图进行对比、优化，引出了解决运筹问题要注意的三点：①要考虑需要做哪些事。②要考虑事情的发展顺序。③怎样节约时间。这样的教学师生双边活动活跃，再加上课堂是开放的、动态的，非预设性的成分相对较高，是对教师的组织能力、教学机智更高的考验。在这一点上，无疑教师是做得很好的，显示了他扎实的教学基本功和应变能力。

## 【导学单】

### 《优化（一）：沏茶问题》导学单

请同学们先预习书本第 104 页例 1。

大家平时沏茶要做哪些事呢？怎样安排比较合理并且节省时间？

# 《观察物体（二）》教学案例

## 【教学设计】

| 课题 | | 观察物体（二） | 课型 | 新授课 |
|---|---|---|---|---|
| 三维目标 | 知识目标 | 正确辨认从前面、上面、左面观察到的简单物体的形状，深化对实物和视图关系的认识 | | |
| | 能力目标 | 在观察、操作、思考的过程中，提高对"空间与图形"的兴趣 | | |
| | 情感目标 | 培养初步的空间想象和推理能力 | | |
| 教学重点 | | 认识从不同位置观察不同形状的物体，得到的视图形状可能是相同的，也可能是不同的 | | |
| 教学难点 | | 认识从不同位置观察不同形状的物体，得到的视图形状可能是相同的，也可能是不同的 | | |
| 学情分析 | | 学生已经初步学会了从物体的前面、左面和上面进行观察并用图形表示看到的几何体的形状。本内容在此基础上，通过观察较为抽象的几何体，进一步认识从不同的位置观察物体所看见的形状可能是不同的 | | |
| 教法、学法 | | 讲授法、直观演示法、探究学习法 | | |
| 教学资源 | | 网络、信息技术、PPT、学具 | | |
| 教学步骤 | | 教师活动 | 学生活动 | 设计意图 |
| 教学过程 | | **一、情境导入**<br>出示小方块拼出的图形从各个面看到的图。<br>**二、导学探究**<br>师：同学们，昨天老师布置大家完成导学单第二小题，大家完成得怎么样？有操作吗？先找同学分享一下。<br>现在我们一起来验证一下，老师手上 | 学生欣赏。<br><br><br>先让学生汇报导学单，再实际操作 | |

| 教学步骤 | 教师活动 | 学生活动 | 设计意图 |
|---|---|---|---|
| 教学过程 | 拿着一个正方体：<br>请你站在正方体的前面，目光平视，你可以看见这个正方体的几个面？<br>现在请你稍微移动，目光还是跟正方体平视，请问你可以看到这个正方体的几个面？<br>现在跟正方体平视，就这样观察，你可以看见正方体的几个面？<br>教师小结：我们最多可以观察到物体的三个面。<br>师：今天我们再用这个知识点来解决我们数学的新问题。<br>揭示课题：观察物体（二）。<br>**三、互动展示**<br>观察两个小正方体。<br>1.猜一猜<br>（希沃白板出示小正方体2个）<br>师：老师现在变魔术，变出两个完全一样的小正方体，请同学们观察，从前面看你看到什么形状，从上面看又看到什么形状。<br><br>（两个小正方形）<br>2.画一画<br>师：请一个同学到黑板上画出来。<br>3.验一验<br>以小组为单位，用两个小正方体学具摆一摆，看看我们画对了吗？<br>**四、归纳释疑**<br>进行小组活动。<br>要求：四人小组合作，拿出四个完全 | 两个学生到讲台上，观察老师手上拿着的正方体。<br><br>学生通过猜想，再通过动手摆一摆验证自己的想法。<br><br>让学生四人小组活动，通过摆四个小正方体，摆出一个立体图形，并通过从不同角度观察，真正解决数学问题。 | 让学生回顾：一个物体，我们最多可以观察到三个面。<br><br>掌握数学的学习方法，猜想之后，必须验证结果。 |

续 表

| 教学步骤 | 教师活动 | 学生活动 | 设计意图 |
|---|---|---|---|
| 教学过程 | 一样的小正方体，摆出你们喜欢的图形，并且按要求完成表格。<br><br><br><br>小组合作摆一摆、填一填。<br>小组汇报。<br>**五、巩固提升**<br>1. 基础练习<br><br>2. 巩固练习<br><br>3. 拓展练习<br> | 通过实践操作，更好地完成这个表格，尤其对于学困生起了很好的指导作用。<br><br>基础练习，可以让学生直接完成。<br><br>巩固练习，让学生动手操作摆一摆来解决。<br><br>拓展题对于部分学生是有难度的，还是让学生通过动手操作来解决这个问题 | 利用动手操作摆一摆，更好地理解。<br><br>练习的设计是分层次的，不但让学困生很好地掌握，也让优生吃得饱 |

观察表格：

| 观察方向 | 从前面看 | 从上面看 | 从左面看 |
|---|---|---|---|
| 看到的形状 | | | |

续 表

| 教学步骤 | 教师活动 | 学生活动 | 设计意图 |
|---|---|---|---|
| 教学过程 | **六、评价延伸**<br>师：同学们，这节课你有收获吗？我们从不同角度观察物体，会有不同的发现，现在请同学们欣赏由我们的手掌表演的一段视频 | | |
| 板书设计 | **观察物体（二）**<br>同一个物体，从不同的位置观察，观察到的图形可能不相同 | | |

## 【点评】

本节课是在学生已经学会了从前、后、左、右等不同位置观察日常生活场景和一些简单的物体后进行教学的。学生通过实际操作、观察、比较，体会从不同位置观察物体，知道物体的正面、侧面和上面，知道从一个角度观察正方体形状的物体最多只能看到三个面，会从正面、侧面、上面观察由同样大的正方体摆成的物体。

**1. 创"疑"境，激发学生的探究欲望**

陶行知先生说过："学起于思，思源于疑。"把数学问题转化成潜在的问题情景，让学生在具体情景中感受数学的存在，发现数学问题，激发学习兴趣，体会数学就在身边。教师出示了正方体包装盒，让孩子猜猜最多能看到几个面，在学生的兴趣提得很高的时候，出示三个面（答案揭晓）。这样的设计不但激起了学生的学习热情和探究的欲望，还符合学生的年龄特点和认知规律，将学生置于认知的最近发展区，充分调动了学生学习的主观能动性。

**2. 布"动"境，让学生在动中学，在合作交流中学习，发挥主体作用**

"自学—交流—应用"这样的教学模式，在课堂中体现得淋漓尽致。运用导学单，提高了自学效果，唤醒学生已有的知识经验。叶圣陶先生倡导的"六大解放"，让学生在开放的课堂中学习新知。《全日制义务教育课程标准（实验稿）》也提出：有效的数学学习活动不能单纯地依赖模仿与记忆，动手实践、自主探索与合作交流是学生学习数学的重要方式。为了让学生动起来，在动的过程中学习数学，在动的过程中体验知识的形成过程，教师让学生从不同的角度观察课桌上的正方体，并通过动态方式呈现看到拼后的长方体的面是怎样的，与学生一起总结出结论。小组合作交流充分体现了学生的主体地位，不仅给学生提供了一个自主探索的空间，也培养了学生的合作意识和自主探索能力。

## 【导学单】

### 《观察物体（二）》导学单

请同学们先预习书本第 13 页。

通过预习，在家操作思考：一个物体从不同方向观察，最多看到几个面？

# 《小数的加减法》教学案例

## 【教学设计】

| 课题 | | 小数的加减法 | 课型 | 新授课 |
|---|---|---|---|---|
| 三维目标 | 知识目标 | 经历探索位数相同小数加减法计算方法的过程，体会小数加减法与整数加减法在算理上的联系 | | |
| | 能力目标 | 理解小数点对齐的道理，掌握小数加减法的计算方法 | | |
| | 情感目标 | 进一步增强运用已有知识和经验探索并解决新问题的意识，不断体验成功的乐趣 | | |
| 教学重点 | | 掌握小数加减法的计算方法 | | |
| 教学难点 | | 理解小数点对齐的道理 | | |
| 学情分析 | | 学生已经掌握了整数加减法的计算方法和技巧，学习小数加减法的运算时，理解算法、掌握技巧难度较小，充分运用旧知识来自主学习小数的加减法是本节课的策略 | | |
| 教法、学法 | | 教法：教师通过引导学生观察小数加减法与整数加减法之间的联系，帮助学生掌握小数加减法的计算法则。学法：学生通过自主探索、小组合作等方法归纳、总结小数加减法的计算方法 | | |
| 教学资源 | | 网络、信息技术、PPT | | |
| 教学步骤 | | 教师活动 | 学生活动 | 设计意图 |
| 教学过程 | | 一、情境导入<br>出示生活情境——购物（出现价格，小数），引出课题。<br>二、导学探究<br>不改变数的大小，把下面各数写成两位小数。<br>1.2=（　　）　14 =（　　　）<br>师：这两题都是根据什么来做的？一起告诉我什么是小数的性质。 | 学生独立完成导学单，完成后小组内交流讨论。 | 回忆旧知，激发学生的学习兴趣，在交流中体会数学与生活的联系。 |

| 教学步骤 | 教师活动 | 学生活动 | 设计意图 |
|---|---|---|---|
| 教学过程 | 师：同学们交流做的整数的加减法，并说说法则。<br>**三、互动展示**<br>出示例1（出示主题图），指名找已知条件、问题。<br>尝试笔算：<br>6.45＋4.29＝　　6.45－4.29＝<br>师：大家同意这样写竖式吗？<br>思考：<br>（1）要使相同数位对齐，必须把什么对齐？<br>（2）小数加减法和整数加减法有什么异同点？（小组内交流一下，小数加减法怎样进行计算）<br><br>　　　　6.45　　　　　6.45<br>　　＋4.29　　　　－4.29<br>　　　10.74　　　　　2.16<br><br>比较整数加减法和小数加减法的异同：计算方法上都是一位对着一位减，不同之处在于小数点，盖住小数点就是大家熟悉的整数加减法了。<br>小结：从这两个算式我们看出小数加减法和整数加减法是相似的，只是多了小数点。<br>**四、归纳释疑**<br>计算：<br>1.25＋0.45　　4.38－1.28<br>教师根据学生的板演，引导学生概括出：小数点要对齐，从最低位算起。<br>师：得数的小数部分末尾出现什么了？像这样的情况你知道还可以怎么写吗？根据是什么？<br>师生共同小结：当小数加减法得数的小数部分末尾出现0的时候，我们要对结果进行化简，向横式汇报的时候就写最简结果就可以了，这也是我们 | 学生独立计算并展示。<br><br>学生讲解计算方法。 | 通过学生的合作交流，将小数加减法和整数加减法的算法进行比较归纳，培养学生的数学比较思维，在比较中体会数学规律既有普遍意义，在使用的过程中又存在不同的表现形式 |

续 表

| 教学步骤 | 教师活动 | 学生活动 | 设计意图 |
|---|---|---|---|
| 教学过程 | 数学简洁美的一种体现。<br>**五、巩固提升**<br>书本第 72 页"做一做",教师巡视,指名板演。<br>师:我想要检验一下自己做的这道题是否正确,可以用什么方法?赶快试一下吧!<br>师:小数加减法的验算方法与整数加减法的验算方法一样,可以交换加数位置进行验算,也可以用减法验算,但要注意竖式写工整。<br>**六、评价延伸**<br>今天这节课我们一起学习了什么?你有什么收获 | 学生验算,集体订正 | |
| 板书设计 | **小数的加减法** <br>相同计数单位的数相加<br>相同数位对齐<br>$$\begin{array}{r}6.45\\+4.29\\\hline 10.74\end{array}\qquad\begin{array}{r}6.45\\-4.29\\\hline 2.16\end{array}$$<br>个位对齐　　　小数点对齐 | | |

## 【点评】

第一,紧密联系生活,创设问题情境。教师借助整数教学运用迁移的方法,充分调动学生的已有知识,让学生计算,由旧知识顺理成章地引入小数加减法,使学生以最佳状态进入解决问题的活动,主动探索小数加减法的笔算方法。

第二,重视错误资源,理解小数加减法的算理。教师出示错误算式,让学生找出错误之处,通过师生、生生间的交流活动,在探索中感悟小数加减法的计算方法。然后,让学生根据已有经验去解决问题,尝试小数加减法的竖式写法,同时将初步的感悟上升到新的高度,得出小数加减法笔算的一般方法,进一步理解列竖式时小数点对齐的道理。

第三,重视学生发现问题、提出问题能力的培养。培养学生解决问题能力的前提是使学生逐渐养成不断发现问题、提出问题的良好习惯。教师教学时充分利用主题图，为学生提供各种素材和发现问题、提出问题的空间。

## 【导学单】

### 《小数的加减法》导学单

请同学们先预习书本第 72~73 页例 1、例 2，完成下面的题目。

**1.** 不改变数的大小，把下面各数写成两位小数

1.2 =（　　　　）　　　14 =（　　　　　）

**2.** 笔算下面各题

4257 + 4305=　　　　8350 − 737=

计算整数的加减法要注意什么？

# 《平均数》教学案例

## 【教学设计】

| 课题 | | 平均数 | | 课型 | 新授课 |
|---|---|---|---|---|---|
| 三维目标 | 知识目标 | 理解和掌握平均数的含义以及求平均数的方法 | | | |
| | 能力目标 | 加深对平均分和平均数意义的理解 | | | |
| | 情感目标 | 运用数学思想和方法解决有关平均数的问题，增强数学应用意识 | | | |
| 教学重点 | | 理解平均数的含义 | | | |
| 教学难点 | | 会简单的求平均数的方法 | | | |
| 学情分析 | | 学生对于平均的概念有一定的认识，充分发挥学生的主体作用，培养学生的实践能力，促使其树立合作精神 | | | |
| 教法、学法 | | 教法：教师充分利用教材资源，通过讲解引导学生理解平均数的含义。<br>学法：学生通过自主探索、小组合作，掌握如何求平均数 | | | |
| 教学资源 | | 网络、信息技术、PPT | | | |
| 教学步骤 | | 教师活动 | | 学生活动 | 设计意图 |
| 教学过程 | | **一、情境导入**<br>师：同学们收集了一些矿泉水瓶，我们一起去看看吧。（出示例1主题图）<br>师：从图中你了解到哪些信息？要我们解决什么问题？<br>师：你对"平均每人收集了多少个"是怎样理解的？<br>（假设每人收集的数量相同，这个数是多少） | | 学生思考回答，交流谈论。 | 从现实生活导入，自然引出平均数概念，并初步感知用"移多补少"的方法求一个数的平均数。 |

| 教学步骤 | 教师活动 | 学生活动 | 设计意图 |
|---|---|---|---|
| 教学过程 | 师说明：这个相同的数量我们叫它平均数。<br>（板书课题：平均数）<br>**二、导学探究**<br>交流导学单。<br>师：同学们，昨天大家有实践过吗？快和小组内的同学分享一下。<br>导学单汇报。<br>**三、互动展示**<br>教学例1。<br>师：我试着用你们的好方法来帮环保小卫士解决问题好吗？<br>观察图：横轴分别表示什么？谁收集的个数最多？谁最少？他们每个人收集的数量同样多吗？（不一样多）<br>师：你能想办法把他们4个人收集的瓶子数量变成同样多吗？<br>教师指名学生汇报各自的方法，并在投影前演示。<br>教师边重复演示边归纳：刚才有几位同学通过把多的瓶子移出来，补给少的同学，让每个同学的瓶子数量同样多，这种方法叫作"移多补少法"。<br>师：现在每个人的瓶子同样多吗？是多少个？<br>教师强调13个就是这4个同学收集瓶子数量的平均数，并在课件上做标记。<br>师：还有不同的方法吗？<br>指名学生板演计算过程。<br>师：你是怎么想的？还有谁想的方法和这个方法一样。互相交流一下。<br>师归纳：我们通过计算，先求出总个数，再平均分，也能得到平均数是13个。<br>观察比较平均数13个和每个学生收集的个数。<br>师：你有什么发现？ | 学生独立完成导学单，完成后小组内交流讨论。<br><br>小组内交流。 | |

| 教学步骤 | 教师活动 | 学生活动 | 设计意图 |
|---|---|---|---|
| 教学过程 | （有的个数比平均数多，有的个数比平均数少）<br><br>师：刚才求几个比较小的数的平均数，我们可以通过移多补少或计算的方法进行，如果数字大怎么解决呢？平均数又有什么作用呢？<br><br>**四、归纳释疑**<br>教学例2。<br>师：你知道哪些信息？要解决什么问题？<br>师：到底哪个队的成绩好？说说看。<br>多指名几个学生回答。<br>师：他们的说法你赞同吗？谁的方法比较合理？<br>师说明：对！在人数不等的情况下，用平均数表示各队的成绩更好。哪一队的平均数大哪一队的成绩就好。所以我们要先算出每队的平均成绩。<br>师：怎样求两个队的平均成绩呢？<br>小组合作完成，并汇报计算方法和结果。<br>师用课件展示：<br>　　男生队平均每人踢毽个数<br>　　（19+15+16+20+15）÷5<br>　　=85÷5<br>　　=17<br>　　女生队平均每人踢毽个数<br>　　（18+20+19+19）÷4<br>　　=76÷4<br>　　=19<br>师：现在你知道哪个队的成绩好吗？你还有什么发现？<br>师小结说明：平均数可以代表一组数据的整体水平。<br><br>**五、巩固提升**<br>（1）完成教材第92页"做一做"。 | <br><br><br><br><br><br><br><br><br><br><br><br><br><br><br><br><br><br><br><br><br><br><br><br><br><br><br><br><br><br><br><br><br><br><br><br><br>小组讨论。<br><br><br><br><br><br>学生独立完成，然后全班交流、订正。 | 在理解了平均数，会求平均数后，创设情境，由情境提出问题，通过交流感受到平均数的用处，巩固对平均数的计算，又体会到数学来源于生活 |

| 教学步骤 | 教师活动 | 学生活动 | 设计意图 |
|---|---|---|---|
| 教学过程 | （2）完成教材练习二十二第1~6题。<br>**六、评价延伸**<br>这节课你有哪些收获 | 学生独立完成，有困难或有疑惑的可以小组内交流讨论，完成后小组交流检查，再集体订正 | |
| 板书设计 | 平均数<br>例1：平均每人收集了多少个？<br>移多补少<br>先合起来再分<br>（14+12+11+15）÷4<br>=52÷4<br>=13<br>总数 ÷ 数量 = 平均数<br>平均数能较好地反映一组数据的总体情况 | | |

## 【点评】

平均数是统计中的一个重要的概念。在小学数学里，它常用于表示统计对象的一般水平，也是描述数据集中程度的一个统计量。平均数作为反映一组数据的集中趋势的量数是统计中应用最普遍的概念。

这节课。首先让学生明白平均数是怎么产生的，使学生认识到它并不是一个实实在在的数，而是一个虚拟的数。其次，使学生理解平均数的含义，初步学会简单的求平均数的方法。最后，让学生理解平均数在统计学上的意义和作用。

**1. 注重数学知识与实际生活的联系**

这是本节课最突出的特点。这节课的整个教学过程中，任何一个环节的学习内容都是与学生已有知识体系密切联系的。如：新课导入环节中，从收集矿泉水瓶的故事入手，引发问题——对"平均每人收集了多少个"是怎样理解的？假设每人收集的数量相同，这个数是多少？从而引出平均分；再如，巩固提升环节中，举了生活中的三个实例；等等。这些内容都是来自学生身边的，通过情境的辨析、问题的解决，既深化了学生对"平均数"概念的认识，体会到"求平均数"在日常生活中的实际意义，同时也为学生创造了自由表达、广泛交流的机会，提升了他们"数学交流"的能力，还能让学生体会到数学来自我们周围的生活，体会到数学的应用价值。

**2. 课堂氛围轻松活跃**

教师营造了愉悦和谐的氛围，学生能够在良好的环境中学习，自由大胆地发表自己的意见，形成了有效的课堂。在课的导入中，教师以真实事例激发学生的学习兴趣；在新知的教学中，以发现问题激发学生的疑惑；在巩固练习中，融入生活，让学生亲近数学。每一个环节的联系都很紧密，教师具有亲和力，能够努力去感染和激励学生，使他们产生求知欲，使课堂效率事半功倍。

**3. 注重引导启发，使学生自悟**

建构主义认为，知识的引导不能简单地由教师传授给学生，而只能由每个学生根据自己已有的知识和经验主动加以建构。在第一个练习环节，反复提问学生：平均数衡量的是什么？能够帮助学生深刻体会平均数的意义。

本节课最后的练习环节，通过对比数据的不同，让学生能灵活选用求平均数的方法解决实际问题。而对求平均数的两种算法，教师不是直接传授，而是通过步步引导、启发、对比得出的。这样促使学生探讨出多种方法，使学生体会到面对不同的具体数据要灵活地选用合理的方法解决实际问题。

## 【导学单】

### 《平均数》导学单

请同学们先预习书本第90、91页例1、例2。

小实践：想一想怎样才能每份同样多？动手试试。

# 《鸡兔同笼》教学案例

## 【教学设计】

| 课题 | | 鸡兔同笼 | 课型 | 新授课 |
|---|---|---|---|---|
| 三维目标 | 知识目标 | 了解"鸡兔同笼"问题，感受古代数学问题的趣味性 | | |
| | 能力目标 | 尝试用不同的方法解决"鸡兔同笼"问题，并使学生体会代数方法的一般性 | | |
| | 情感目标 | 在解决问题的过程中培养学生的逻辑推理能力 | | |
| 教学重点 | | 理解并掌握用假设法和列方程法解决"鸡兔同笼"问题 | | |
| 教学难点 | | 理解假设法的算理，并能运用不同的方法解决实际问题 | | |
| 学情分析 | | 学生具备一定的观察、分析、推理能力，也初步接触了多种解题策略，有一定的理解能力和逻辑推理能力，会一些基本的解决数学问题的方法 | | |
| 教法、学法 | | 教法：采用指导自主学习法，通过适当设计教学内容，让学生亲历列表、图示、假设等解题过程，掌握解决问题的一般策略。<br>学法：学生以自主探究式学习方法为主，独立思考、大胆猜测，小组合作 | | |
| 教学资源 | | 网络、信息技术、PPT | | |
| 教学步骤 | | 教师活动 | 学生活动 | 设计意图 |
| 教学过程 | | **一、情境导入**<br>师：今天老师想给同学们介绍一部1500年前的数学名著《孙子算经》，你们想了解吗？里面记载着许多有趣的数学名题，其中有这样一道题，请看：（课件出示情境图）<br>师：你能说说这道题是什么意思吗？（说明：雉指鸡）出示：笼子里有若干只鸡和兔。从上面数，有35个头， | 学生听故事解释题意。 | 结合课件谈话引入，给数学课堂带来了浓厚的文化气息，让我们的学生感受到我国数学文化的源远流长，激发了学生的学习热情。 |

| 教学步骤 | 教师活动 | 学生活动 | 设计意图 |
|---|---|---|---|
| 教学过程 | 从下面数,有94只脚,鸡和兔各有几只? 这就是我们今天要研究的历史趣题——"鸡兔同笼"的问题。(板书课题)<br><br>**二、导学探究**<br>师:为了研究方便,我们把题目里的数字改小一点。"笼子里有若干只鸡和兔,从上面数,有8个头;从下面数,有26条腿。鸡和兔各有几只?"(说明:为了便于分析时叙述,把"26只脚"改成了"26条腿",课件出示)<br>我们一起来看看被关在同一个笼子里的鸡和兔给我们带来了哪些数学信息。<br>让学生理解: ①鸡和兔共8只;②鸡和兔共有26条腿;③鸡有2条腿;④兔有4条腿。(课件出示)<br>我们先来猜猜,笼子中可能会有几只鸡几只兔呢? 学生猜测。在猜测时要抓住哪个条件呢? (鸡和兔一共是8只)那是不是抓住了这个条件就一定能猜对呢?<br>学生猜测,教师板书。<br>怎样才能确定你们猜测的结果对不对? (把鸡的腿和兔的腿加起来看等不等于26)<br>指名汇报学生的想法。(先以学生的列表法开始,再展示画图的方法,以便配合假设法)<br><br>**三、互动展示**<br>尝试列表法:<br>为了研究,把所有的可能按顺序列出来了,我们先看表格中左起的第一列,8和0是什么意思? (就是有8只鸡和0只兔,也就是假设笼子里全是鸡)那笼子里是不是全是鸡呢? (不是)那就是把里面的兔也看成鸡 | 学生独立完成导学单,完成后小组内交流讨论。<br><br><br><br><br><br>学生介绍方法。 | 通过化繁为简的思想,先从简单问题入手,有利于学生的探究和操作,并通过假设、猜测,让学生掌握解决问题的策略和方法。 |

续 表

| 教学步骤 | 教师活动 | 学生活动 | 设计意图 |
|---|---|---|---|
| 教学过程 | 来计算了，那把一只4条腿的兔当成一只2条腿的鸡来算会有什么结果呢？（就会少算两条腿）<br>课件出示：把一只兔当成一只鸡算，就少了两条腿。<br>师：从大家的列表中看到了数学里的"有序"列表，真棒。但当数量多的时候我们怎样列表更合适呢？（引出折中列表法等）<br>**四、归纳释疑**<br>你们的画图法又是怎样的？<br>假设法：<br>（1）假设全是鸡。<br>        $8 \times 2 = 16$（条）<br>（如果把兔全当成鸡，一共就有$8 \times 2 = 16$条腿）<br>        $26 - 16 = 10$（条）<br>（把兔看成鸡来算，4条腿的兔有当成两条腿的鸡算，每只兔就少了两条腿，10条腿是少算了的兔的腿）<br>        $4 - 2 = 2$（条）<br>（假设全是鸡，是把4条腿的兔有当成两条腿的鸡。所以4-2表示是一只兔当成一只鸡就要少算2条腿）<br>      兔：$10 \div 2 = 5$（只）<br>（那把多少只兔当成鸡算就会少10条腿呢？就看10里面有几个2就是把几只兔当成了鸡来算，所以$10 \div 2 = 5$就是兔的只数）<br>      鸡：$8 - 5 = 3$（只）<br>（用鸡兔的总只数减去兔的只数就是鸡的只数，8-5=3只鸡）算出来后，我们还要检验算得对不对，谁愿意口头检验。<br>（2）假设全是兔。<br>我们再回到表格中，看看右起第一列中的0和8是什么意思？（笼子里全是兔） | 小组结合画图法尝试合作探究用假设法解题。<br><br><br><br><br><br><br><br><br><br><br><br><br><br><br><br><br><br><br><br><br><br><br>全班交流解题过程，并讨论解题的关键及注意事项。 | 在学习中注重鼓励每一个学生参与学习过程，用适合他们的方法解决问题，同时也体验解决问题的不同方法。 |

| 教学步骤 | 教师活动 | 学生活动 | 设计意图 |
|---|---|---|---|
| 教学过程 | 那是不是全都是兔呢？（不是）<br>也就是假设笼子里全是兔。那把兔当了鸡在算。那就是把里面的鸡也当成兔来计算了，那把一只2条腿的鸡当成一只4条腿的兔来算会有什么结果呢？（就会多算两条腿）<br>课件出示：把一只鸡当成一只兔算，就多了两条腿。<br>先用假设全是鸡的办法解决了这个问题，现在假设全是兔又应该怎么分析和解决这个问题呢？同学们能自己解决吗？如果有困难可以同桌或小组讨论。<br>小结：刚才我们假设都是鸡或都是兔，所以把这种方法叫作假设法。这种方法能化难为易，是解答鸡兔同笼问题的一种基本方法。<br>（板书：假设法）<br>**五、巩固提升**<br>做书本第105页"做一做"第1、2题。<br>做书本第106页练习二十四第1、2题。<br>**六、评价延伸**<br>总结模型（鸡兔同笼）：鸡兔、龟鹤、男女生种树、三轮车和自行车、5角和1元、抢答题（对加错扣）……<br>本节课你有什么收获？ | 学生独立完成，集体反馈 | 渗透文化，激发情感 |
| 板书设计 | **鸡兔同笼**<br>（列表）<br>○ ○ ○ ○ ○ ○ ○ ○<br><br>假设全是鸡：<br>$2×8=16$（条）<br>$26-16=10$（条）<br>和实际相差了10条腿<br>兔：$10÷（4-2）=5$（只）<br>鸡：$8-5=3$（只） | | 假设全是兔：<br>$4×8=32$（条）<br>$32-26=6$（条）<br>比实际多了6条腿<br>鸡：$6÷（4-2）=3$（只）<br>兔：$8-3=5$（只） |

## 【点评】

本节课的设计具有趣味性和挑战性，教师教态大方，肢体语言丰富，学生积极配合，学习兴趣浓。这节课重点是想通过简单的事例渗透一些重要的数学思想方法，让学生主动尝试从数学的角度运用所学知识和方法寻找解决问题的策略，培养学生解决实际问题的实践经验和能力。教师对教材的把握准确到位，能够让学生通过小组合作自行探究鸡兔同笼问题，让学生经历猜想、实验、推理等数学探索的过程，激发学生对数学的好奇心和求知欲，增强学生学习数学的兴趣。这节课体现了《数学课标》指出的"教学活动应注重启发式，激发学生学习兴趣，引发学生积极思考，鼓励学生质疑问难，引导学生在真实情境中发现问题和提出问题，利用观察、猜测、实验、计算、推理、验证、数据分析、直观想象等方法分析问题和解决问题"这一基本理念。

**1. 民主氛围的创设**

教师让学生利用已有知识、经验进行猜测："今有鸡兔同笼，上有 8 头，下有 26 只脚，求兔有几只，鸡有几只？"提出自学要求让学生在共同交流中解决问题，提高了学生解决问题的技能，培养了学生的探究精神，体现了学生是数学学习的主人，教师是数学学习的组织者、引导者与合作者这一基本的课程理念。教师能够把教学活动建立在学生的认知发展水平和已有的知识经验基础之上进行教学。

**2. 突破难点有创意**

利用多媒体画图化难为易，形象直观地帮助学生理解采用假设法解决鸡兔同笼问题，达到良好的教学效果。解题方法的优化，培养学生择优意识。在检测课前出示的鸡兔同笼问题的自学效果时，学生能从多角度思考，运用假设法、代数方法、列表法等来解决问题。他们根据自己的经验，找到了解决问题的策略，在此基础上出示问题："今有雉兔同笼，上有三十五头，下有九十四足。问雉兔各有几何？"此题数据比较大，学生就很容易采取方程和假设法去解决，而不采用列表法，优化了解题方法。同时注重民族文化的传承，在了解古人的解题方法——抬足法上，教师抓住这一内容弘扬我国悠久的文化，加强了对学生思想品德的教育。

### 3. 习题设计多样性

配合"鸡兔同笼"问题，拓展了古今中外习题，如龟鹤问题、猎人与狗、租船问题、三轮车与自行车问题、铺设管道问题等生活中的一些实际问题，让学生进一步体会到这类问题在日常生活中的应用，并巩固用假设法来解决这类问题的策略。

## 【导学单】

### 《鸡兔同笼》导学单

请同学们先预习书本第 103 页。

如果用 🐔 表示鸡，🐰 表示兔，那么笼子里有 8 个头、26 条腿，鸡和兔各有几只？（试画图）如果还有其他方法欢迎写在下面。

第
五
篇

五年级

数学教学案例

# 《小数乘小数》教学案例

## 【教学设计】

| 课题 | | 小数乘小数 | | 课型 | 新授课 |
|---|---|---|---|---|---|
| 三维目标 | 知识目标 | 通过学习让学生总结小数乘小数的计算法则,并能熟练地运用法则进行计算。当乘得的积的小数位数不够时,能够正确地处理积的小数点 | | | |
| | 能力目标 | 在学生探究计算方法的过程中,引导学生利用迁移的思想用旧知识解决问题,使学生进一步体会数学知识之间的联系,感受数学探究活动本身的乐趣 | | | |
| | 情感目标 | 引导学生积极参与探究活动,培养学生分析、类推的能力,并进一步培养学生的语言表达能力和与人交流的能力 | | | |
| 教学重点 | | 理解小数乘小数的算理,掌握计算方法 | | | |
| 教学难点 | | 积的小数位数不够时,正确处理小数点的位置 | | | |
| 学情分析 | | 学生已经初步掌握了小数乘法的计算方法和积的变化规律等知识,明白了小数乘法通过转化的思想方法转化成整数来计算。一小部分学生已经会自主探索寻求小数乘小数中的积的小数位数不够时的计算方法,但大部分学生存在以下一些问题,如小数点的位置不能确定,甚至有些同学还会与小数加减法混淆,列竖式时不知道末尾对齐,部分学生存在计算速度慢等问题 | | | |
| 教法、学法 | | 讲授法、讨论法、演示法 | | | |
| 教学资源 | | 教材、课件 | | | |
| 教学步骤 | | 教师活动 | | 学生活动 | 设计意图 |
| 教学过程 | | **一、情境导入**<br>师:同学们,你们喜欢逛超市吗?(喜欢)瞧,他们在干什么?<br>(在超市买菜。课件出示小朋友和家长一起在超市买菜的图片) | | | |

| 教学步骤 | 教师活动 | 学生活动 | 设计意图 |
|---|---|---|---|
| 教学过程 | 师：对，他们正在超市买蔬菜，李华买的青菜和胡萝卜，可是她不知道该付给老板多少钱。<br>（课件出示：青菜：1.07 元 / 千克，买了 2.4 千克；胡萝卜：4.4 元 / 千克，买了 3.5 千克）<br>师：同学们，我们一起来帮帮她吧！青菜和胡萝卜分别该付多少钱呢？怎样列式？<br>师：仔细观察这些题目，回想一下，小数乘小数应该怎样计算呢？<br>（师将生所说方法板书于黑板上，并让全体学生齐读一遍）<br>师：今天，我们继续用这种方法来探究小数乘小数。<br>（板书课题：小数乘小数）<br>**二、导学探究**<br>师：拿出昨天给大家的导学单，我们来看看大家是如何进行小数乘小数的计算的。（展示部分学生的作品）<br>**三、互动展示**<br>出示例题：0.56 × 0.04<br>（生尝试完成，师巡视）<br>师：谁来说说你的情况？<br>师：不错，老师发现有的孩子很聪明，用自己的方法算出了答案，但大多数同学都遇到了某些方面的困惑（点课件：积的小数位数不够），积的小数位数不够怎么办？下面就请同学们以小组为单位合作学习，哪位同学将合作要求大声地读一读？<br>**四、归纳释疑**<br>（课件出示小组合作要求：①积的小数位数不够怎么办？小组同学共同商议解决方案，并充分交流这样做的理由。②用商议的方法列竖式完成这道题）<br>师：哪个小组的代表来汇报？ | 生列竖式计算。<br><br>预设答案：1. 都是先按整数乘法算出积，再点小数点；2. 点小数点时，看因数一共有几位小数，就从积的右边起数出几位，点上小数点。<br><br>积极思考、计算并回答问题。<br>（三生回答，出现两种情况：1. 少部分学生能够完成。2. 大多数学生遇到乘积的小数位数不够的情况，小数点的位置不知道怎样处理） | 让学生熟悉乘法问题的解决方法。<br><br>让学生用预习的知识来解决问题。<br><br>让学生在思考中深度思考小数乘小数的算理，并掌握计算的方法。 |

| 教学步骤 | 教师活动 | 学生活动 | 设计意图 |
|---|---|---|---|
| 教学过程 | （生边说师边板书在黑板上）<br>师：为什么在积的前面用0补充？<br>师：是的，要得到0.56×0.04的积，就要将224缩小到它的一万分之一，根据小数点的移动规律，小数点向左移动四位，位数不够在前面用0补足，再点小数点。还有哪个小组的同学汇报一下。<br>（再请一生汇报解题过程，师点课件，出示完整计算过程）<br>师：两位同学的发言都很精彩，大家想一想，刚才两位同学乘出的积只有三位数，他们都是怎样让它变成四位小数的呢？<br>生：在积的前面用0补足，再点上小数点。（问：小数点应该点在哪儿呢？）<br>师：是的，我们在计算时，积的小数位数不够时，就应该在前面添0，最后结果就应该是0.0224，同学们，如果我将0.56和0.04继续缩小，你能直接说出下面两题的答案吗？<br>（出示课件：0.56×0.04=？<br>0.56×0.004=？<br>0.056×0.004=？ ）<br>师：仔细观察，从中你又能发现什么？把你的发现在小组内说一说。<br>师：你有一双善于发现的眼睛，真不错。同学们，我们先前回忆了小数乘法的计算法则，想一想，你还有什么需要补充的吗？<br>（师板书）<br>师：这就是小数乘法完整的计算法则。来，齐读一遍。接下来，请同学们翻开书本第6页，将法则和例4补充完整。 | 小组合作，汇报。<br>生1：我们组先按整数乘法算出积，再看因数中小数位数，共有四位小数，就从积的右边起数出四位，点上小数点。小数位数不够时在积的前面用0补足，再点小数点。<br>生2：我先按整数乘法算出56×4=224，0.56变成56扩大了100倍，0.04变成4扩大100倍，那么积就扩大了10000倍。<br>生：要回到原来的积224就要缩小到它的1/10000。<br>生回答。<br>生汇报。<br>生1：我发现因数中的小数位数增加了，那么积的小数位数也要增加，位数不够用0补足。<br>生2：我发现乘积的小数位数缺几位，就要用0在积的前面补几位。 |  |

续 表

| 教学步骤 | 教师活动 | 学生活动 | 设计意图 |
|---|---|---|---|
| 教学过程 | **五、巩固提升**<br>师：咱们同学真了不起，帮助别人，快乐自己，小朋友们和爸爸吃完丰盛的午餐，在村主任的带领下玩起了闯关游戏，咱们也去凑凑热闹吧！<br>第1关：争当神算手（课件出示两道计算题）<br>师：谁来说说你是怎样算的？（两生汇报计算过程）<br>师：同学们，仔细观察，在计算小数乘法时，你需要注意些什么呢？<br>第2关：小蜜蜂找家<br>师：三只小蜜蜂一起出去玩，不小心迷了路，同学们，让我们一起将贪玩的小蜜蜂安全地送回家。（出示课件）<br>第3关：当当小老师（出示课件）<br>第4关：村主任考考你（出示课件）<br>师：仔细观察这两组算式中的第二个因数，你发现了什么？<br>师：再请同学们分别比较积和第一个因数的大小，谁来说说你的发现？把你的发现说给同桌听一听。<br>师：为什么0除外？<br>第5关：小火车开起来（出示课件）<br>师：其实，在计算时，我们可以根据这两个规律检验积是否合理，也可以判断积的大小。接下来，让我们运用规律和小朋友们一起将火车开起来。<br>第6关：走进生活，超市购物（出示课件）<br>师：从图中你知道了哪些数学信息？看了这张购物清单，你能提出哪些数学信息？ | 积极参与巩固练习的计算。<br><br><br><br>两生上黑板做，其余同学完成在练习本上。<br><br><br><br>生汇报：一个数（0除外）乘大于1的数，积比原来的数（大）。一个数（0除外）乘小于1的数，积比原来的数（小）。 | 通过巩固练习，让学生进一步巩固小数乘小数的算理，掌握计算的方法 |

续 表

| 教学步骤 | 教师活动 | 学生活动 | 设计意图 |
|---|---|---|---|
| 教学过程 | **六、评价延伸**<br>师：通过今天这节课的学习，你有哪些收获呢？<br>师：课后，老师也想给大家布置一个任务。（课后实践：调查斗门区水费与电费单价，算一算你们家 12 月份水电费应缴纳多少钱。）<br>师：这节课，我们用数学知识解决了现实生活中的买菜问题，可见学好数学的重要性，希望课后同学们能够继续带着数学的眼光发现生活中的数学问题。今天就讲到这里。下课 | 学生畅谈收获 | |
| 板书设计 | <div align="center">**小数乘小数**<br>$0.56 \times 0.04 = 0.0224$<br>一个数（0 除外）乘大于 1 的数，积比原来的数大<br>一个数（0 除外）乘小于 1 的数，积比原来的数小</div> | | |

## 【点评】

"小数乘小数"是在小数乘法的计算方法和积的变化规律等知识，明白了小数乘法通过转化的思想方法转化成整数来计算的基础上进行教学的。本节课主要有以下几个特点：一是通过学生熟悉的生活情境，激发学生学习热情。情境导入环节，通过学生熟悉的去超市买青菜和胡萝卜不知道该付给老板多少钱引入新课，从学生熟悉的生活情境入手，在进入新课的同时，激发了学生学习的兴趣。二是培养学生独立思考的能力。导学探究环节，通过前一天布置导学单，给学生提供独立思考的空间。利用课上时间，解析释疑，对小数乘小数的计算有一个初步的认识。三是让学生经历自主探究的过程，让学生真正地进行深度学习。互动展示、归纳释疑环节，教师重视让学生经历自主探索学习的过程，放手让学生自主尝试、归纳、总结，"扶""放"结合，自主探索与有意义的接受互助互补，学生的学习在原有经验基础上一步步走向成功，教学效果显著。努力实现数学教学以学生的认知发展水平和已有经验为基础，通过有效措施，落实教学目标。四是练习设计闯关游戏，激发学生学习热情。巩固提升环节,通过设计闯关游戏,激发学生学习兴趣,将知识点融入生活中,体现数学与生活的紧密联系。

## 【导学单】

### 《小数乘整数》导学单

预习书本第 6 页例 4 后,用你喜欢的方法算一算:

一千克苹果 4.5 元,妈妈买了 3.6 千克。一共花了多少元?

# 《位置》教学案例

## 【教学设计】

| 课题 | | 位置 | | 课型 | 新授课 |
|---|---|---|---|---|---|
| 三维目标 | 知识目标 | 使学生在具体的情境中认识行、列的含义，知道确定第几列、第几行的规则，初步理解数对的含义，会用数对表示具体情境中物体的位置 | | | |
| | 能力目标 | 使学生经历由语言描述实际情境中物体的位置抽象成用数对表示具体情境中物体位置的过程，理解用数对确定位置的方法，体会到数形结合的数学思想，发展空间观念 | | | |
| | 情感目标 | 使学生感受到数学与生活的密切联系，体会数学在生活中的广泛应用 | | | |
| 教学重点 | | 在具体情境中用数对确定物体的位置 | | | |
| 教学难点 | | 理解用数对确定物体的位置的意义 | | | |
| 学情分析 | | 学生在一年级下册已经学会了在具体的情境中根据行、列确定物体的位置，并通过四年级下册"位置与方向"的学习进一步认识了在平面内可以通过两个条件确定物体的位置。在此基础上，本单元的内容主要是学习用数对表示具体情境中物体的位置和在方格纸上确定位置，使学生原来凭生活经验描述位置如"第几排第几个"和"第几行第几个"上升到用数学方法确定位置，从而发展数学思考，培养空间观念，为学习"图形与坐标"的内容打下基础 | | | |
| 教法、学法 | | 谈话法、讨论法 | | | |
| 教学资源 | | 教材、课件 | | | |
| 教学步骤 | | 教师活动 | | 学生活动 | 设计意图 |
| 教学过程 | | **一、情境导入**<br>师：孩子们，你们喜欢玩益智游戏吗？<br>生：看过。 | | | |

| 教学步骤 | 教师活动 | 学生活动 | 设计意图 |
|---|---|---|---|
| 教学过程 | 师：来到这个节目的选手都非常令人震撼，想不想亲自挑战一下你的大脑啊？<br>生：想。<br>师：那好，老师根据这个节目改编了一个翻牌游戏——"你说我点"。游戏规则是这样的……（出示 PPT，指名读要求）<br>师：如此悦耳的声音朗读出来的规则相信你一定铭记在心啦！下面我们就开始做游戏，有的同学已经迫不及待啦，看谁记牌记得又快又准，准备开始！<br>师：好，时间到。谁来当指挥家？谁来为他服务，帮他点？那我们其他同学认真听指挥家的表述，一会儿你来评价一下他们配合得如何。<br>师：孩子们，为什么她三次才点对啊？<br>生：因为他们之间数的方向不一样。<br>师：你可真了不起，一下子就发现了他们之间存在的根本问题，并且总结得准确而简洁。你发现的问题正是我们这节课要研究的位置问题。<br>（板书课题：位置）<br><br>**二、导学探究**<br>师：昨天给大家的导学单，我们来看看大家是如何写的。<br>（展示部分学生的作品）<br>引导学生完成：<br>（1）小红和小军在同一个教室上课，小红的座位在第二列，第四行，简记为（2，4）；小军的位置简记为（3，5），则小军在该教室的位置是第（　　）列，第（　　）行。<br>（2）电影票上的"4排9号"，记作（9，4），则7排11号记作（　　　）。<br>（3）学校组织看电影，小刚在8排3号，许明在7排3号，秦月在9排3号，小文在8排1号。则小刚的前面是（　　），后面是（　　）。 | 积极参与到教师组织的游戏中。<br><br><br>思考导学单里位置的填写规则，并与自己的答案进行对比。 | 通过游戏感知位置。<br><br><br>让学生对用数对的形式表现位置有基础的认知。 |

| 教学步骤 | 教师活动 | 学生活动 | 设计意图 |
|---|---|---|---|
| 教学过程 | 三、互动展示<br>师：在生活中随处可见用数对表示位置，比如我们在教室中每个同学都有自己的座位，现在请你们向老师介绍一下班长的位置，让我一下子就能找到她。<br>生 1：班长坐在我的前面。<br>师：你把自己当作参照物，这是一种方法。要想找到班长得先认识你。还有其他不同的方法吗？<br>生 2：班长在从左数第 4 行第 2 个。<br>师：你这个说法操作起来有方向性，很好，从左数第 4 行第 2 个，是他吗？<br>生：不是。<br>师：哎，我就是按照她告诉我的方法找的啊，怎么回事？<br>生：生 2 的左右和老师的左右是相反的。<br>师：你的反应很快，那现在我们是以谁为观察者啊？<br>生：老师。<br>师：所以生 2 你可以重新向我介绍班长的位置吗？<br>生：班长在从右数第 4 行第 2 个。<br>师：你是班长吗？认识你不容易啊！那你能总结一下如何准确、快速地找到你吗？<br>生：其实我就是在这横竖交叉的交点上，按照一定的方向数数就可以啦。<br>师：来班长，咱们握握手，你用的这个"横竖交叉"太形象了。下面我们就一起来看看，这个"横竖交叉"在数学中描述位置的时候是怎样规定的。（出示 PPT）<br>生：竖着的一排叫作列，横着的一排叫作行。列是从左往右数，行是从下往上数。 | 学生介绍班长的位置。<br><br><br><br><br><br><br><br><br><br><br><br><br><br><br><br><br><br><br>积极参与游戏并思考位置的数对是否正确。 | |

| 教学步骤 | 教师活动 | 学生活动 | 设计意图 |
|---|---|---|---|
| 教学过程 | 师：你看得很仔细，总结得很准确。那么有了这样的规定，我们再来描述班长的位置还需要说从哪儿数起吗？<br>生：不需要。<br>师：是的，我们都按照观察者从左往右数列数，从下往上数行数，就不用再说明方向了。那么班长的位置谁能按照规定再来描述一下。<br>生：班长在第 5 列第 2 行。<br>师：很好，这样我们描述的位置既准确又简洁。那你们看看这个图形的位置你可以用同样的方法描述吗？<br>生：第 2 列，第 4 行。<br>师：方法掌握得很快。那你们能根据我描述的位置找到图形藏在哪儿了吗？<br>师：试试看。谁来告诉我们藏在哪啦？<br>师：掌声响起，看来你们对用第几列第几行的方法来表示物体位置的方法已经掌握得相当熟练，那你们还想不想再挑战一次翻牌游戏"你说我点"？<br>生：想。<br>师：老师相信这次你们的默契程度一定大大地提高了。<br>师出示 PPT，只给 5 秒钟。<br>预设：有的记录完毕，有的没有。<br>师：谁来指挥。<br>生举手的特别少。<br>师：怎么不举手了？<br>生：没记住。<br>**四、归纳释疑**<br>师：看来用第几列第几行的方法描述物体的位置准确、简洁，但是记录起来还是很麻烦，那你们发挥自己的想象力和智慧，设计出一种更简洁、更准确的记录方法。咱们啊，还是记录班长的位置，先独立完成，然后小组内交流，选出你们组最好的记录方法。 | 互动游戏：你说我点。<br>指名到屏幕上点击。<br><br>生信誓旦旦。<br><br><br>生独立完成，集体汇报。 | 通过游戏的方式让学生在深度思考的环境中掌握用数对的形式表现位置的方法。 |

续 表

| 教学步骤 | 教师活动 | 学生活动 | 设计意图 |
|---|---|---|---|
| 教学过程 | 师归纳：用两个数分别表示列和行，前面的数表示列，后面的数表示行，两个数中间用逗号隔开，并在两个数外面添上小括号表示是一个整体，像这样的两个数称为"数对"，这节课学习的就是用数对确定位置。(师板书)<br><br>师：以班长的位置为例，可以直接读（2，3），也可以读作数对（2，3）。<br>师：数对（2，3）表示什么？<br>生：数对（2，3）表示第2列第3行。<br>师：我还用这两个数字，数对（3，2）表示谁的位置啊？<br>生：×××。<br>师：为什么啊？<br>生：因为数对（3，2）表示第3列第2行，所以是……<br>师：现在请你记好自己的数对，看看大屏幕中出现的数对是谁？<br>（出示PPT）<br>师：我们请这几位同学起立。你们是幸运的，那你们猜猜下一个是谁。<br>生：×××。<br>师：其实老师是想指挥哪些同学起立啊？<br>生：这一列的同学起立，因为他们数对中的第一个数字都是相同的，第一个数字表示列，所以您想让这一列的同学起立。<br>师：你有一双善于观察的慧眼，并且总结得完整到位，我们把掌声送给他。根据他发现的特点，可不可以指挥一行的同学站起来？<br>生：可以。<br>师：你是一个优秀的指挥家。<br>（预设）师：你的数对是（4，x）？奇怪，我上面写（4，1）了吗？那你为什么站起来？ | 学生思考后回答。<br><br><br><br><br><br><br><br><br><br><br><br><br><br>学生根据数对起立。<br><br>学生做指挥。 |  |

| 教学步骤 | 教师活动 | 学生活动 | 设计意图 |
|---|---|---|---|
| 教学过程 | 生：（第一个数是 4，表示第 4 列，第二个数是未知数，所以第 4 列的每一个同学都有可能）能不能确定，到底是谁？如果 $x$ 等于 3 呢，表示的一定是谁？其他同学坐下去。看来，要想确定某一个人的位置，只知道列数行不行？还得知道？（用数对表示位置一定要用到两个数）<br><br>师：$(x，x)$ 又可能是哪些同学？（全班同学都站起来了）<br><br>师：全班同学都有可能吗？$x$、$x$ 表示两个相同的数，你的数对是（？，？），符合吗？不符合的同学请坐下。看来 $(x，x)$ 能不能表示全班同学，只能表示什么？只能表示列数、行数相同同学的位置。<br><br>**五、巩固提升**<br>谈话：数对知识不仅可以确定一个人的位置，在日常生活中的很多方面也有重要应用。<br>1. 电影院<br>师：其实我们最常见的电影票里面也有数对的应用。老师拿着这张电影票应该坐到哪里去观影？<br>2. 中医药铺<br>师：中医是我国的四大国粹之一，中药房中也有数对的应用。谁来帮老师把这服药配好？<br>3. 飞机票<br>师：请同学们仔细观察飞机票上是怎样应用数对来确定座位的？<br>生：数字与字母相结合。<br><br>**六、评价延伸**<br>1. 生活中的数学<br>经纬线的知识。<br>2. 知识小介绍<br>介绍法国数学家笛卡儿。 | | 把知识向外延伸，让学生感受数学与生活的关联 |

| 教学步骤 | 教师活动 | 学生活动 | 设计意图 |
|---|---|---|---|
| 教学过程 | 3. 神奇的文字墙<br>师：老师今天还给同学们带来了一面神奇的文字墙（课件出示），为什么说它神奇呢？因为这块文字墙里隐藏着老师要送给大家的一句话，想知道是什么话吗？<br>师：那你们根据这些数对来找出相应的文字，就能知道谜底了。<br>师：找到老师想要跟大家说的话了吗？老师想跟你们说什么？<br>师：是的，这句话送给大家，相信你们都能拿到这把钥匙，成为最棒的孩子 | 生书写。<br><br>生齐说：数学是打开科学大门的钥匙 | |
| 板书设计 | **位置**<br>用数对表示位置<br>（列，行） | | |

## 【点评】

本节课是在学生已经能够根据行、列确定物体的位置，并认识了在平面内可以通过两个条件确定物体的位置的基础上进行教学的。本节课主要有以下几个特点：一是利用电视节目导入新课，激发学生学习热情。情境导入环节，通过学生感兴趣的益智游戏引入新课，教师根据这个节目改编了一个翻牌游戏"你说我点"，在游戏中，让学生产生认知上的冲突，从而引出课题，激发了学生学习的兴趣。二是提供独立思考空间，为新知学习做铺垫。导学探究环节，通过前一天布置导学单，给学生一个用数对表示数的模板，让学生独立完成导学单，给学生提供独立思考的空间，使学生对用数对表示位置有一个初步的认识。三是通过探究活动，激发学生学习内驱力。互动展示、归纳释疑环节，利用学生已有的生活经验和知识，从学生熟悉的座位顺序出发寻找班长的座位，在口述"第几组第几个（排）"的练习过程中，潜移默化地建立起"第几列第几行"的概念，让学生培养起先说"列"后说"行"的习惯。然后过渡到用网格图来表示位置，让学生懂得从网格坐标上找到相应的位置。这样由直观到抽象、由易到难，符合孩子的学习特点。学习知识后，课堂上插入了小游戏——写数对，让相应位置的同学站起来，活跃了课堂气氛。四是感受数学来源于生活，应用于生活。巩固提升环节，通过让学生观察电影票、中医药铺中的数对、飞机票的座位号，让学生感受数学与生活的紧密联系，激发学生学习数学的兴趣。五是介绍数学史，渗透学习数学的意义。评价延伸环节，教师通过介绍经纬线的知识、法国数学家笛卡儿以及神奇的文字墙，让学生了解更多有关数对的历史。最后通过数对让大家猜出教师给大家带来的一句话："数学是打开科学大门的钥匙。"将本节课做了进一步的升华。

## 【导学单】

### 《位置》导学单

预习书本后，尝试把你在班级的座位位置表达出来，介绍一下你是怎么想的。

我的位置是＿＿＿＿＿＿，我是这样想的：＿＿＿＿＿＿＿＿＿＿

# 《除数是整数的小数除法》教学案例

## 【教学设计】

| 课题 | | 除数是整数的小数除法 | 课型 | 新授课 |
|---|---|---|---|---|
| 三维目标 | 知识目标 | 理解并掌握除数是整数的小数除法的计算方法，能正确计算除数是整数的小数除法 | | |
| | 能力目标 | 培养学生的分析能力和类推能力 | | |
| | 情感目标 | 体验所学知识与现实生活的联系，能应用所学知识解决生活中简单的问题，从中获得价值体验 | | |
| 教学重点 | | 理解并掌握除数是整数的小数除法的计算方法 | | |
| 教学难点 | | 理解商的小数点的定位问题 | | |
| 学情分析 | | 学生在前面的学习中，已经掌握了整数除法的计算方法和商不变的规律，为学习小数除法计算方法奠定知识基础。学生在刚刚接触小数除法时，难点是不知道商的小数点要点在哪儿，所以在教学时，要联系商不变的规律来帮助学生理解算理 | | |
| 教法、学法 | | 讲授法、讨论法、演示法 | | |
| 教学资源 | | 教材、课件 | | |
| 教学步骤 | | 教师活动 | 学生活动 | 设计意图 |
| 教学过程 | | 一、复习导入<br>1.填空<br>4.7km=（ ）m<br>2.8m=（ ）dm<br>0.63 里面含有 63 个（ ）<br>2.4 里面含有（ ）个十分之一<br>2.回顾一下笔算除法的计算方法<br>先看除数是几位，然后看被除数的前几位，除到被除数的哪一位就把商写 | | |

续 表

| 教学步骤 | 教师活动 | 学生活动 | 设计意图 |
|---|---|---|---|
| 教学过程 | 在哪一位的上面，每次商后余下的数必须要比除数小。<br>用竖式计算，并说说整数除法的计算方法。<br>**二、导学探究**<br>师：昨天给大家的导学单，我们来看看大家是如何进行计算的。<br>（展示部分学生的作品）<br>用竖式计算下面的除法：<br>156÷2=　　　320÷4=<br>303÷3=　　　224÷4=<br>口头说一说整数除法的计算方法。<br>**三、互动展示**<br>1.导入新知<br>这节课我们就用同学们掌握的整数除法的知识来学习新的知识。题目中告诉了我们什么？<br>（坚持晨练可以锻炼身体，王鹏坚持晨练，他计划4周跑步22.4km）<br>你想怎样解决这个问题，为什么？<br>2.尝试列式，分析数量关系<br>要求"他平均每周应跑多少千米"，应该怎样列式？（学生口头列式，教师板书演示：22.4÷4）<br>引导思考：为什么用"22.4÷4"？（路程÷时间=速度）<br>3.揭示新课，感受学习价值<br>请同学们观察这道除法算式，和我们前面复习的除法计算有什么不同？<br>（除数还是整数，但被除数是小数）<br>揭示课题：那么被除数是小数的除法怎么计算呢？今天我们就来学习新的知识——小数除法。<br>（板书课题：除数是整数的小数除法）<br>4.提出问题，自主思考算法<br>提出问题：我们已经会计算整数除法，那想一想，被除数是小数的除 | 订正导学单里的问题，并回忆笔算除法的计算方法。（先看除数是几位，然后看被除数的前几位，除到被除数的哪一位就把商写在哪一位的上面，每次商后余下的数必须要比除数小）<br><br><br><br><br><br><br><br><br><br><br><br>学生先独立思考，自主考虑算法。<br><br><br><br><br><br>学生回答自己的想法。 | 通过复习整数除法，唤醒学生对整数除法计算方法和计算步骤的回忆，为新知的教学打好基础。<br><br><br><br><br><br><br><br><br><br><br>让学生在深度思考中理解除数是整数的小数除法的算理，并掌握计算的方法。 |

续 表

| 教学步骤 | 教师活动 | 学生活动 | 设计意图 |
|---|---|---|---|
| 教学过程 | 法该怎样计算呢?<br>(教师巡视,了解学生思维活动,参与小组交流,给予适当指导)<br>**四、归纳释疑**<br>1.教师引导,交流不同算法<br>(1)我们已经会计算整数除法,在不改变商的大小的前提下,怎样把小数变成整数呢?谁来说一说想法?(可以进行单位换算)<br>(2)指名学生回答。(教师适时板书或PPT课件演示)<br>预设一:把被除数扩大到原来的10倍变成224,把除数也扩大到原来的10倍变成40,再来计算。(虽然变成了整数除以整数的形式,但在计算时仍然会遇到小数除法的问题,学生无法完成计算)<br>预设二:把22.4km改写成22400m,再来计算。<br>(3)引导用竖式计算。<br>出示自学提示:①请你尝试用笔算的方法计算小数除法。②小数点位置如何确定,为什么?<br>(4)引导学生理解除到被除数十分位的算理,并适时提问:这个"24"又表示什么呢?(教师揭去遮挡的小纸片,并适时板书,或用PPT课件演示)<br>(5)引导学生完成计算,并适时提问:24表示什么?(24表示24个十分之一,再用24个十分之一除以4就是6个十分之一,所以要在5的后面点上小数点来表示)<br>2.观察对比,归纳计算方法<br>(1)引导学生观察小数点的位置,提问:商的小数点的位置与被除数小数点的位置有什么关系?(因为在除法算式里,除到被除数的哪一位,商就写 | 学生先独立思考,再在小组里交流自己的想法。<br>学生观察后尝试归纳发现。 | |

续 表

| 教学步骤 | 教师活动 | 学生活动 | 设计意图 |
|---|---|---|---|
| 教学过程 | 在哪一位的上面，也就是说，被除数和商的相同数位是对齐的，只要把小数点对齐，相同数位才能对齐，所以商的小数点要和被除数的小数点对齐）<br>（2）引导学生归纳除数是整数的小数除法的计算方法，提问：经过上面的探讨，你认为应该怎样计算除数是整数的小数除法？（①按照整数除法的方法去除；②商的小数点要和被除数的小数点对齐）<br>**五、巩固提升**<br>完成第26页第2题、第6题。<br>展示学生作业，并让学生说一说自己是怎样计算的 | 积极参与巩固练习的计算 | 通过巩固练习，让学生进一步巩固除数是整数的小数除法的算理，掌握计算的方法 |
| 板书设计 | **除数是整数的小数除法**<br>$224 \div 4 =$<br>$22.4 \div 4 =$<br>竖式中被除数的整数部分除过后还余2，2表示余（　　）个十分之一，<br>与十分位上的4合并成24个十分之一 | | |

## 【点评】

本节课是在学生已经掌握了整数除法的计算方法和商不变的规律的基础上进行教学的，主要有以下几个特点：第一，复习旧知，建立新旧知识之间的联结。复习导入环节，通过复习数的组成、笔算除法的计算方法，为后面学习算理和新知教学打下基础。导学探究环节，通过前一天布置导学单，唤醒学生对整数除法计算方法和计算步骤的回忆，充分应用知识的迁移，抓住了新旧知识的生长点。第二，让学生亲身经历知识生成的过程，体现学生主体地位。互动展示、归纳释疑环节，学习是在教师的引导下进行的，教师先让学生自己尝试解决问题，让学生自己发现问题、分析问题、解决问题，经历知识的形成过程。学生在这种主动的、积极的、生动活泼的学习中掌握知识、发展能力，既学会，又会学，还乐学。第三，作业布置难易适中，满足学生不同发展需求。巩固提升环节，习题训练设计恰当。练习题由浅入深，有坡度，有层次，还有变化，针对性强，对除数是小数的除法的学习起到了良好的巩固和强化作用。

## 【导学单】

### 《除数是整数的小数除法》导学单

预习书本第24、25页，完成下面题目。

算一算：

① 24÷2=         ② 39÷13=         ③ 147÷7=

④ 168÷8=         ⑤ 95÷95=         ⑥ 48÷4=

根据 161÷7=23，尝试笔算下面两题：

16.1÷7=              1.61÷7=

# 《可能性》教学案例

## 【教学设计】

| 课题 | | 可能性 | 课型 | 新授课 |
|------|------|------|------|------|
| 三维目标 | 知识目标 | 结合具体情境，能说出简单的随机现象中所有可能发生的结果，体验事件发生的随机性 | | |
| | 能力目标 | 在游戏中感受随机现象结果发生的可能性是有大有小的，能对简单随机现象发生的可能性大小作出定性判断 | | |
| | 情感目标 | 借助观察猜测、操作实验、活动交流，培养学生合理推测的能力，并能用数学的眼光看待生活现象 | | |
| 教学重点 | | 初步感受事件发生的可能性是不确定的 | | |
| 教学难点 | | 体会事件发生的可能性有大有小 | | |
| 学情分析 | | "可能性"属于"统计与概率"范畴，在现实世界中，严格确定性的现象十分有限，不确定现象却是大量存在的，而概率论正是研究不确定现象的规律性的数学分支。本单元主要是教学事件发生的不确定性和可能性，使学生初步体验现实世界中存在着的不确定现象，并知道事件发生的可能性是有大有小的。"可能性"是学生学习概率知识的开始，旨在引导学生观察、分析生活中的现象，初步体验现实世界中存在着不确定现象，认识事件发生的确定性和不确定性，为后面学习可能性的大小奠定基础，在概率知识的学习中起着举足轻重的作用 | | |
| 教法、学法 | | 讲授法、实验法 | | |
| 教学资源 | | 多媒体课件、球以及摸球用的袋子、记录单、扑克牌 | | |
| 教学步骤 | | 教师活动 | 学生活动 | 设计意图 |
| 教学过程 | | **一、情境导入**<br>师：今天老师带来了一个有趣的故事，大家看，是什么？<br>师：对，"守株待兔"。农夫意外在田里捡到一只兔子，于是就幻想天天能捡 | | |

| 教学步骤 | 教师活动 | 学生活动 | 设计意图 |
|---|---|---|---|
| 教学过程 | 到兔子。想一想：他还能等到兔子吗？<br>师：请你说。<br>生：不能。<br>师：你说？<br>生：能。<br>生：有可能。<br>师：看来农夫有可能等到兔子，也可能等不到兔子，结果不能确定。这节课我们就来研究这类问题：事情发生的可能性。<br>（板书课题：可能性）<br>**二、导学探究**<br>师：昨天给大家的导学单，我们来看看大家是如何填的。<br>（展示部分学生的作品）<br>引导学生完成：<br>口袋里只有 10 个白色围棋子，任意摸出一个，肯定是（　　）色的。<br>盒子里有 9 个红色跳棋子，2 个黄色跳棋子。任意摸出一个，可能出现（　　）种情况，分别是（　　）和（　　），摸出（　　）色跳棋子的可能性大。<br>**三、互动展示**<br>师：通过导学单的练习，我们认识到原来生活中还有很多类似"守株待兔"，无法确定结果的事儿呢，比如：抽奖、摸球等。<br>1. 活动：摸球游戏，体验事情发生的确定性和不确定性<br>（1）体验"一定""不可能"，感受结果的确定性。<br>师：下面我们就进行摸球游戏。老师带来了一些红球和绿球，把其中一部分装在甲、乙、丙三个袋子里，猜猜看，从甲袋中任意摸一个球，会是什么颜色？ | 拿出导学单，认真订正错题。<br><br>积极参与游戏，认真思考并回答问题。<br><br><br><br><br><br>学生合作，摸球与记录，并思考。 | 通过导学单的预习让学生知道有些事情可能发生，有些事情一定会发生，而可能发生的事情也有可能性大小的区别，为后面的深度学习做铺垫。<br><br>让学生在玩游戏的同时深度思考可能性。 |

| 教学步骤 | 教师活动 | 学生活动 | 设计意图 |
|---|---|---|---|
| 教学过程 | 师：请你说。<br>生：红色。<br>师：你说呢？<br>生：绿色。<br>师：你说。<br>生：两种颜色都有可能。<br>师：噢，答案不一，看来结果不能确定。我们动手摸摸看。<br>请第一、第二小组的同学起立。你们每人摸一个球，摸完放回，其他同学记录他们摸球的颜色。<br>师：谁想把此刻自己的心里话与大家说说？你说。<br>生：你怀疑袋子里全是绿球。<br>师：大家都这么认为，那就倒出来看看。<br>师：哦，全是绿球。如果继续在这个袋子里摸球，结果会怎样？为什么？<br>师：哦，一定会摸到绿球。因为袋子里全是绿球。（板书：一定）<br>师：现在想从这个袋子里摸到一个红球，你觉得可能吗？为什么？<br>师：对，不可能，因为袋子里根本没有红球。（板书：不可能）<br>活动小结：<br>师：通过实验，你有什么发现？<br>师：请你说，真善于总结。当袋子里全都是绿球时，我们任意摸一个，一定能摸到绿球，不可能摸到其他球，结果是可以确定的。<br>（板书；确定）<br>（2）体验"可能"，感受结果的不确定性。<br>师：从乙袋里任意摸一个球，结果会怎样呢？<br>师：这次咱们都动手摸摸看，老师为每组准备了一个袋子。 | 分小组摸球，后由各小组组长汇报摸球情况。<br><br>学生汇报体会。 | 通过巩固练习，让学生进一步巩固可能、不可能以及可能性的大小练习。<br><br>让学生在课堂回顾中提升学习数学的兴趣。 |

续 表

| 教学步骤 | 教师活动 | 学生活动 | 设计意图 |
|---|---|---|---|
| 教学过程 | 师：听要求，组长负责摇袋子，组员每人摸一次球，并用圆片记录摸球的颜色。完成后组长把记录单贴在黑板上。开始活动。<br>师：我们一起看摸球结果。猜猜看，乙袋中装了什么颜色的球呢？<br>活动小结：<br>师：通过实验，你又有什么新发现？请你说。<br>师：哦，当袋子里既有红球又有绿球时，任意摸一个，可能摸到红球也可能摸到绿球，摸到什么颜色的球是不确定的。<br>2.活动：继续摸球，体会"可能性的大小"<br>（1）体验"可能性大小"。<br>师：丙袋中到底装了什么颜色的球呢？大家都想知道结果吧，这次我们先打开袋子看看。里面有几个红球，几个绿球？<br>生：哦，3个红球，1个绿球。<br>师：从丙袋中任意摸一个球，结果会怎样？<br>生：对，可能是红球也可能是绿球。<br>师：想一想，摸到哪种球的可能性大些？为什么？请你说，你说。<br>师：你们的意思是袋子里红球多，摸到的可能性就大，绿球少，摸到的可能性就小。<br>师：关于可能性的大小，我们也能动手验证。<br>师：先看要求再活动。<br>师：有请各小组组长汇报摸球情况，1组，2组……<br>师：我们来看每个组的活动结果。摸到红球的次数多还是绿球的次数多呢？ | | |

| 教学步骤 | 教师活动 | 学生活动 | 设计意图 |
|---|---|---|---|
| 教学过程 | 师：对，摸到红球的次数比绿球多。也就是摸到红球的可能性比绿球大。<br>（2）客观看待"可能性大小"中的偶然现象。<br>师：我们看这个小组的，怎么摸到绿球的次数比红球还多？这该怎样解释呢？请你说。<br>师：哦，你的意思是绿球虽然只有一个，也是可能被摸到的。只是摸到绿球的次数比红球多的可能性很小，是极个别现象。大部分小组都是摸到红球的次数比绿球多。考虑得真周到，我们给他掌声。<br>师：孩子们，生活中有些事情发生的可能性很小，比如买彩票时，中百万大奖的可能性就很小，但也是有可能中的哟。<br>（3）体会等可能性。<br>师：孩子们，如果想让绿球和红球被摸到的可能性一样大，怎么办？<br>师：你们的办法真多，可以换红球为绿球，也可以再添几个绿球，还可以去几个红球。<br>活动小结：<br>师：通过实验，你又有什么体会？<br>师：对，红球的数量多，被摸到的可能性就大，绿球的数量少，被摸到的可能性就小，看来可能性真的是有大小的。<br>3.活动：装球游戏，体会"可能""一定""不可能"之间的变化关系<br>师：刚才是老师装好的球让你们摸，这次你们来装球，好吧？老师准备了一个布袋和一些球。请按要求装：袋子里装5个球，任意摸一个可能是蓝球。想一想，怎样装？请你说，你说，你说呢，你还有…… | 学生谈收获。 | |

续 表

| 教学步骤 | 教师活动 | 学生活动 | 设计意图 |
|---|---|---|---|
| 教学过程 | 师：哇，这么多装法，哪个对呢？哦，都对，想一想只要满足什么条件就可以？<br>师：你真会总结，只要有红球和其他颜色的球合装 5 个就行。<br>师：我们按照装蓝球的个数分分类，装 1 个红球的，装 2 个红球的。<br>师：我们从右往左看，摸到红球的可能性越来越大。哪袋中摸到红球的可能性最大？如果想让 B 袋里摸到红球的可能性变得再大些，把这个绿球也换成红球，摸到红球的可能就变成了什么呢？<br>师：对，摸到红球的可能就变成了一定。<br>师：从左往右观察，摸到红球的可能性越来越小。如果想让 C 袋里摸到红球的可能性变得再小些，把这个红球换成绿球，摸到红球的可能就变成了什么呢？<br>师：对，摸到红球的可能就变成了不可能。孩子们，还有很多事情中也藏着可能性，比如抛硬币、掷骰子、转转盘等。<br>**四、归纳释疑，活动小结**<br>师：通过对比，你又有什么新发现？请你说。<br>师：大家的意思是"一定""可能""不可能"是会随着条件的变化而变化的。<br>**五、巩固提升**<br>1.基本练习<br>师：请用"一定""可能""不可能"判断下面几种现象。（指大屏幕）<br>师：孩子们，刚才你们经过认真思考，进行了准确的分析！ | <br><br><br><br><br><br><br><br><br><br><br><br><br><br><br><br><br><br><br><br><br><br><br><br><br><br><br><br>认真完成巩固练习。 | <br><br><br><br><br><br><br><br><br><br><br>通过巩固练习，让学生进一步巩固可能、不可能以及可能性的大小练习。 |

续 表

| 教学步骤 | 教师活动 | 学生活动 | 设计意图 |
|---|---|---|---|
| 教学过程 | 2. 变式练习<br>师：下面咱们"连一连"。拿出练习纸，开始。谁来说答案？有不同意见的举手。<br>师：连得真准，老师为你们点赞！<br>3. 拔高练习<br>师：某超市要进行转盘抽奖活动，请你当设计师，给转盘涂色，大家愿意吗？<br>（1）想一想：如果你是超市的经理，想让几等奖的多，几等奖的少？怎样涂色？<br>（2）如果你是顾客，你又怎么想？怎样涂色呢？<br>师：都涂完了，我们请超市方、顾客方的代表分别给大家做介绍。<br>师：孩子们，你们真能学以致用。知道涂色面儿大，转到的可能性就大；涂色面儿小，转到的可能性就小。<br>**六、评价延伸**<br>师：同学们，这节课你有什么收获？请你说，你说……你们真是太棒了，不但学会了知识，还掌握了学习方法。<br>师：时间过得真快，又到了说再见的时刻，咱们利用今天学的知识玩一个说再见的游戏。请按要求跟老师招手说再见。<br>（1）跟老师招手说再见的一定是女生，真棒！<br>（2）跟老师招手说再见的不可能是女生，太棒了！<br>（3）跟老师招手说再见的可能是女生也可能是男生，棒极了！<br>（4）跟老师招手说再见的一定是全体学生。<br>同学们再见！下课 | 前三组的同学代表超市经理，后三组的代表顾客，开始涂色 | 让学生在课堂回顾中提升学习数学的兴趣 |

"导"出来的精彩
——基于问题导学单的小学数学教学案例

续 表

| 板书设计 | 可能性<br>确定、一定、不可能<br>不确定、可能<br>可能性大<br>可能性小 |
| --- | --- |

## 【点评】

三年级时学生已经初步体验了有些事件的发生是确定的，有些则是不确定的。本课时的内容是在三年级上册相应知识的基础上的深化，使学生对"可能性"的认识和理解逐渐从定性向定量过渡，不但能用恰当的语言（如"一定""不可能""可能""经常""偶尔"等）来表述事件发生的可能性大小，还要学会通过量化的方式，用分数来描述事件发生的概率。本节课主要有以下几个特点：第一，故事引入，激发学生学习兴趣。情境导入环节，通过"守株待兔"的故事，由故事中农夫等兔子的结果的不确定性引入新课，以学生熟知的故事激发了学生学习的兴趣。第二，初步感知事件发生的可能性有大有小，为新知学习做铺垫。导学探究环节，通过导学单的预习让学生知道有些事情是可能发生，有些事情是一定会发生，而可能发生的事情也有可能性大小的区别，为后面的深度学习做铺垫。第三，让学生充分参与探究活动过程，充分体验，渗透概率统计思想。在互动展示环节，让学生先猜想，再进行摸球验证，充分感知"一定""不可能""可能""等可能性"，以及可能性的大小与球数量之间的关系。后面又开展装球活动，再一次强化对知识的理解。第四，巩固提升环节，通过大转盘抽奖，让学生感受数学与生活的紧密联系，激发学生学习数学的兴趣。第五，评价延伸环节，教师通过学生和教师打招呼说再见的游戏，进一步强化学生对知识的理解，为本节课做了一个有趣而又有意义的收尾。

## 【导学单】

### 《可能性》导学单

请同学们先预习书本第 44 页例 1 后完成下面的思考：

在括号里填写"可能""一定"或"不可能"：6 张背面完全相同的卡片，

正面分别写着 1~6 这六个数。把它们背面朝上放在桌面上，任意摸一张，摸到的数（　　　）小于 7，（　　　）大于 6，（　　　）是 3。

从每个口袋里任意摸一个球会摸到什么颜色的球？用线连一连。

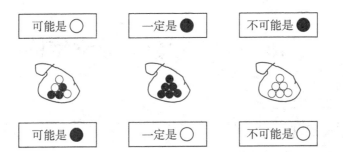

# 《用字母表示数》教学案例

## 【教学设计】

| 课题 | | 用字母表示数 | | 课型 | 新授课 |
|---|---|---|---|---|---|
| 三维目标 | 知识目标 | 初步认识用字母表示数的作用,在具体情境中理解用字母表示数的意义,能够根据具体情境用含有字母的式子表示数量关系和一个量 | | | |
| | 能力目标 | 经历把实际问题用含有字母的式子进行表达的抽象过程,培养学生抽象概括的能力 | | | |
| | 情感目标 | 体会用含有字母的式子表示数量关系具有简洁性和一般性,发展符号意识 | | | |
| 教学重点 | | 用含有字母的式子表示一个量或数量关系、省略乘号的规则以及 $x^2$ 的教学 | | | |
| 教学难点 | | 理解含有字母的式子表示一个量或数量关系 | | | |
| 学情分析 | | 五年级上学期的学生已经有了一定的分析问题和解决问题的能力,抽象逻辑思维能力也得到了一定的发展,但本部分内容对于五年级的学生来说还是很抽象的,而且用字母表示数有许多知识和学生原来的认识不同,尤其是从具体的数量关系中抽象出用字母表示的式子。学生对用字母表示数的意义的理解,要在亲自经历运用字母表示具体数量的活动中才能真正得以实现。用字母表示数对于学生来说并不陌生,因此他们对用字母表示数的理解也不可能是一蹴而就的,需要在研究实际问题的具体学习活动中反复不断地体验,逐步感受用字母表示数的意义 | | | |
| 教法、学法 | | 讲授法、讨论法 | | | |
| 教学资源 | | 教材、课件 | | | |
| 教学步骤 | | 教师活动 | | 学生活动 | 设计意图 |
| 教学过程 | | **一、情境导入**<br>师:同学们,你们听说过公园舞吗?<br>有两位大叔正在比试公园舞,我们一 | | | |

| 教学步骤 | 教师活动 | 学生活动 | 设计意图 |
|---|---|---|---|
| 教学过程 | 起去看一看吧！<br>问：视频中出现的 J、Q、K、A 指的是什么？（扑克牌）原来它们是扑克牌中的字母，分别用来表示 11、12、13 和 1 这几个数。其实，在我们的生活当中，很多时候也会用字母来表示一些数。<br>问：想一想，谁来说一说？<br>师：当然，在数学中，我们也经常会用字母来表示数，我们今天就一起来学习，用字母表示数。<br>（板书课题：用字母表示数）<br>**二、导学探究**<br>师：昨天给大家的导学单，我们来看看大家是如何写的。<br>（展示部分学生的作品）<br>解决下列问题：<br>爸爸比小红大（　）岁。当小红 1 岁时，爸爸（　）岁，当小红 2 岁时，爸爸（　）岁……<br>这些式子，每个只能表示某一年爸爸的年龄，你能用不同的式子表示出任一年爸爸的年龄吗？<br>你喜欢哪种表示方法，理由是（　）。<br>想一想：$a$ 可以是哪些数？$a$ 能是 200 吗？为什么？<br>当 $a = 11$ 时，爸爸的年龄是（　）。<br>**三、互动展示**<br>师：原来字母在数学中可以这么用，我们一起来看看还可以如何使用字母表示数。<br>出示 $a$ 和 $b$，问：这是什么？（英文字母）<br>在哪里见过它们？（英语书、数学书） | 认真订正导学单上的错题，并思考错误的原因。 | 通过一个视频，激发学生的学习兴趣，让学生想想生活中用字母表示数的例子，让学生感受知识来源于生活，既贴近生活，又调动学生学习的积极性，同时让其感受生活中的数学。<br><br>通过学生已学的旧知——加法交换律，发现用字母表示数的作用，感知用字母表示。 |

续 表

| 教学步骤 | 教师活动 | 学生活动 | 设计意图 |
|---|---|---|---|
| 教学过程 | 师：数学书上见过吗？出示 $a+b=b+a$，这是什么？（加法交换律）<br>追问：这里的 $a$ 和 $b$ 表示什么呀？（表示两个任意的数）<br>师：原来，$a$ 和 $b$ 在这里表示的是任意的数，这个式子概括了任意数相加的情况。<br>师：同学们，你发现了吗？在我们的生活中，数学的魅力无处不在，扑克牌中有，加法交换律中有，甚至我们的古诗词中也有，不信，我们一起来看一看吧！<br>出示古诗《绝句》。<br><br>绝句<br>〔唐〕杜甫<br>两个黄鹂鸣翠柳，一行白鹭上青天。<br>窗含西岭千秋雪，门泊东吴万里船。<br>师：大家学过这首古诗吗？我们一起来读一读。注意，边读边留意诗中的信息。<br>问：有几只黄鹂鸟？（2只）<br>问：有几只白鹭？（一行）有几只呢？谁来猜一猜？（板书）<br>在这里，白鹭有没有可能是3只？4只？5只呢？写得完吗？（写不完）<br>所以，刚刚已经有同学说了，我们可以用什么来表示白鹭的只数？（字母 $a$）<br>问：有几只船？如果老师告诉你，船的只数比白鹭多2只，那么船是几只？<br>当白鹭是3只的时候，船是几只？怎么列式？（3+2）<br>当白鹭是4只的时候，船是几只？（4+2）<br>当白鹭是5只的时候，船是几只？（5+2）<br>当白鹭是6只的时候，船是几只？（6+2）<br>当白鹭是7只的时候，船是几只？（7+2） | 积极回答课堂提问。 | 数来解决问题，既能像扑克牌那样表示具体的数，也能表示任意的数，为之后方程的学习奠定基础。<br><br>从英文字母过渡到中国汉字，实现了学科迁移，同时激发学生学习的兴趣，整个环节层层相扣，紧密围绕《绝句》，让学生通过头脑风暴，从猜猜一行白鹭有几只入手，学生用字母 $a$ |

| 教学步骤 | 教师活动 | 学生活动 | 设计意图 |
|---|---|---|---|
| 教学过程 | 追问：请同学们观察一下，什么在变？什么不变？（白鹭和船的只数在变，白鹭和船的数量关系不变）<br><br>追问：如果白鹭的只数是 $a$ 只，那么船的只数应该怎么表示？（$a+2$）<br><br>追问：其实，$a+2$ 除了可以用来表示船的只数，还可以表示出什么关系？（还可以表示船的只数比白鹭多 2 只）<br><br>在这里，$a+2$ 除了可以表示一个结果，还可以表示白鹭和船之间的数量关系。<br><br>问：同学们，除了可以用 $a$ 和 $a+2$ 分别来表示白鹭和船的只数，你还能用其他含有字母的式子来表示它们之间的数量关系吗？如果用 $b$ 来表示船的只数，那么白鹭的只数就应该是 $b-2$ 只。<br><br>问：同学们，"门泊东吴万里船"，门前停泊着准备远赴万里东吴的船，如果告诉你，每只船能坐 $x$ 人，那么 4 只船能坐多少人？（$x \times 4$）如果 3 只船一共坐了 $b$ 人，那么 $b \div 3$ 表示什么？（每只船能坐多少人）<br><br>追问：你能不能举一些这样的例子？<br><br>问：能不能结合生活中其他的例子来说一说？（同桌互相说一说）<br><br>师：看来同学们都初步掌握了用字母表示数，请同学们看看这几道练习题。（出示练习题）<br><br>**四、归纳释疑**<br><br>师：数学家韦达是第一个发明用字母表示数的人，因为他的卓越贡献，后人把他叫作"代数学之父"。可他的发现也给数学王国中的两个成员带来了烦恼。是哪两个成员呢？我们一起来看一看。乘号 × 和字母 $x$ 长得比 | 小组讨论。<br><br><br><br><br><br><br><br><br><br><br><br><br><br><br><br><br><br><br><br><br><br><br><br><br><br><br>和同桌之间踊跃互动，并认真完成练习。<br><br><br><br><br>4 人小组分享汇报 | 来表示白鹭的只数，再利用船和白鹭之间的数量关系，用 a+2 来表示船的只数，最后通过自己举例子实现整个学习过程的巩固，学会用数量关系式来解决问题。整条主线首尾呼应，关注学生自主探究学习的过程，发挥小组合作的作用，有针对性地探究，培养了学生的自学能力，实现以学生为主体的教学，促进学生的主动探究。 |

| 教学步骤 | 教师活动 | 学生活动 | 设计意图 |
|---|---|---|---|
| 教学过程 | 较像，所以经常有人把它们"弄错"。它们去求助数学博士，数学博士想了想就说，那就制定几条规则吧！<br>师：究竟是怎样的规则，我们通过一个微视频一起来学习吧！<br>（播放微视频）<br>① $x \times 3 = x \cdot 3 = 3x$<br>② $x \times 1 = x \cdot 1 = 1x = x$<br>③ $x \times y = x \cdot y = xy$<br>自主探究：同学们，听清楚了吗？接下来4人小组互相分享一下你刚刚学到了什么。<br>师：现在请你完成练习纸上的题目，注意，题目的要求是要你省略乘号哦。<br>省略乘号写出下列各式。<br>$5 \times b=$　　$a \times 1=$　　$m \times n=$<br>$1 \times h=$　　$c \times 10=$　　$a \times b=$<br>师：你们太聪明了，再考考你们，敢不敢接受挑战？<br>师：请同学们看这里，老师来考考你们，选好之后就请你提交答案。<br>$x \times x= (\quad\quad)$<br>A.$x^2$　　B.$2x$　　C.$xx$<br>师：有的同学选对了，我们来听听他们是怎么说的。<br>问：请同学们观察这个式子，它有什么特点？（两个相同的字母相乘）<br>其实，如果两个相同的字母相乘，省略乘号，在数学上，我们会用一种新的表示方法来表示，请看：（播放Flash动画）<br>介绍 $x^2$：两个相同的字母相乘，省略乘号后，我们只写一个字母，并且在这个字母的右上角写一个小数字2，这是一种新的表示方法，我们把它读作 $x$ 的平方，表示2个 $x$ 相乘。<br>① $x \times x = x^2$ | | 单纯讲解的教学方式是学生最反感，通过微课，让学生自主学习、自主分享，结合现代多媒体信息技术的要求，将如此烦琐的知识点整合成微课，既最大限度地发挥现代网络技术的优越性，同时也让学生体验不一样的教学方式，提高学生学习的积极性和有效性。 |

| 教学步骤 | 教师活动 | 学生活动 | 设计意图 |
|---|---|---|---|
| 教学过程 | ② $a×a=a^2$<br>③ $m×m=m^2$<br>让我们一起来读一读吧。<br>问：同学们，你们学会了吗？还有没有什么问题？<br>**五、巩固提升**<br>1.填空<br>（1）妈妈买回了8个面包，小明一下子就吃掉了 $m$ 个，还剩下（　　）个面包。<br>（2）一支钢笔的单价是 $b$ 元，5支钢笔一共（　　）元。<br>（3）五（3）班男生有30人，女生有 $a$ 人，全班一共（　　）人。<br>（4）现在有糖果 $x$ 颗，平均分给20个小朋友，每个小朋友有（　　）颗。<br>2.省略乘号写出下列各式<br>$a×h=$　　$x×1=$　　$y×6=$<br>3.判断正误<br>（1） $a×10=a10$　　（　　）<br>（2） $1×c=c$　　（　　）<br>（3） $d×d=2d$　　（　　）<br>**六、评价延伸**<br>师：同学们，我们每一个人都是独一无二的，通过自己的努力，可以创造出 $a$ 种奇迹。有一句话是这样说的，拼搏到无能为力，努力到感动自己。这个 $a$ 可以是0，可以是1，可以是1000，它的大小在于你付出了多少努力，希望同学们都可以努力学习，期待在不久的将来，我们都可以遇见更好的自己 | | 平方的教学在数学上没有为什么，它属于一种约定俗成。先利用软件对学生之前的认知进行调查，看看学生对于平方的了解情况，再通过一个 Flash 动画，让学生观察两个相同的字母 $x$ 相乘，最后变成了 $x^2$，既形象又有趣，再让学生读一读，从而巩固知识。一方面激发学生的求知欲望，另一方面也为接下来的面积公式的教学打下基础 |
| 板书设计 | **用字母表示数**<br>$a+b=b+a$<br>（？行）有几只呢？　$a+2$<br>$x×3=x·3=3x$<br>$x×y=x·y=xy$<br>$x×x=x^2$ 读作 $x$ 的平方，表示2个 $x$ 相乘 | | |

## 【点评】

用字母表示数是在学生初步了解用字母表示计算公式和运算律的基础上理解用字母表示数的意义，学会用字母表示数，知道求含有字母式子值的方法，感受字母的不同取值范围，从而体会用字母表示数的作用，经历把生活问题转化为数学问题的抽象过程，体会用字母表示数的作用，培养学生的数学情感，为学生的进一步学习打好基础。本节课主要有以下几个特点：一是运用熟悉的公园舞引入，使数学生活化，激发学生学习兴趣。通过视频，问学生出现的J、Q、K、A指的是什么，引出生活中用字母表示数的例子，并让学生想想生活中用字母表示数的例子，让学生感受知识来源于生活，调动了学生的学习积极性。二是培养学生独立思考的能力，初步感知用字母表示数，为新知学习做铺垫。导学探究环节，通过导学单的预习让学生初步了解用字母表示数，为后面的深度学习做铺垫。三是渗透学科融合，激发学习趣味性。互动展示环节，教师从英文字母过渡到中国汉字，实现了学科迁移，同时激发学生学习的兴趣，整个环节层层相扣，紧密围绕《绝句》，让学生通过头脑风暴，从猜猜一行白鹭有几只入手，学生用字母 a 来表示白鹭的只数，再利用船和白鹭之间的数量关系，用 a+2 来表示船的只数，最后通过自己举例子实现整个学习过程的巩固，学会用数量关系式来解决问题。四是运用新知，激励学生努力学习。评价延伸环节，教师用一段充满哲理的话为本节课做了一个有趣而又有意义的收尾。

## 【导学单】

### 《用字母表示数》导学单

请同学们预习书本 52 页例 1 和 53 页例 2 后完成下面的思考。
尝试表示下面硬币的个数。

（　　）　　　　（　　）　　　　（　　）　　　　（　　）

想一想，信封中硬币的数量可以是什么数，不可以是什么数？为什么？

# 《植树问题》教学案例

## 【教学设计】

| 课题 | | 植树问题 | 课型 | 新授课 |
|------|------|------|------|------|
| 三维目标 | 知识目标 | 通过观察、操作及交流活动，探索并认识不封闭线路上间隔排列中的简单规律，并能将这种认识应用到解决类似的实际问题中 | | |
| | 能力目标 | 渗透化繁为简、一一对应、数形结合的思想，培养学生借助图形解决问题的意识 | | |
| | 情感目标 | 让学生在积极参与的过程中获得成功的体验，在学会与人分享的过程中体验学习数学的乐趣，同时也培养学生爱护环境的意识 | | |
| 教学重点 | | 能理解间隔数与棵数之间的关系并将其应用到生活中去 | | |
| 教学难点 | | 理解间隔数与棵数之间的规律（总长 ÷ 间距 = 间隔数；间隔数 +1= 植树棵数），并能运用规律解决问题 | | |
| 学情分析 | | 学生初次接触"植树问题"，对这部分学习内容一定会很感兴趣，学习的热情也会比较高涨。但根据以往的教学经验，这部分内容对于学生来说是不容易理解和掌握的。学生已经掌握了线段的相关知识，也具备了一定的生活经验和分析思考能力与计算能力，因此为了让学生能更好地理解本单元的教学内容，在教学过程中要对教材进行适当的整合，并充分利用学生原有的知识和生活经验，来组织学生开展各个环节的教学活动。小学五年级学生的思维仍以形象思维为主，但抽象思维能力也有了初步的发展，具备了一定的分析综合、抽象概括、归类梳理的能力。这部分内容放在这个学段，说明这个内容本身具有很高的数学思维和很强的探究空间，既需要教师的有效引导，也需要学生的自主探究 | | |
| 教法、学法 | | 讲授法、讨论法 | | |
| 教学资源 | | 多媒体课件、教具 | | |

续 表

| 教学步骤 | 教师活动 | 学生活动 | 设计意图 |
|---|---|---|---|
| 教学过程 | **一、情境导入**<br>师：同学们，植树不但可以美化环境，造福子孙，而且在植树过程中还包含着很多有趣的数学问题。<br>（板书：植树问题）<br>**二、导学探究**<br>师：昨天给大家的导学单，我们来看看大家是如何写的。<br>（展示部分学生的答案）<br>引导学生完成：<br>师：伸出自己的一只手，张开五指。仔细观察，手指与手指之间出现了什么？这4个"空隙"也可以说成4个"间隔"，5个手指之间有4个间隔，那么4个手指之间有几个间隔？3个手指呢？2个呢？（在自己的手指上指一指，说一说）<br>师：手指数与间隔数之间存在着什么样的关系？<br>想一想：生活中还有类似的现象吗？<br>**三、互动展示**<br>由导学单引出植树的例题<br>例1：同学们在全长100米的小路一边植树，每隔5米栽一棵（两端要栽）。一共需要多少棵树苗？<br>审题：引导学生分析数学信息。<br>生汇报数学信息：长100米、每隔5米、两端都栽，小路一边。（"全长100米"是指小路的总长；"一边"是小路的一侧，指小路的左边或右边；"每隔5米栽一棵"是每两棵树之间的距离，简称间距；"两端要栽"指起点与终点处都要栽）<br>师：大家来猜一猜，一共需要几棵树苗呢？<br>生：21棵（或20棵）。 | 拿出导学单，认真订正错题，理解间隔数的意思。 | |

| 教学步骤 | 教师活动 | 学生活动 | 设计意图 |
|---|---|---|---|
| 教学过程 | 师：到底是不是呢？谁说的对呢？需要验证一下。你想用什么方法验证自己的猜想？<br>生：画线段图。<br>生：摆小棒。<br>师：同学们的方法真不少，我们可以选择采用画线段图的方法进行验证。用一条线段表示 100 米的小路，每隔 5 米栽一棵，大家可以用自己喜欢的图案表示树。有个问题，每隔 5 米画一棵，每隔 5 米画一棵，照这样一棵一棵画下去，一直画到 100 米，岂不是很麻烦？那怎么办呢？像这样比较复杂的问题，我们可以先从简单一些的情况入手进行研究，我们选取 100 米中的 20 米来研究。用一条线段表示 20 米，每隔 5 米栽一棵（两端都栽），可以栽几棵呢？请同学们动手画一画。25 米呢？<br>学生活动，教师巡视。<br>师：如果不画图，你知道在 30 米、35 米、40 米、50 米的小路上要栽几棵树吗？请同学们按照要求把你手中的表格填完整。<br>不画图，你能把表格填写完整吗？<br><br>| 总长<br>（m） | 间距<br>（m） | 间隔数<br>（个） | 棵数<br>（棵） |<br>|---|---|---|---|<br>| 20 | 5 | | |<br>| 25 | | | |<br>| 30 | | | |<br>| 35 | | | |<br>| 40 | | | |<br>| 50 | | | |<br><br>集体讨论。请大家认真观察表格，将自己的发现在组内说一说。 | 画图简化问题，通过图形的直观性帮助解答问题。 | 当遇到较为复杂的数学问题时，可以先从简单的事例中发现规律，然后应用找到的规律来解决原来的问题。这就是数学的"化繁为简"思想。 |

| 教学步骤 | 教师活动 | 学生活动 | 设计意图 |
|---|---|---|---|
| 教学过程 | **四、归纳释疑，汇报交流**<br>师：同学们非常能干，通过猜测、验证、讨论交流，发现了植树问题中一个非常重要的规律，那就是如果在一条线段上植树，两端都要栽的话，栽树的棵数比平均分的份数，也就是间隔多1。<br>[板书：在一条线段上植树（两端都植）：间隔数+1=棵数]<br>回到例题，哪些同学猜对了？把掌声送给自己。请同学们把这道题完整地做出来。<br>教师巡视指导。<br>全班汇报交流，出示：100÷5+1=21（棵）<br>100÷5求的是什么？（间隔数）<br>为什么要用20+1，求出来的又是什么？<br>（此处多媒体展示再一次强调本节课的重点）<br>**五、巩固提升**<br>在日常生活中有很多类似于植树问题的例子，下面就请同学们应用我们今天发现的规律去解决身边的一些问题吧！<br>（1）马路一边栽了25棵梧桐树，如果每两棵梧桐树中间栽一棵银杏树，一共要栽多少棵？<br>（设计的课件依次出现3棵梧桐树，出示梧桐树有25棵，又动画依次飞出银杏树种在梧桐树间，提出问题。此处课件的设计，重在突出求银杏树的棵数其实就是求梧桐树间的间隔数）<br>（2）在一条全长2km的街道两旁安装路灯（两端也要安装），每隔50米安一盏。一共要安装多少盏路灯？哪些地方需要注意？<br>根据学生回答出示解答过程： | 学生谈发现。<br><br><br><br><br><br><br><br>学生填表，后集体讨论。<br><br><br><br><br><br>认真完成巩固练习<br><br><br><br><br><br><br><br><br><br>学生独立解答，汇报。 | 利用所学知识解决生活中的实际问题对学生来说一直都是个难点，所以在此多媒体课件的设置和运用，强化了学生对重点的掌握，让学生感受到一些看起来很难的题在掌握了其规律、解题技巧后其实并不难，增强了学生学习数学的信心。 |

续 表

| 教学步骤 | 教师活动 | 学生活动 | 设计意图 |
|---|---|---|---|
| 教学过程 | 2km=2000m  2000÷50+1=41（盏）<br>　41×2=82（盏）<br>答：一共要安装82盏路灯。<br>（指名说出每一步算式表示的意义，特别强调：街道两旁、两端安装，单位的统一）<br>（3）把1根木料锯成3段，每锯开一处要5分钟，全部锯完要（　）分钟。<br>A.15　　B.10　　C.20<br>〔指两三名学生说出自己的看法后，出示锯木头的动画，让学生直观地看到锯3段要锯开2处，让学生对此类生活中较难解决的问题有深刻认识。然后公布正确答案：锯成3段要锯开（3－1）处，锯开一处要5分钟，2处就是2个5分钟，一共10分钟，选B〕<br>（4）一座楼房的楼梯每上一层要走16个台阶，到小明家要走64个台阶，他家住（　）层。<br>A.4　　B.5　　C.6<br>〔学生汇报结果后，多媒体课件出示一个人从1楼走到5楼的动画。64÷16=4（层），要走4层楼梯，即4个间隔，1+4=5，选B〕<br>（5）12点时，时钟敲了12下，已知每敲两下之间的间隔是1秒，从第1下敲到12下共需（　）秒。<br>A.11　　B.12　　C.10<br>提问：你准备怎样给大家验证你的结论？<br>（带领学生借助拍手的方式弄清楚12下响铃有11个间隔，一个间隔1秒，11个间隔就是11秒，选A）<br>（6）园林工人沿一条笔直的公路一侧植树，每隔6米种一棵，一共种了36棵。从第一棵到最后一棵的距离有多远？这道题和例题有什么不同？ |  | 考查学生究竟弄没弄清楚在一条线段上植树，两端都植的情况下，间隔数与植树棵数之间的关系，会不会灵活运用；正向会用，逆向是否也会用 |

续 表

| 教学步骤 | 教师活动 | 学生活动 | 设计意图 |
|---|---|---|---|
| 教学过程 | （这道题是知道植树棵数和间距，求总长；例题是知道总长和间距，求棵数）<br>敢不敢试一试？教师巡视。汇报结果：<br>6×（36-1）=210（米），指名说出为什么要用（36-1），求出的是什么？乘6又是什么？对积极发言、勇于说出自己想法的学生进行表扬、鼓励。<br>**六、评价延伸**<br>这节课你有什么收获？在解决相关的实际问题时要注意什么？今后遇到较复杂的问题时，该如何处理呢？（当遇到较为复杂的数学问题时，可以先从简单的事例中发现规律，然后应用找到的规律来解决原来的问题）在线段上植树，是不是必须两端都植？（不是的）还可以怎么植？（一端植、一端不植或两端都不植）在这两种情况下，植树棵数和间隔数之间又存在什么关系呢？同学们思考一下，下节课我们再来研究。（此处多媒体课件的应用，主要是让学生对本节所学知识内容和解决问题的方法、技巧有一个明晰的认识，以便在今后的学习中能熟练运用，并为下节课的学习做好铺垫） | 学生独立列式 | |
| 板书设计 | **植树问题**<br>化繁为简 ——对应<br>间隔数 = 总长 ÷ 间隔距离<br>在一条线段上植树（两端都植）：间隔数 +1= 棵数 | | |

## 【点评】

学生初次接触"植树问题"，不容易理解本节课的内容。本节课主要有以下几个特点：一是初步认识"棵数"与"间隔数"之间的关系。导学探究环节，通过布置导学单，让学生认识手指数与间隔数之间的关系，并类比迁移到生活

续 表

中的其他类似现象，为后面研究"棵数""间隔数"之间的关系做准备。二是充分体现学生的主体地位和教师的主导作用。在互动展示环节，先让学生自己独立画一画，再过渡到不画图直接填表，最后以小组为单位交流讨论，学生在相互的表达和倾听中思路逐渐清晰，这一过程促进学生知识结构的形成，提高了学生的思维水平，完善了学生的认知结构。三是练习的设计联系生活实际，有梯度。在巩固提升环节中，教师设计了与生活实际密切相关的实际问题，有效实现了生活问题数学化、数学问题生活化的目的，并且练习有梯度，体现了分层次的教学。

## 【导学单】

### 《植树问题》导学单

预习书本第 106 页的内容并完成下表：

| 全长（米） | 间隔长（米） | 画线段图表示 | 间隔数（个） | 棵数（棵） | 列式计算 |
|---|---|---|---|---|---|
| 10 | 5 | | | | |
| 15 | 5 | | | | |
| 30 | 5 | | | | |

发现规律：_____。

# 《观察物体（三）》教学案例

## 【教学设计】

| 课题 | | 观察物体（三） | 课型 | 新授课 |
|------|------|--------|------|--------|
| 三维目标 | 知识目标 | 能根据从给定的一个方向观察到的平面图形，认识从一个方向看到的平面图形不能唯一确定一个物体的形状 | | |
| | 能力目标 | 进一步体会从三个方向观察就可以确定立体图形的形状，并还原立体图形 | | |
| | 情感目标 | 让学生通过动手、动脑等一系列操作活动，在体验平面图形与立体图形相互转换的过程中，进一步发展空间观念，掌握解决问题的策略，体会数学思想方法 | | |
| 教学重点 | | 理解并体会如何通过一个或三个方向观察到的平面图形摆出小立方体 | | |
| 教学难点 | | 能通过三个方向观察到的图形来拼摆并确定小立方体的形状 | | |
| 学情分析 | | 教材中，关于观察物体的编排分以下三段。二年级下册：从不同角度观察实物，从不同角度观察单个的立体图形。四年级下册：从三个不同的位置观察同一个几何组合体，看到的形状不同。五年级下册：根据给定的观察到的一个面的形状拼搭立体图形。给出从三个方向观察到的图形，让学生摆出所观察的图形。通过对教材的分析，我们不难发现，五年级下册的观察物体是在学生已经形成了观察物体的能力前提下，进行物体的还原。通过摆一摆的形式，感受和体验如何根据给出的观察图还原物体，提升学生的空间想象力 | | |
| 教法、学法 | | 讲授法、讨论法、演示法 | | |
| 教学资源 | | 教材、课件、教具 | | |
| 教学步骤 | | 教师活动 | 学生活动 | 设计意图 |
| 教学过程 | | 一、**情景导入**<br>师：同学们，有句俗话叫"耳听为虚，眼见为实"。听过吗？<br>生：听过。 | | |

续 表

| 教学步骤 | 教师活动 | 学生活动 | 设计意图 |
|---|---|---|---|
| 教学过程 | 师：那谁能说一说这句话是什么意思呢？<br>生：听到的不一定是真的，看到的才是真的。<br>生：……<br>师：哦！意思就是看到的才是真的，对吗？<br>生：对！<br>师：好吧，下面我们一起来看一个新闻。（PPT出示图片）<br>师：看了这张图片，你有什么想说的？<br>生：这楼太窄了，没法住人。<br>生：……<br>师：真的是这样吗？我们再来看一看。<br>（多角度拍摄视频）<br>师：看来在一些特定的情况下我们也会被自己的眼睛所欺骗。<br>师：这条路上的行人能看到"纸片楼"吗？<br>生：不能。<br>师：为什么有人会看到"纸片楼"呢？<br>生：是由看的角度决定的。<br>师：好的，同学们知道今天我们要来研究什么了吗？<br>生：观察。<br>师：对！观察物体。<br>[板书：观察物体（三）]<br>二、**导学探究**<br>师：昨天给大家的导学单，我们来看看大家的答案。<br>（展示部分学生的答案）<br>先照图用三个小正方体摆好从正面看到的基本形状，然后余下的一个正方体可以摆在原来物体的前边或后边， | 看图片说想法。<br><br><br><br><br><br><br><br><br><br><br><br><br><br><br><br><br><br>学生分享导学单，把存在的问题整理出来。<br><br>认真观察。 | 从真实的生活情境引出数学问题，激发学生探究的欲望。 |

续表

| 教学步骤 | 教师活动 | 学生活动 | 设计意图 |
|---|---|---|---|
| 教学过程 | 都可让正视图保持不变。如果摆在前边，从正面能看到这个正方体，它必须与原来物体里的正方体对齐着摆；如果摆在后边，从正面不能看到这个正方体，它既可以与原来物体里的正方体对齐着摆，也可以不对齐着摆。<br>**三、互动展示**<br>师：要想不被看到的事物蒙蔽，除了仔细地观察之外，更应积极地思考，并掌握一些观察的技巧。<br>（出示正面观察到的图形）<br>师：请同学们看大屏幕，你们看到了什么？<br>生：三个小正方形。<br>演示：实际上是三个立方体。<br>师：同学们，我们在四年级学习"观察物体（二）"时就已经掌握根据一个立体图形画出从不同方向看到的平面图形。今天我们继续来研究观察物体。<br>（教师虚拟动作）<br>师：现在老师在这儿又放了一个小正方体，同学们看到了吗？<br>生：没看见。<br>师：真的没看见吗？<br>生：真的没看见！<br>师：那现在就请同学们拿出你们的小正方体，一边动脑，一边动手，根据看到的平面图形，猜猜老师把那个小正方体摆在哪里了。<br>师：可以开始了。<br>师：摆完后可以和身边的同学交流一下，看看你有什么发现！<br>活动过程中，教师手机拍摄学生成果。<br>师：在刚才的活动中，老师发现大多数同学都摆出了这6种摆法。<br>（图片展示） | 学生摆小正方体。 | 通过演示让学生积累观察活动的经验，体会"面在体上"，接着，让学生用数学的语言去描述看到的面的形状，再次积累相关经验。 |

| 教学步骤 | 教师活动 | 学生活动 | 设计意图 |
|---|---|---|---|
| 教学过程 | 师：下面老师想请一个同学上来一边摆一边给大家说一说他是怎么想的，谁来和大家分享一下？<br>（同时出示正面看到的图形）<br>师：请你来说吧！<br>生：我先摆前面的小正方体。<br>师：为了方便同学们表述和理解，我们现在可以用1号、2号、3号和4号来表示这几个小正方体。（出示贴有序号的大正方体和展示台）请你继续。<br>（预设）生：根据看到的正面图形先摆出1、2、3号小正方体。<br>师：这1、2、3号小正方体是怎么摆的？<br>生：摆成一排。<br>师：好的，表述准确。<br>生：再在1号的后面摆放4号，这时4号被1号遮挡住了，所以从正面看不到4号，看到的仍然是1、2、3号组成的平面图形。<br>师：说得太棒了，正是因为我们从正面看时1号完全遮挡住了4号，所以我们看到的图形才没有发生变化。<br>师：请你继续说一说。<br>生：……<br>师：说得真棒，如果现在再增加一个5号小正方体，把它摆在哪里，从正面看到的图形仍然不变呢？<br>生：把它放在这些图形的前面或后面。<br>师：（大拇指）如果给你更多的6号、7号，你还能按要求摆出吗？<br>生：能！<br>师：怎么摆呢？<br>生：只要把它放在这些图形的前面或后面就行。<br>师：好，从正面看过去这些图形之所以全部不变，是因为从正面观察前面的立体图形会遮挡住后面的立体图形，阻碍了我们的观察和判断。 | 学生边展示边讲解。 | 学生已知正面的平面图，在拼摆中感受拼法的多样性，体会从一个面不能确定物体的形状。 |

| 教学步骤 | 教师活动 | 学生活动 | 设计意图 |
|---|---|---|---|
| 教学过程 | 师：看来只从正面看，能不能确定老师的第4个小正方体是怎么摆的？<br>生：不能。<br>（板书：一个方向不能确定物体的形状）<br>师：不能，那我们现在转到侧面再来观察一下。<br>（出示左面观察到的图形）<br>师：结合刚才的6种摆法，同学们再认真地观察一下，看看哪种摆法符合这次看到的图形。<br>师：哪种符合？<br>生：全都符合。<br>师：你有什么发现吗？<br>生：从两个方向观察仍然不能确定物体的形状。<br>（板书：两个方向）<br>师：就像新闻中的视角一样，从正面、侧面都无法还原出这栋大楼的真实形状，怎么办呢？<br>生：从上面看。<br>师：好吧，现在我们就转到上面来看一看。<br>师：这一次能够确定老师是怎么摆的了吗？<br>生：能。<br>师：通过对三个面的逐次观察，还原了老师摆出的立体图形，谁能用数学的语言来表述一下？<br>生：通过正面、左面、上面三个面的观察我们能够确定物体的形状。<br>（PPT出示第二张图片）<br>师：不错，这一次老师直接给大家三张图，你能还原出这个立体图形吗？<br>师：能说说你是怎么想的吗？<br>生：先根据正面看到的图形摆出1号和2号，再根据侧面的图形确定3号可能的位置。 | 学生观察课件，参与活动，集体回答。 | 学生在活动中感受两个面不能确定物体形状了，必须要有第三面，很自然地得到观察物体的方法。 |

| 教学步骤 | 教师活动 | 学生活动 | 设计意图 |
|---|---|---|---|
| 教学过程 | 师：3 号可以在哪里？<br>生：这里和这里。<br>师：好。<br>生：最后通过上面看到的图形来确定 3 号最终的位置。<br>师：语文学得不错呀！"先"从正面看，"再"从左面看，"最后"从上面看。很有条理，表达很准确。<br>师：刚才我们还原的是一层的图形，这次我们来一个两层的试一试。<br>师：说说你的过程吧。<br>（展台演示）<br>生：从正面看，摆出 1 号、2 号、3 号，再从左面看，确定 4 号可能的位置。<br>师：这次 4 号还能摆在前面吗？<br>生：不能。<br>生：最后从上面看确定 4 号的位置。<br>**四、归纳释疑**<br>师：很好，三次还原过程同学们选择的都是正面、左面、上面这样一个过程。<br>（板书：正面—左面—上面）<br>师：从刚才的过程中你有什么发现吗？<br>生：从上面看的图最重要。<br>师：那就试一试，先从上面开始，摆一下刚才的几个图形，看能不能成功地还原出原来的立体图形。<br>生：能，对于一层的图形从上面看一下就能摆出。<br>师：刚才这个同学说"对于一层的图形从上面看一下就能摆出"。我想问问你，你是怎么知道它是一层的？<br>生：从正面观察。<br>师：还得观察两个面是吗？<br>生：是。<br>师：还有不同的意见吗？ | 小组合作完成，学生代表上台完成。<br><br><br><br><br><br><br><br>学生观察，思考并回答问题。 | 趣味性的练习让学生寓教于乐，积极主动地完成练习，并在练习中深刻体会观察物体的方法。 |

续 表

| 教学步骤 | 教师活动 | 学生活动 | 设计意图 |
|---|---|---|---|
| 教学过程 | 生：两层的不行，仍然需要从三个方向观察，才能确定物体的形状。<br>师：说得真好，看来你一定观察得非常认真，也积极动脑思考了。<br>师：从左面开始还能还原吗？<br>生：能。<br>师：动手试一试吧！<br>师：同学们，今天我们研究的是观察物体，但观察只是表象，更重要的是在还原过程中通过观察去"思考"。这一点同学们今天做得都非常好！<br>**五、巩固提升**<br>师：同学们，这是魔法城堡中观察物体的重要法则，你们虽然掌握了，但会用吗？咱们试试去！（课件带领学生进入练图室）<br>白板展示活动工具：随机骰子。骰子上出现的立体图形符合平面图的要求吗？同学们完成得真棒，咱们再来玩一个。<br>白板展示活动工具：图形配对。你们能找到拼出立体图形的平面图吗？<br>师：同学们，魔法城堡里还有一间专为有天分的孩子准备的房间，你们敢闯吗？<br>（课件进入变图室，出示一个几何图形）<br>思考：怎样加一个小正方体，从正面看形状不变？和同桌说一说。<br>让学生回答，说位置。引导学生有规律地说一说。<br>问题：为什么左边、右边不能加？<br>（利用 3D 软件在白板上操作增加一个小正方体） | 学生动手尝试。<br><br><br><br><br><br><br>计时 1 分钟，全班合作答题。<br><br><br>学生阅读活动规则，思考问题，小组讨论。<br><br><br>观看验证，并上台指出相应位置。思考问题 | 在学生掌握了观察物体的方法后，进一步拓展，让学生在解决问题的过程中建立一定的空间思维，培养学生的空间想象力。<br><br><br><br>从"两个面没变不能说明图形形状没变"到"三个面能确定物体形状变没变"，学生在活动中对本节课的新知有了更深层次的认识 |

续 表

| 教学步骤 | 教师活动 | 学生活动 | 设计意图 |
|---|---|---|---|
| 教学过程 | **六、评价延伸**<br>师：能不能进一步做到从两个面看都不变？加在哪儿？<br>仔细观察：增加一个正方体后的图形和原图比较，哪些面改变了，哪些面没有变？<br>思考：正面、左面都没有变，是不是说明形状是一样的？ | | |
| 板书设计 | 观察物体（三）<br>一个方向不能确定物体的形状<br>两个方向仍不能确定物体的形状<br>三个方向：正面—左面—上面 | | |

## 【点评】

本节课是在学生已经掌握了从三个不同的方向观察同一个几何组合体，和从同一方向观察不同几何组合体的基础上进行教学的。本节课是根据给定的观察到的一个面的形状拼搭立体图形；给出三个方向观察到的图形，让学生摆出所观察的图形。是在学生已经形成了观察物体能力的前提下，进行物体的还原。本节课主要有以下几个特点：第一，利用图片、视频导入新课，激发学生学习热情。情景导入环节，通过让学生观察楼的图片，让学生初步感知"楼没有办法住人"，再播放视频，让学生从多角度感知刚刚的一个角度观察是片面的，从而引出课题。这种方式可以极大地激发学生学习的兴趣。第二，提供独立思考空间，为新知学习做铺垫。导学探究环节，通过前一天布置导学单，让学生独立完成导学单，给学生提供独立思考的空间。第三，通过探究活动，激发学生学习内驱力。互动展示、归纳释疑环节，教学围绕"无疑—有疑—无疑"的主线循环往复学习。注重为学生营造探究的氛围，通过多层次的设问与反问启迪思维，鼓励学生进行大胆的猜测、想象，借助学具动手操作论证，运用比较的方法归纳概括规律，充分调动了学生学习的主动性和积极性。在教学过程中，从个体体验到小组活动，教师的活动组织颇具匠心，留给学生充分的时间与空间。

【导学单】

## 《观察物体（三）》导学单

动手摆一摆：利用小正方体，摆成从正面看到的是 ▢▢▢ 的图形。

思考：你用了几个小正方体摆成上面的立体图形，你能只用4个摆一摆吗？

试一试：下面是兰兰从三个不同方向看到的图形的形状，用小正方体摆一摆。请记录下自己遇到的困难。

（从正面看）　　（从左面看）　　（从上面看）

# 《质数与合数》教学案例

## 【教学设计】

| 课题 | | 质数与合数 | 课型 | 新授课 |
|---|---|---|---|---|
| 三维目标 | 知识目标 | 通过用小正方形拼长方形的活动，理解和掌握质数与合数的特征，并能判断一个数是质数还是合数 | | |
| | 能力目标 | 通过操作活动与合作学习，培养学生推理以及抽象概括的能力 | | |
| | 情感目标 | 通过了解质数研究的历史，感受数学文化的魅力 | | |
| 教学重点 | | 掌握质数和合数的特征 | | |
| 教学难点 | | 准确判断一个数是质数还是合数 | | |
| 学情分析 | | 由于这部分内容较为抽象，学生理解起来有一定的难度。到本节课为止，已经出现了因数、倍数、奇数、偶数、质数、合数等概念，有些概念学生容易混淆，所以教师设法结合生活实例从学号引入来教学，从而提高学生的兴趣。另外，学生往往把质数和奇数，合数和偶数的概念弄混，教学时应注意让学生辨析这些概念 | | |
| 教法、学法 | | 讲授法、谈话法 | | |
| 教学资源 | | 多媒体课件、学号牌、彩笔、答题卡 | | |
| 教学步骤 | | 教师活动 | 学生活动 | 设计意图 |
| 教学过程 | | 一、**情境导入**<br>师：这学期老师帮你们制了学号，下面你们利用学号来介绍一下自己好吗？从 1 号开始吧！<br>生 1：我叫×××，学号是 1 号。<br>师：1 号（板书 1 号）汇报得很简单。<br>生 2：我叫×××，学号是 2 号，我喜欢写字、画图。 | | |

| 教学步骤 | 教师活动 | 学生活动 | 设计意图 |
|---|---|---|---|
| 教学过程 | 师：2号（板书），接着说。<br>生3：我叫×××，学号是3号，我喜欢唱歌，希望大家喜欢我。<br>师：3号（板书）。<br>生4：……<br>师：如果这样汇报下去，是不是太耽误时间了？为了节约时间，我们有请最后一个学号的同学汇报一下。<br>生61：我是61号，我叫×××，是这学期新转入的学生，希望大家喜欢我。我的爱好是看书。<br>师：61号（板书）。<br>师：你们的兴趣爱好都很广泛，继续发扬，老师将同学们的学号都写在了黑板上，你们观察这些学号都是什么数？<br>生：自然数。<br>师：你们能不能将这些自然数分分类？<br>生：我们认为分为两类：一类是奇数，一类是偶数。<br>师：你能说说你分类的标准是什么吗？<br>生：是根据是否能被2整除。<br>师：那怎么判断能被2整除呢？<br>生：是2的倍数的是偶数，不是2的倍数的是奇数，看有没有因数2。<br>师：这是以前学过的知识，自然数根据奇数偶数的意义来分类。可见分类的方法很重要，那么这节课我们根据一个数的因数的个数给自然数重新分分类，在分类前先看看昨天的导学单。<br>**二、导学探究**<br>师：昨天给大家的导学单，我们来看看大家是如何写的。<br>（展示部分学生的答案）<br>写出下列数的因数：1~10的因数。<br>接下来再合作写出11~20的因数。 | 交流导学单后合作完成11~20的因数。 | 通过提问的方式让学生知道什么是自然数，既增进师生关系也让课堂学习不沉闷。 |

| 教学步骤 | 教师活动 | 学生活动 | 设计意图 |
|---|---|---|---|
| 教学过程 | **三、互动展示**<br>1.独立思考<br>师：（指着屏幕）请同学们观察这些因数的个数，看哪些数具有同一类特征。<br>2.小组合作交流，汇报<br>生1：它们都有1和它本身两个因数。<br>师：观察得不错，老师刚才说的要求是观察这些因素的个数，而他只看了因数，谁再来说说？<br>汇报：<br>生2：有的因数只有2个，有的因数是2个以上。<br>师：哪些数只有两个因数？<br>生1：2，3，5，7，11，13，17，19。<br>师：同意吗？这些数的因数个数都有2个。老师把它们写在黑板上，好吗？<br>（板书：2，3，5，7，11，13，17，19）<br>其余的那些数，因数的个数有什么特征？<br>生1：4，6，8，9，10，12，14，15，16，18，20。这些数的因数个数是两个以上。<br>生2：这些数的因数个数有4个，6个的。<br>师：也就是说超过两个因数的。<br>师板书：4，6，8，9，10，12，14，15，16，18，20。<br>师：同意吗？<br>师：根据这些数的因数个数可不可以把它们分分类？我们继续来观察，2，3，5，7，11等这些数具有同一个属性，在数学中我们把这样的数叫质数（或素数）。师板书。<br>想给质数下一个定义该怎么下？<br>生：…… | 小组分工完成。<br><br><br><br><br><br><br><br><br><br><br><br><br><br><br><br><br><br><br><br><br><br><br>积极参与课堂提问。 | 通过学生已学的旧知——一个数的因数，引出新的分类依据，为之后的学习奠定基础。<br><br><br><br><br><br><br><br><br><br><br><br><br><br><br><br><br><br><br><br><br>通过谈话的方式让学生知道自然数的另外一种分类方式，根据因数的个数分。 |

| 教学步骤 | 教师活动 | 学生活动 | 设计意图 |
|---|---|---|---|
| 教学过程 | 师：你们商量一下怎样给它下定义更科学、更严谨、更严密？<br>师：大家争执不下，请翻开书本第 14 页，书上给出了准确定义（齐读）。<br>师板书定义：一个数，只有 1 和它本身两个因数，这样的数叫质数。<br>师：在这句话中，你认为哪个词最为重要？<br>师：为什么？为什么"只有"尤为重要，1 个因数不行，3 个因数不行。<br>师：除了这些质数以外，你还能找出其他的质数吗？<br>师：这样的例子太多了。时间有限，请看右边圈里的数，从因数的个数来看与质数相比有不同的地方吗？<br>生：这些数它们的因数都是两个以上。<br>师：在数学上我们把这些数叫合数。<br>（师板书：合数）<br>师：你们能根据给质数下定义的方法给合数下一个定义吗？<br>师板书定义：一个数，除了 1 和它本身，还有别的因数，这样的数叫作合数。<br>（生齐读）<br>师：在这句话中，哪个词语最重要？<br>师："除了……还有"这个词最重要。<br>师：要判断一个数是质数还是合数，简单地说关键看什么？<br>**四、归纳释疑**<br>老师随意写几个数，你们能不能快速地判断是质数还是合数？<br>（板书：57 是什么数？ 111 是什么数？123 是什么数？ ）<br>你们共同完成了这些任务，下面独立完成一些任务，好吗？<br>师：快速判断自己的学号是质数 | 小组交流后汇报：<br>生 1：我们小组认为……<br>生 2：我不同意他们小组的观点。<br><br><br><br>学生回答。<br><br><br><br><br>学生独立完成。 | 单纯讲解的教学方式是学生最反感的，通过谈话，让学生自主学习、自主分享，将烦琐的知识点由教师引导学生自己表达出来，让学生尝试到学习的成就感，提高学生学习的积极性和有效性。 |

| 教学步骤 | 教师活动 | 学生活动 | 设计意图 |
|---|---|---|---|
| 教学过程 | 还是合数？<br>师：有些人很快就举手了。<br>师：为了节省时间，1~61号的学生，是质数的学号请举牌，（师板书在左边圈里）；是合数的学号请举牌，（师板书在右边圈里）。<br>师：1~61号的学号都写上去了吗？<br>生：没有，还有1。<br>师：写在哪里？<br>生：写在外面，因为1既不是质数也不是合数。<br>师：比61大一点的质数有吗？还有没有？<br>生：有，67。<br>师：能不能找出一个最大的质数？<br>生：不能找出，没有最大的质数，因为自然数的个数是无限的。<br>师：老师让你们把所有的质数在集合圈内表示出来，你们能不能做到呀？<br>师：你们能不能把刚才发现的内容用一句话说出来？<br>生：最小的质数是2，没有最大的质数，质数的个数是无限的。<br>师：如果要表示所有的合数也应该用什么表示？<br>（板书：……）<br>师：你们能不能用刚才的方法把合数这边的规律用一句话说出来？<br>师：你们能不能把非0自然数根据因数的个数分成几类？<br>师：用集合的形式补充图表。<br>师：老师继续考考同学们的眼力。请观察左边的圈里，你们认为哪个数是最特别的？<br>生：2。<br>师：为什么？<br>生：2是偶数又是质数。是最小的偶数。 | 学生概括。 | |

续 表

| 教学步骤 | 教师活动 | 学生活动 | 设计意图 |
|---|---|---|---|
| 教学过程 | 师补充：在偶数中只有 2 是质数。<br>老师想考考你们。你们能不能快速找出 1~100 的所有质数？<br>师：1~100 中有 50 个偶数。50 个偶数中只有 2 是质数，其余都是合数。所以 2 的倍数都要筛掉。（2 的倍数留下 2，其余筛掉）为什么？<br>师：你找 5 的倍数，怎么不找 4 的倍数？<br>生：因为 4 是 2 的倍数，早筛掉了。<br>师：你找 7 的倍数，怎么不找 6 的倍数？<br>生：因为 6 是 2 的倍数，也是 3 的倍数，所以早筛掉了。<br>师：筛掉了后，是不是这些数都是质数了呢？还要去掉什么？<br>生1：去掉 1。因为 1 只有一个因数，所以它既不是质数，也不是合数。<br>师：把 2、3、5、7 的倍数都筛掉，只留下 2、3、5、7，在数学中，这种思考问题的方法，我们叫作筛法。它不仅能简化我们学习的程序，还能使复杂的思维简单化。<br>**五、巩固提升**<br>（1）老师的手机号码是 1582761****，这个数是质数还是合数，为什么？<br>（2）游戏：下面同桌两个人相互"你说数，我判断"。<br>（3）开启百宝箱：一个五位数，万位不是质数，也不是合数；千位是最小的合数；百位是最小的质数；末两位是两个连续自然数中最小的两个质数。这个数是多少？<br>生：14223。<br>师：这个数是什么数？<br>生：合数。<br>因为它除了 1 和它本身，还有因数 3。 | 和同桌之间踊跃互动，并认真完成练习 | |

| 教学步骤 | 教师活动 | 学生活动 | 设计意图 |
|---|---|---|---|
| 教学过程 | （4）判一判：<br>①所有的偶数都是合数，对吗？<br>②所有的奇数都是质数，对吗？<br>③所有的质数都是奇数，对吗？<br>④所有的合数都是偶数，对吗？<br>⑤任何一个自然数，不是奇数就是偶数，对吗？<br>⑥任何一个自然数，不是质数就是合数，对吗？<br>**六、评价延伸**<br>师：在（　　）里填上合适的质数。<br>8=（　　）+（　　）<br>20=（　　）+（　　）=（　　）+（　　）<br>11=（　　）+（　　）+（　　）=（　　）+（　　）+（　　）<br>23=（　　）+（　　）+（　　）=（　　）+（　　）+（　　）=（　　）+（　　）+（　　）<br>师：事实上这就是著名的哥德巴赫猜想：①任意大于2的偶数都可写成两个质数之和。②任意大于7的奇数都可写成三个质数之和 | | 通过游戏的方式，让学生在愉快的学习氛围中掌握质数与合数的分类依据 |
| 板书设计 | **质数与合数**<br>质数（素数）：只有 1 和它本身两个因数<br>合数：除了 1 和它本身，还有别的因数 | | |

## 【点评】

　　本节课是在学生理解因数的意义，掌握找一个数的因数的方法的基础上进行教学的。本节课的内容是学生学习求一个数的最大公因数和最小公倍数的基础。本节课主要有以下几个特点：一是通过让学生自我介绍导入新课，激发学生学习热情。情境导入环节，通过让学生用学号进行自我介绍引入新课，在活动中，教师将学生的学号写在黑板上，引出自然数的分类，激发了学生学习的兴趣。二是提供独立思考空间，为新知学习做铺垫。导学探究环节，通过前一天布置导学单，让学生求出 1~10 这几个数的因数，在复习了旧知的基础上，为后面学习分类奠定基础。三是通过探究活动，激发学生学习内驱力。互动展示、归纳释疑环节，教师让学生小组合作、自主把非零自然数按因数的个数进行分类。学生在小组互动中经历了分类的过程，进一步加深对质数、合数的意义的理解。同时，教师没有将知识直接灌输给学生，而是通过引导，让学生逐步经历知识生成过程。体现了学生的主体地位，教师只是学习的引导者、组织者。四是通过游戏，调动学生的学习积极性。巩固提升环节，通过游戏，给学生创设了一个轻松、和谐、平等的课堂氛围。

## 【导学单】

### 《质数与合数》导学单

请同学们先预习书本第 14 页，然后尝试完成下面填空。

在 1~10 这 10 个自然数中，你认为：_____ 是质数，因为_____；_____ 是合数，因为_____；_____ 既不是质数，也不是合数。

# 《体积和体积单位》教学案例

## 【教学设计】

| 课题 | 体积和体积单位 | | 课型 | 新授课 |
|---|---|---|---|---|
| 三维目标 | 知识目标 | 引导学生经历"创建体积单位,用直接测量法测量物体体积"的过程,理解体积的意义 | | |
| | 能力目标 | 启发学生,通过回顾、提炼创立面积单位的方法,类推出创立体积单位的方法,并独立创立体积单位。初步体会类比方法的作用 | | |
| | 情感目标 | 能在生活中灵活运用体积单位,让学生觉得生活中处处有数学,要学好数学,为生活服务 | | |
| 教学重点 | 理解体积的意义,创立体积单位,建立体积单位的表象 | | | |
| 教学难点 | 借鉴创立面积单位的方法创立体积单位 | | | |
| 学情分析 | 学生在第一学段已经学习了长度单位和面积单位,积累了一些学习此类计量单位的经验;在第二学段又认识了长方体、正方体及体积的概念,这些都为本节课的学习奠定了良好的知识和经验基础。但是,体积单位对学生而言还是比较抽象的概念,是学生空间观念发展的一次飞跃。为此,教学中一定要采用多种形象、直观的方式,通过有效的学习活动,引导学生充分体会和感知,逐步加深对体积单位的直观认识和对其实际意义的理解 | | | |
| 教法、学法 | 讲授法、讨论法、演示法 | | | |
| 教学资源 | 教材、实验教具、课件 | | | |
| 教学步骤 | 教师活动 | | 学生活动 | 设计意图 |
| 教学过程 | **一、实验导入**<br>师:同学们,这里有一满杯水和一块鹅卵石,如果我把鹅卵石放入杯子里,会出现什么情况?<br>生:水会溢出来。<br>师:水怎么会溢出来呢? | | 学生自由回答。 | |

续 表

| 教学步骤 | 教师活动 | 学生活动 | 设计意图 |
|---|---|---|---|
| 教学过程 | 生：因为占有一定的位置。鹅卵石把水给挤出来了。<br>师：在这里我们可以说鹅卵石占有一定的空间。大家说说，生活中谁还占空间？<br>**二、导学探究**<br>师：是的，生活中很多物体都占空间，比如昨天给大家的导学单中的乒乓球。<br>实验：将一个玻璃杯里面装满水，取一块鹅卵石放入这个杯子里，会有什么现象发生？为什么？<br>请学生说出自己的想法。<br>师：生活中，你发现谁占的空间大，谁占的空间小？<br>学生自由回答。<br>小结：物体不光占空间，并且所占的空间有大有小。<br>归纳类比、引出"体积"概念。<br>师：面的大小我们叫作面积，物体的大小我们给它取个名字。<br>生：体积。<br>师：物体所占空间的大小就叫物体的体积。<br>**三、互动展示**<br>教师课件出示图片：<br><br>师：这两堆木头，谁的体积大？<br>学生猜测（左边大、右边大、一样大）<br>师：看来大家的意见不一致。<br>教师课件出示第二幅图： | 将导学单中的问题与老师的实验进行对比联系，积极回答问题。<br><br>积极思考、计算并回答问题。 | 通过直观的实验法让学生理解物体所占空间叫体积，并且空间有大小，也就是体积有大小。<br><br>让学生在深度思考中理解体积有大小。为下面体积单位的学习做铺垫。 |

| 教学步骤 | 教师活动 | 学生活动 | 设计意图 |
|---|---|---|---|
| 教学过程 | 师：这两堆木头，谁的体积大？<br>生：左边的木头体积大。<br>师：怎么刚才那么难比较，现在一下就知道谁的体积大、谁的体积小呢？<br>生：因为刚才木头的大小不同、数量不同，现在每根木头的体积相等，哪堆木头的数量多，哪堆木头的体积大。<br>师：是的，每根木头的体积相等，我们把每根木头的体积看作一个标准，有了标准就容易比较。<br>**四、归纳释疑**<br>师：现在我想测量物体的体积，我又该选谁做标准呢？<br>师：我们在研究面积的时候，用什么做标准？（正方形）创建了哪些面积单位呀？（引导学生回顾）<br>平方厘米、平方分米、平方米<br>师：我们创建了这么多漂亮的面积单位，那今天要想测量立体图形的体积，就得选择相应的标准。<br>体积单位的建立、表象感知、测量运用。<br>（1）确定形状。<br>师：你认为什么形状的物体作为测量体积的标准比较合适？<br>（2）确定大小。<br>师：你准备选一个多大的正方体？<br>（3）感知立方厘米。<br>棱长是 1 厘米的正方体，体积就是 1 立方厘米。<br>估一估：1 立方厘米到底有多大呢？闭上眼睛想想，然后再比画比画。<br>摸一摸：这就是体积为 1 立方厘米的正方体。大家拿出来摸摸看。<br>说一说：生活中还有哪些物体的体积接近 1 立方厘米？ | 小组讨论，学生汇报。<br><br>学生摸一摸、说一说、量一量。 | |

续 表

| 教学步骤 | 教师活动 | 学生活动 | 设计意图 |
|---|---|---|---|
| 教学过程 | 量一量：学生用体积为1立方厘米的正方体测量火柴盒的体积。<br>（4）感知立方分米。<br>棱长是1分米的正方体，体积是1立方分米。<br>估一估：1立方分米到底有多大呢？<br>摸一摸：这就是体积为1立方分米的正方体。大家拿出来摸摸看。<br>说一说：生活中还有哪些物体的体积接近1立方分米？<br>量一量：学生用体积为1立方分米的正方体测量物体的体积。<br>（5）感知立方米。<br>棱长是1米的正方体，体积是1立方米。<br>估一估：1立方米到底有多大呢？<br>摸一摸：教师出示1立方米的正方体，学生感知大小，建立表象。<br>说一说：1立方米的正方体中能钻进多少名学生？<br>量一量：借助体积为1立方米的正方体估测教室的体积。<br>**五、巩固提升**<br>1.判断<br>（1）一个打火机的体积大约是10立方分米。（ 　 ）<br>（2）一台微波炉的体积大约是40立方分米。（ 　 ）<br>（3）体积单位比面积单位大，面积单位比长度单位大。（ 　 ）<br>（4）胡老师的身高大约是168立方厘米。（ 　 ）<br>（5）一个文具盒的占地面积大约是100立方厘米。（ 　 ）<br>2.填上合适单位<br>我们的教室占地面积约50（ 　 ）。<br>我的身高只有1.4（ 　 ），所以被安排在第一排，离老师的讲台最近。老 | 积极参与同桌合作交流，测量相应物体的体积 | 通过具体的实践操作感知体积单位的意义。<br><br><br><br><br><br><br><br><br><br><br><br><br><br><br><br>通过巩固练习，让学生进一步理解体积单位 |

续 表

| 教学步骤 | 教师活动 | 学生活动 | 设计意图 |
|---|---|---|---|
| 教学过程 | 师的讲台上放着一个体积为0.5(　　) 的粉笔盒，里面放了不少粉笔，一支 粉笔的体积约为 7 (　　)，粉笔盒的 旁边是一瓶体积为 50 (　　) 的红 墨水。在教室的前面有一块面积约为 5 (　　) 的黑板。<br>**六、评价延伸**<br>师评价学生本节课的表现。师生共同 欣赏水立方。<br>师：水立方是什么形状？它的体积有 多大？能用切割的方法来计量它的体 积吗 |  |  |
| 板书设计 | **体积和体积单位**<br>体积：物体占空间的大小<br>棱长是 1 厘米的正方体，体积是 1 立方厘米。<br>棱长是 1 分米的正方体，体积是 1 立方分米。<br>棱长是 1 米的正方体，体积是 1 立方米 |  |  |

## 【点评】

本节课是一个新的概念，是在学生已经掌握了长度单位和面积单位，认识了长方体、正方体的基础上进行教学的。体积概念的初步建立是学生空间概念的一次飞跃，从学生的认知水平看，这部分内容从平面到空间，知识跨度大，难度高，教学中学生较难理解。本节课主要有以下几个特点：一是利用直观实验，理解抽象概念。导学探究环节，通过前一天布置导学单，给学生提供独立思考空间，然后课上教师通过实验，让学生理解物体所占空间叫体积，并且空间有大小，也就是体积有大小。让抽象的概念更直观，加深学生对概念的理解。二是以学生为主体，教师是学习的指导者、参与者。在互动展示、归纳释疑环节，教师没有把知识直接讲授给学生，而是通过不断引导，让学生经历知识的生成过程，真正做到了以学生为主体，从而真正调动了学生的积极性、主动性。三是注意了学生类推迁移能力的培养。在归纳释疑环节，研究体积单位时，没有像大部分教师一样直接给出体积单位是什么，而是通过回忆在研究面积时用什么做面积单位，从而引发学生思考，以便知识的顺利迁移。四是感受数学来源于生活、应用于生活。归纳释疑环节，认识 1 立方米、1 立方分米、1 立方厘米的大小时，让学生自己感知，提高学生运用几何知识解决实际问题的能力，促进了学生空间观念的形成。

## 【导学单】

### 《体积和体积单位》导学单

请先预习书本第 27~28 页。

玩一玩：拿两个同样的杯（纸杯），一个装满米，一个空的。将一个乒乓球放入空的杯中，如果把这些米倒入放有乒乓球的杯里，会出现什么情况？

我发现：_____。

我认为原因是：_____。

# 《图形的欣赏与设计》教学案例

## 【教学设计】

| 课题 | | 图形的欣赏与设计 | | 课型 | 新授课 |
|---|---|---|---|---|---|
| 三维目标 | 知识目标 | 通过在方格纸上平移、旋转的方式用七巧板拼组鱼图，加深学生对已经学过的平移、旋转等知识的理解，发展空间观念 | | | |
| | 能力目标 | 通过自己动手设计图案，进一步加深对图形变换形式的理解和应用，提高创造美、欣赏美的能力 | | | |
| | 情感目标 | 感受图形变换方式之间的联系，能用联系的观点去看待事物 | | | |
| 教学重点 | | 理解旋转的含义，感悟其特性及性质 | | | |
| 教学难点 | | 用数学语言描述物体的旋转过程并能够在方格纸上画出线段旋转 90° 后的图形 | | | |
| 学情分析 | | 五年级学生具有好奇心强、模仿力强，思维多依赖于具体、直观、形象的特点；在学习本课之前，学生已学了轴对称、平移这两种图形的基本变换，对旋转也有了初步的认识。学生的数学学习活动应当是一个生动活泼的、主动的、富有个性的过程。教师作为组织者和参与者，应该让学生积极主动地进行探索学习 | | | |
| 教法、学法 | | 讲授法、演示法 | | | |
| 教学资源 | | 教材、课件 | | | |
| 教学步骤 | | 教师活动 | | 学生活动 | 设计意图 |
| 教学过程 | | 一、情境导入<br>1. 出示七巧板<br>师：同学们，知道这是什么吗？<br><br>7<br>3  4  5  6<br>1  2 | | | |

续　表

| 教学步骤 | 教师活动 | 学生活动 | 设计意图 |
|---|---|---|---|
| 教学过程 | 生：七巧板。<br>师：七巧板是由哪几部分构成的啊？<br>生：两个大三角形、一个中号的三角形、两个小号的三角形、一个正方形和一个平行四边形。<br>2. 欣赏七巧板拼成的图案<br><br>师：利用七巧板，可以拼出很多美丽的图案。<br>**二、导学探究**<br>下面，我们一起来欣赏一段视频。边看边思考：变了吗？思考一下，它们是怎么变的？（播放视频）<br>师：好玩吧？这些图形的变换，用到了我们前面学习的哪些知识？<br>生：平移、旋转、对称。<br>（对称能出就出，不能出就在后面出）<br>师：是的。昨天给大家的导学单，我们来看看大家是如何写的。<br>（展示部分学生的作品）<br>像风车、车轮、秋千，这些物体都绕着一个点或一个轴运动的现象，叫作（　　）。<br>今天，我们就利用这些知识，一起进入这节课（板书课题"图形的欣赏与设计"）。<br>**三、互动展示**<br>1. 七巧板拼鱼<br> | 认真订正导学单上的错题，并思考错误的原因。 | 通过一个视频，激发学生的学习兴趣，让学生思考图形是怎么变的，让学生感受知识来源于生活，既贴近学生生活，又调动了学生学习的积极性，同时感受生活中的数学。 |

| 教学步骤 | 教师活动 | 学生活动 | 设计意图 |
|---|---|---|---|
| 教学过程 | 出示鱼图的外部轮廓。<br>师：你能看出这是什么图吧？（鱼）你们太厉害了！那你知道怎么由七巧板变成鱼吗？思考一下，这个问题该怎么解决。<br>板书：解决问题<br>师：咱们先来分析分析，你想怎么拼？谁先来说说？<br>让学生大体说说鱼的拼摆方法。鱼头用两个大三角形，正方形不能放边上，平行四边形可以摆放在四条边上。<br>预设1：这些同学说得到底对不对呢？这样，请你打开完全演示，咱们一起在小组里研究一下吧！<br>预设2：看来，单纯靠看，确实有点困难，咱们一起在小组里研究一下吧！<br>2. 小组合作探究<br>师巡视指导：如果大家确定了鱼图的拼摆方案，请小组长上台展示。<br><br>3. 汇报交流<br>师：我们一起快速浏览一下大家的作品。<br>大家都拼成了，方法上也有所不同，你们拼的有什么共同点呀？<br>生：鱼头都是1号板和2号板拼成的。<br>师：哎，确实是这样！这是哪个组的，请你们来说说是怎么拼摆的吧！<br>老师这个也是可以拖动的，请你边操作边说。 | 积极参与小组合作探究，看看如何拼七巧板。 | 让学生在合作交流的过程中探索旋转、平移、对称。 |

| 教学步骤 | 教师活动 | 学生活动 | 设计意图 |
|---|---|---|---|
| 教学过程 | 生：1、2号移动、旋转变成鱼头。<br>师：和他们一样的举手。谁还有不同的方法？<br>生：1、2号可以组合在一起。<br>师：这种方法怎么样？（更简单了）<br>师：感谢这个小组的交流，哪个小组想来继续说？<br>生：3、4、5号可以组合在一起，进行旋转和平移。<br>师：同意吗？表扬你们，马上就能学以致用了。3、4、5号除了可以放在这儿（鱼身）还可以放哪儿？（鱼尾）为什么呀？<br>生：因为这两部分是完全相同的梯形。<br>师：你真善于观察！（如果3、4、5号是鱼身）最后这部分怎么拼？谁来说？<br>生：6号板，先顺时针旋转90°，向右平移7格，向下平移1格，7号板逆时针旋转90°，向右平移再向下平移。<br>师：这部分还有不同的方法吗？<br>若没有，教师可以提问：6号板能不能放这儿？（下面）<br>师：谁上来试试！为了便于观察，我们在这一页上操作吧！（翻到下一页）<br>师：谁有办法解决啊？<br>生：把左边的进行翻转就到了右边。<br>生若想不到，教师指导：看看这两部分是什么关系？（轴对称）我们只需做一次翻转就可以到另一边了。<br>师：那现在6号板可以放在哪些位置了？（4个位置）<br>师：随着6号板位置的变化，其他板也随之发生变化，所以小鱼的拼法有很多。 | 生动手操作，简单介绍如何平移、旋转的。<br><br><br><br><br><br><br><br><br><br><br><br><br><br><br><br><br>生移动、旋转发现不行。 | 关注学生自主探究的学习过程，发挥小组合作的作用，有针对性地探究，培养了学生的自学能力，实现以学生为主体的教学，促进学生的主动探究。 |

| 教学步骤 | 教师活动 | 学生活动 | 设计意图 |
|---|---|---|---|
| 教学过程 | 回顾一下拼摆小鱼的过程，用到了图形变换的哪些方式？<br>板书：旋转、平移、对称。<br>**四、归纳释疑**<br>师：同学们，这个拼鱼的问题咱们解决了吧？（擦掉问号）<br>回顾我们整个的活动过程，你想说点什么？<br>①多样性；②最优化；③先观察分析，再操作验证。<br>师：这位同学还对我们解决问题的过程进行了梳理，真是会学习的孩子！<br>师：怎样将打乱的四张图还原到田字格里呢？谁想来试试？<br>师：现在难度升级，由田字格变成了——（九宫格）九宫格是我国传统的数学智力游戏，你想挑战？请你打开完全演示的下一页，自己动手试试吧！<br>师：同学们，你们真是太棒了，这么短的时间内就还原了九宫格。如果让你拼这个呢？<br>（出示打乱成 36 片的瓷砖纹样）<br>师：你知道吗，艺术家将自己的作品设计在瓷砖上，就是利用图形变换的知识进行拼摆，才形成了如此精美绝伦的瓷砖壁画。（播放视频）<br>其实啊，你们也可以当艺术家，看这里！<br>**五、巩固提升**<br>1.播放图形变换的视频<br>师：这是？（平移）这个呢？（旋转）利用这些简单的图形变换，就可以设计出美丽的图案。 | 学生尝试归纳。<br><br>和同桌之间踊跃互动，并认真完成练习 | |

| 教学步骤 | 教师活动 | 学生活动 | 设计意图 |
|---|---|---|---|
| 教学过程 | <br>2.平移、旋转、对称的联系<br>出示图片，包含这三种情况的例子。<br>从这幅作品中，你发现了哪些图形变换的知识？<br>生：轴对称。<br>师：还有吗？<br>生：这其实是一次平移。<br>师：两次对称实际上就是一次平移，你还有别的发现吗？<br>生：旋转。<br>生若答不出，教师可以启发：从这儿到这儿，实际上是一次——（旋转）<br>师：我们一起来看一下这个过程，这两部分成轴对称关系，这两部分呢，也是轴对称。当对称轴相交时，两次对称实际上就是一次旋转。<br>**六、评价延伸**<br>通过这幅作品，你想说点什么？<br>生：一幅图中可能包含多种图形变换的方式。<br>师：换句话说，旋转、平移、对称是相互联系的。同一种效果，可以由不同的变换方式得到。希望同学们在生活中能够善于发现事物间的相互联系，利用数学知识去创造更多的美 | | 让学生自主学习，自主分享，结合现代多媒体信息技术的要求，既最大限度地发挥现代网络技术的作用，同时也让学生体验到不一样的教学方式，提高学生学习的积极性和有效性 |
| 板书设计 | **图形的欣赏与设计**<br><br>平移　旋转　对称<br><br>解决问题<br>多样性　最优化 | | |

## 【点评】

本节课的学习是建立在学生已经掌握了轴对称、平移这两种图形的基本变换，对旋转也有了初步认识的基础上的。本节课主要有以下几个特点：第一，创设情境，激发学生学习兴趣。教师通过出示七巧板，让学生欣赏七巧板拼成的美丽图案，分析讨论图案的具体形成过程，初步感知图形的对称、平移和旋转在一些图案的设计中有一定的价值。第二，利用信息技术，调动学生学习积极性。通过视频的动态展示，让学生思考图形是怎么变的，调动学生学习的积极性，同时感受生活中处处有数学。第三，以学生为主体，进行小组合作探究。在互动展示环节，对于七巧板是如何变成小鱼的，学生在小组内进行讨论和交流，充分展示自己的思维方法及思维过程，发挥自己的主体地位，通过讨论分析，揭示知识规律和解决问题的方法。在合作交流中，学生学会互相帮助、互相欣赏，实现学习上的互补，增强合作意识，提高探究能力。第四，充分发挥课件优势。本课要展示许多精美的图案，没有课件，学生很难观察。使用课件进行展示，既可提高效率，又能突出难点。

## 【导学单】

### 《图形的欣赏与设计》导学单

请同学们先预习书本第 87 页。

玩一玩：用还原的七巧板也拼一个你喜欢的图形，用"平移""旋转"说说你是怎样拼的。

# 《找次品》教学案例

## 【教学设计】

| 课题 | | 找次品 | 课型 | 新授课 |
|---|---|---|---|---|
| 三维<br>目标 | 知识<br>目标 | 让学生初步认识"找次品"这类问题的基本解决手段和方法 | | |
| | 能力<br>目标 | 学生通过观察、猜测、试验、推理等活动，体会解决问题策略的多样性及运用优化的方法解决问题的有效性 | | |
| | 情感<br>目标 | 感受到数学在日常生活中的广泛应用，尝试用数学的方法来解决实际生活中的简单问题，初步培养学生的应用意识和解决实际问题的能力 | | |
| 教学重点 | | 让学生初步认识"找次品"这类问题的基本解决手段和方法。在合作探究中解决如何分，分成几份，并理解至少称几次能保证找出次品 | | |
| 教学难点 | | 归纳解决"找次品"这类问题的最优策略 | | |
| 学情分析 | | 本节课学生的探究活动中要用到天平，学生对天平的结构、用法以及平衡与不平衡所反映的信息都已经有了很好的掌握。但实际教学中小学生用天平不容易控制局面，给正常的教学带来负效应，用多媒体课件能更直观地展现可能出现的情况，让学生把主要注意力用在观察、猜测、推理过程中 | | |
| 教法、学法 | | 讲授法、讨论法 | | |
| 教学资源 | | 教材、课件 | | |
| 教学步骤 | | 教师活动 | 学生活动 | 设计意图 |
| 教学过程 | | **一、情境导入**<br>师：（谈话）上课之前我们先来看段视频！（出示视频）通过这段视频你知道了什么？<br>生：……<br>师：同学们观察得非常仔细，表达得也很清楚，相信你们这节课会有更出 | | 通过一个视频，激发学生的学习兴趣，通过视频让学生充分感受到数学与日常生活的密切联系，感 |

| 教学步骤 | 教师活动 | 学生活动 | 设计意图 |
|---|---|---|---|
| 教学过程 | 色的表现。（上课）<br>师：这段视频是对一次航天事故的报道，有 7 人在这次事故中失去了宝贵的生命，据调查，造成这次灾难的主要原因是使用了一件不合格的产品，我们称为"次品"，可见次品的危害有多大。怎样在外形相同的零件中找出次品呢？今天这节课我们就一起学习如何"找次品"。<br>**二、导学探究**<br>师：昨天给大家的导学单里就有非常典型的找次品问题，我们一起来看看大家是如何写的。<br>（展示部分学生的答案）<br>解决下列问题：有 5 瓶多种维生素，其中一瓶少了 4 片。如果用天平称，每次称 1 瓶，至少称（　　）次才能找到少药片的那瓶；如果每次称 2 瓶，至少需要（　　）次才能找到。<br>**三、互动展示**<br>1.最不利原则<br>师：为了解释上面的问题，请看（出示口香糖）这是什么？本来是 40 粒的口香糖，它少装了两粒，算不算次品？哪方面算？（和正品有什么区别）<br>生：数量上轻，重量上轻。<br>师：咦！不小心，把这瓶次品和正品混在一块了，共 81 瓶。你能从这里边把那瓶次品找出来吗？怎么找？<br>生：称。<br>师：聪明！次品要比正品轻，用天平来称行吗？至少要称多少次才能保证把次品找出来？<br>生：……<br>生：81 次，一瓶一瓶地称。<br>生：40 次。 | 认真订正导学单上的错题，并思考错误的原因。 | 受知识来源于生活，既贴近生活，又调动学生学习的积极性，同时感受生活中的数学。<br><br>动手实践、自主探究与合作交流是学生学习数学的重要方式。在这一环节中，让学生动手动脑，亲身经历分、称、想的全过程。 |

| 教学步骤 | 教师活动 | 学生活动 | 设计意图 |
|---|---|---|---|
| 教学过程 | 师：你能明白他说的 40 次是怎么称的吗？<br>生：两瓶两瓶地称。<br>师：这是你的想法。我一瓶一瓶地去称行吗？有没有可能我称的第一次就是次品？那我说称一次就能保证把次品找出来，行吗？为什么？<br>生：……<br>师：有可能第一瓶是次品，也有可能最后一瓶是次品啊！能保证一次称出来吗？<br>生：不能。<br>师：要保证把次品找出来，我们不能考虑幸运的时候，而是考虑（最不利的情况）。我们数学上称为"最不利原则"，也就是要做最坏的打算。那至少要称多少次？这还真不知道。81瓶，数量太多啦！是吧！为了更好地寻找规律，咱们少一点，你认为从几瓶里找次品最简单？（两瓶）要不说我们班的同学聪明，和伟大的数学家华罗庚想到一块去了，我们看看他是怎么说的。（出示）谁来读一下他的话？（齐读）<br>2.分两瓶<br>师：你们就很善于"退"啊！你们"退"到几了？（两瓶）如果从两瓶开始研究是不是就有可能发现隐藏的数学规律？真有两瓶（出示）至少称几次？怎么称？<br>生：……<br>师：左边一瓶，右边一瓶，轻的是次品。<br>师：同意他说的吗？非常好的方法。<br>3.分三瓶<br>师：称一次，你能不能从三瓶里找出次品？怎么称？左边1瓶、右边2瓶行 | 积极参与课堂提问。 | 让学生体会"最不利原则"，并渗透"以退为进，化繁为简"的数学思想。<br><br>在这一环节中，要引导学生根据次品的特点发现用天平"称"的方法，知道并不需要称出每个物品的具体质量，而只要根据天平的平衡原理对托盘两边的物品进行比较就可以了 |

| 教学步骤 | 教师活动 | 学生活动 | 设计意图 |
|---|---|---|---|
| 教学过程 | 吗？左边2瓶、右边1瓶呢？那我不会摆了，你来。<br>师：听明白了吗？如果天平两边平衡了，哪瓶是次品？（外边一瓶）如果不平衡呢？（轻的为次品）他的回答太精彩了。他开发了一个新的区域，把天平的外面都利用起来了，真聪明。（鼓掌）我们把它记录下来，瓶数是3瓶，左边1瓶，右边1瓶，外边1瓶，这样分成了几份？几次称出来？<br>4.分五瓶<br>师：5瓶里面有1瓶是次品至少称几次才能保证把次品找出来？拿出你的学具来摆一摆、试一试。<br>（同桌可以互相讨论讨论）<br>师：谁来说说你是怎么称的？<br>生1：2、2、1。<br>师：听明白了吗？把5瓶分成3份，左边2瓶，右边2瓶，外边1瓶。他也把天平外面利用起来了，因为要把次品找出来，我们要考虑最不利的情况。最不利的是次品出现在哪里？再称几次？至少几次？（2次）能够再次想到利用天平外面的空间，太厉害了！还有比两次更少的吗？<br>生2：1、1、3。<br>师：他也是分成3份，最不利的次品在哪儿？再称一次！至少几次？也是2次，虽然分法不同，但是称的次数是一样的。<br>5.分八瓶<br>师：再来个大的，8瓶里面有一瓶次品，至少称几次才能保证把次品找出来？<br>谁来说说你是怎么称的？<br>生1：8（4,4），左边4瓶、右边4瓶。<br>师：他把8瓶分成几份？至少称几 | 生边操作边说。<br><br><br><br><br><br><br><br><br><br><br><br><br><br><br><br><br><br><br><br><br><br><br><br><br>以小组为单位来探究，比一比哪个小组用的次数最少。 | 数学教学活动必须建立在学生的认知发展水平和已有的知识经验基础之上。在教学中以3个待测物品为起点，降低了学生思考的难度，能较顺利地完成初步的逻辑推理：那就是并不需要把每个物品都放上去称，3个物品中把2个放到天平上，无论平衡还是不平衡，都能准确地判断出哪个是次品。只有理解了这些，后面的探究、推理活动才能顺利进行。 |

| 教学步骤 | 教师活动 | 学生活动 | 设计意图 |
|---|---|---|---|
| 教学过程 | 次？没有更少的吧？还有更少的？咱们听听他是怎么做的：<br>生2：8（3、3、2）。<br>师：（说得不好）听明白了吗？我还是不明白，谁再来说一说是怎么称的？（说得好）听明白了吗？他把8瓶分成几份？同样我们要考虑最不利的情况。最不利的次品出现在哪里？再称一次，至少几次？没有更少的吧？我们把这种方法记录下来。（表格记录）<br>**四、归纳释疑**<br>1.研究份数<br>师：仔细观察，我好像发现了点什么，你也看出来了？你说！<br>生：他们都是利用了天平的外边，把待测物品分成3份。<br>师：我有个大胆的猜测，是不是把待测物品分成3份称的次数就最少？我们以8瓶为例仔细研究一下。<br>出示：<br>        分2份3次<br>        分3份2次<br>师：上面哪种方式，哪里做得不好？为什么多用了一次？（你观察得非常仔细，你发现了问题的关键）第一种方法没有利用天平外面，只能分成两份。第二种利用了天平外面，就多出来了一份，这样分的份数多了，每份的数量就会变少。数量少称的次数也就少。所以要想称的次数最少，比较合适，就需要充分利用天平的左边、右边和外边这三个区域。把待测的物品分成几份？（分3份）板书。<br>2.研究每份的数量<br>师：细想起来，把8瓶分成3份还真有其他办法，想一想，还可以怎样分？ | 学生独立思考后与小组成员交流。 | 这一环节教师改变了原教材9瓶的内容，采用8瓶进行研究。因为9瓶能够平均分，存在特殊性，而8瓶能更好地研究出最优化方案。这是本节课的重点也是难点，必须进行小组活动，发挥集体的智慧，才能突破这个难点。 |

| 教学步骤 | 教师活动 | 学生活动 | 设计意图 |
|---|---|---|---|
| 教学过程 | （根据回答出示）8（1、1、6）都是分3份，为什么这两种方法需要3次，而这种方法只用两次？比较一下，第三种方法它好在哪里。<br>虽然都是把待测物品分成3份，但是前两种方法每份的数量差太多了，看第一种方法（2、2、4）差几？再看第二种方法（1、1、6）差几？而第三种分法分得比较平均（3、3、2），差是几？每份的数量差就很少。8（2、2、4）所以要想称的次数最小，不但要把待测物品分3份，而且要尽量地平均分，使每份的数量差最小。<br>**五、巩固提升**<br>1.9瓶<br>9瓶里面有一瓶次品怎么称？（一起说）9→（3、3、3）分成几份？每份几瓶？再看它们的差是几？是最小吧？这9瓶是怎么分的？为什么差最小？（平均分差最小）其实这个分的过程能用一个算式表示，哪一个？9÷3＝3。次品在其中一个3瓶里，再分又能想到哪些算式？3÷3＝1。至少几次？（2次）符合我们研究的规律吗？<br>2.81瓶<br>现在你能用我们研究出来的方法解决一开始的问题吗？81瓶里有一瓶是次品，至少称几次？你可以按照黑板上的格式写在练习本上。研究出来了吗？至少几次？谁来说说你是怎么分的？<br>生说（不用说得那么细了，直接往下分吧）几次？（4次）太厉害了，81瓶4次就可以找出来。你觉得数学怎么样，很神奇、很厉害是吧。其实最厉害的不是数学而是你们自己，是你 | 学生在活动后归纳方法 | 通过总结分三份发现问题，把8瓶分成三份还有其他分法，但是其他分法都要比2次多，观察比较完成结论，不但要分3份，还要差最小。 |

续 表

| 教学步骤 | 教师活动 | 学生活动 | 设计意图 |
|---|---|---|---|
| 教学过程 | 们想到了我们得退回去想，对吧！<br>3.25瓶<br>再来个别的行吗？（不许动笔啦）25瓶里有一瓶是次品，怎么分？25瓶分成几份？（3份）每份几瓶？（生思考）嗯，遇到问题了是吧？什么问题？25÷3＝8……1，每份8瓶还余一瓶。关键是余的一瓶怎么处理？我明白了。放在外面，是这样吧！（操作）最不利次品在几瓶里？9瓶会分吧！还有，至少几次？（3次）<br>4.26瓶<br>再试一个行吧？26瓶里有一瓶是次品，怎么称？26瓶分成几份。26÷3＝8……2，余的两瓶怎么处理？（8、8、10）这样吗？都是这样想的吗？还有？你说。听明白了吗？是这样吗？（9、9、8）你认为哪种处理方法更好？为什么？用到哪句话了？现在你知道有余数怎么处理了吗？余数是1？余数是2？余3呢？因为除数是3，所以余数只能是1或2。<br>六、评价延伸<br>师：通过这节课的学习，相信你们能利用我们研究出来的方法，从更多的瓶数里面找次品。其实感悟"以退为进，化繁为简"的数学思想是我们这节课的真正意义所在，希望同学们在以后的学习和生活中能更好地运用这一思想，解决更多的问题 | | 通过分25瓶和26瓶让学生加深对"分3份"知识应用的同时，强调了"差最小"的重要性。同时明确了对不能整除情况的处理。内容总结，知识升华，过渡到生活层次，让学生了解并感悟"以退为进，化繁为简"的数学思想 |
| 板书设计 | 找次品<br><br>最不利　　　9<br>分3份　　　∧　9÷3＝3<br>差最小　　3　3　3<br>　　　　　　∧　3÷3＝1<br>　　　　　1　1　1<br>　　　　　　2次 | | |

## 【点评】

本节课的教学是建立在学生已经掌握了一些解决问题的策略的基础上的。学生学习过"沏茶""田忌赛马"等，"打电话"也属于这一范畴，在这些内容的学习中，对简单的优化思想方法、通过画图的方式发现事物隐含的规律等都有所渗透，学生已经具有一定的逻辑推理能力和综合运用所学知识解决问题的能力。一是通过视频，提高了学生的学习积极性。通过讲航空飞机爆炸事件的视频抓住了学生的好奇心（飞机的爆炸真的和一个次品有关），让学生感受到知识来源于生活，激发了其对新课学习的积极性和主动性。二是注重合作探究，保持学生的主体地位。在互动展示环节，让学生进行合作学习、小组交流，经历知识形成的过程，不仅获得了数学结论，更重要的是逐步学会了获得数学结论的思想方法——猜想验证，提高了主动探索获取知识的能力，增强了学好数学的信心。

## 【导学单】

### 《找次品》导学单

自学课本第 111~112 页的内容并完成下面的内容：

王师傅加工了 15 个零件，其中有一个是次品，次品的质量稍轻，至少操作几次能找出这个次品？

| 每次每边放的个数 | 分成的份数 | 要称的次数 |
| --- | --- | --- |
|  |  |  |
|  |  |  |
|  |  |  |

还可以怎样表示出来？

## 第六篇

六年级

数学教学案例

# 《分数乘整数》教学案例

## 【教学设计】

| 课题 | | 分数乘整数 | 课型 | 新授课 |
|---|---|---|---|---|
| 三维目标 | 知识目标 | 引导学生自主探究，理解分数乘整数的意义，在此基础上再通过猜测、推想、验证等方法掌握分数乘整数的计算法则，并能正确进行计算，明白计算过程中能约分的要先约分的道理 | | |
| | 能力目标 | 培养学生的合作探究意识及良好的逻辑思维能力 | | |
| | 情感目标 | 让学生在课堂中交流学习数学的感受，获得学习成功的体验 | | |
| 教学重点 | | 使学生理解分数乘整数的意义及计算方法 | | |
| 教学难点 | | 总结分数乘整数的计算方法 | | |
| 学情分析 | | 学生凭借已有的知识和学习经验基本知道怎么算，这节课重要的是要关注让学生理解为什么可以这样算 | | |
| 教法、学法 | | 讲授法、探究法 | | |
| 教学资源 | | 多媒体课件、直尺 | | |
| 教学步骤 | | 教师活动 | 学生活动 | 设计意图 |
| 教学过程 | | 一、设疑激趣，引入新课<br>先填空，再说说整数乘法的意义。<br>6+6=（　）×（　）<br>$\frac{5}{7}+\frac{5}{7}+\frac{5}{7}+\frac{5}{7}$=（　）×（　）<br>14+14+14=（　）×（　）<br>$\frac{7}{9}+\frac{7}{9}+\frac{7}{9}+\frac{7}{9}+\frac{7}{9}+\frac{7}{9}+\frac{7}{9}$=（　）×（　）<br>哪位同学上台展示导学单上你画的分数？<br>分数乘整数的意义与整数乘法的意义 | 学生独立完成题目，并展示导学单的成果，回答教师提出的问题。 | 从学生已有的生活经验出发，为后面的学习做铺垫，为有效突破教学难点做准备。 |

| 教学步骤 | 教师活动 | 学生活动 | 设计意图 |
|---|---|---|---|
| 教学过程 | 相比，有什么联系？<br>揭示课题并板书。<br>**二、创设情境，导学探究**<br>1. 教学分数乘整数的意义<br>出示例1，指名读题：小新、爸爸、妈妈一起吃一个蛋糕，每人吃 $\frac{2}{9}$ 个，3人一共吃多少个？<br>（1）分析演示。<br>题中的"小新、爸爸、妈妈一起吃一个蛋糕，每人吃 $\frac{2}{9}$ 个"的意思什么？<br>（每人吃了整个蛋糕的 $\frac{2}{9}$）<br>A. 确定标准量（单位"1"）和比较量。<br>每人吃了整个蛋糕的 $\frac{2}{9}$，是把整个蛋糕看作标准量（单位"1"）；把每人吃的份数看作比较量。<br>B. 借助示意图理解题意。<br>（2）观察引导。<br>这道题3个加数有什么特点？使学生看到3个加数的分数相同。教师问：求3个相同分数的和怎样列式比较简便呢？引导学生列出乘法算式。教师板书：$\frac{2}{9} \times 3$。再启发学生说出 $\frac{2}{9} \times 3$ 表示求3个 $\frac{2}{9}$ 相加的和。<br>（3）比较 $\frac{2}{9} \times 3$ 和 $12 \times 5$ 两种算式的异同：<br>提示：从两个算式表示的意义和两个算式的特点进行比较。（让学生展开讨论）通过讨论使学生得出结论。<br>（4）概括总结。<br>教师明确：两个算式表示的意义相同，谁能用一句话概括出两个算式的意义？（引导） | 根据题意列出加法算式 $\frac{2}{9} + \frac{2}{9} + \frac{2}{9}$.<br><br>学生说出乘法算式并理解 $\frac{2}{9} \times 3$ 表示求3个 $\frac{2}{9}$ 相加的和。<br><br>学生通过讨论得出：<br>相同点：两个算式表示的意义相同。<br>不同点：$\frac{2}{9} \times 3$ 是分数乘整数，$12 \times 5$ 是整数乘整数。 | 把学习的主动权真正交给了学生，让学生在足够自主的空间、足够多的机会中自主探究、积极合作，足以让学生获得积极的、深层次的体验。 |

| 教学步骤 | 教师活动 | 学生活动 | 设计意图 |
|---|---|---|---|
| 教学过程 | 2. 教学分数乘整数的计算法则<br>（1）推导算理：由分数乘整数的意义导入。<br>问：$\frac{2}{9} \times 3$ 表示什么意义？引导学生说出表示求 3 个 $\frac{2}{9}$ 的和。板书：$\frac{2}{9}$ $+ \frac{2}{9} + \frac{2}{9}$。学生计算，教师板书：$\frac{2+2+2}{9}$。提示：分子中 3 个 2 连加的简便写法怎么写？学生答后板书：$\frac{2 \times 3}{9} = \frac{6}{9} = \frac{2}{3}$（块）<br>教师说明：计算过程中间的加法算式部分是为了说明算理，计算时省略不写。（边说边加虚线）<br>（2）引导观察。<br>观察结果：$\frac{2 \times 3}{9}$ 的分子部分 2×3 就是算式中 $\frac{2}{9}$ 的分子 2 与整数 3 相乘，分母没有变。<br>（3）概括总结。<br>请根据观察结果总结 $\frac{2}{9} \times 3$ 的计算方法。（互相讨论）<br>汇报结果：（多找几名学生汇报）使学生得出 $\frac{2}{9} \times 3$ 是用分数 $\frac{2}{9}$ 的分子 2 与整数 3 相乘的积作分子，分母不变。<br>根据 $\frac{2}{9} \times 3$ 的计算过程明确指出：分子、分母能约分的要先约分，然后再乘。约分约得的数要与原数上下对齐。<br>三、巩固提升<br>（1）一袋面包重 $\frac{3}{10}$ kg，3 袋面包重 | 学生总结都是表示求几个相同加数的和。<br><br><br><br>学生尝试计算 $\frac{2}{9} \times 3$.<br><br><br><br>学生讨论 $\frac{2 \times 3}{9}$ 的分子部分、分母与算式 $\frac{2}{9} \times 3$ 两个数有什么关系。 | 学生通过合作学习，总结、归纳，培养学生的语言表达能力和逻辑思维能力。 |

续 表

| 教学步骤 | 教师活动 | 学生活动 | 设计意图 |
|---|---|---|---|
| 教学过程 | 多少 kg？<br><br>（2）填空。<br><br>$\dfrac{3}{4}+\dfrac{3}{4}+\dfrac{3}{4}+\dfrac{3}{4}=$ ＿＿ × ＿＿ ＝＿＿<br><br>$\dfrac{5}{8}+\dfrac{5}{8}+\dfrac{5}{8}=$ ＿＿ × ＿＿ ＝＿＿<br><br>（3）大约从 1 万年前开始，青藏高原平均每年上升约 $\dfrac{7}{100}$ m。按照这个速度，50 年它能长高多少米？100 年呢？<br><br>**四、全课小结**<br>师：通过这节课的学习，同学们与老师一起找到了分数乘整数与分数加法的关系，特别棒！那同学们还想学分数乘法的哪些知识呢？大家可以回去思考一下，自学一下 | 学生独立完成练习，并汇报订正 | 学以致用，让学生在生动活泼的数学学习活动中感受到数学与生活的紧密联系 |
| 板书设计 | **分数乘整数**<br><br>$$\dfrac{2}{9}\times3=\dfrac{2}{9}+\dfrac{2}{9}+\dfrac{2}{9}=\dfrac{2\times3}{9}=\dfrac{6}{9}=\dfrac{2}{3}$$ | | |

## 【点评】

分数乘整数的意义与计算法则的学习建立在整数乘法的意义与计算法则的基础上，因此，本节课在讲分数乘整数之前时，安排了如下复习内容：一是求几个几相加是多少，怎样列式，以此复习整数乘法的意义。二是提供两类算式（几个相同整数相加和几个相同分数相加），让学生感知分数乘整数的意义与整数乘法的意义之间的联系，突出分数乘整数的意义与整数乘法的意义相同，都是求几个相同加数的和的简便运算。本节课有以下几个特点：一是运用导学单，建立起新旧知识之间的联系。在"设疑激趣，引入新课"环节，通过让学生填空、分享导学单，复习旧知，引出新知，为运用旧知迁移出新知的规律和方法做准备。二是以学生为主体，教师做学生学习的引导者。在"创设情境，导学探究"环节，通过例题教学，引导学生找单位"1"与具体量、分数与具体量的对应关系，通过引导学生观察、讨论，推导出算理，概括出计算方法，并最终解决问题。三是练习安排有层次性，密切联系生活实际。在巩固提升环节，安排了3个题目：第1、2题巩固分数乘整数，目的是加强分数乘整数的计算方法的掌握；第3题运用分数乘整数解决实际问题，体现数学与生活的紧密联系，激发学生学习数学的兴趣。

## 【导学单】

### 《分数乘整数》导学单

请同学们先预习书本第2~3页例1、2。

写出一个你喜欢的分数，并用画一画的方式把它表示出来。表示这样相同的3个分数的和，你还会画吗？试一试。

# 《圆的认识》教学案例

## 【教学设计】

| 课题 | | 圆的认识 | 课型 | 新授课 |
|---|---|---|---|---|
| 三维目标 | 知识目标 | 1.通过观察、操作等活动认识圆，理解圆心、半径、直径的意义，掌握圆的特征，理解同一个圆里（或等圆）半径与直径的关系。<br>2.让学生了解、掌握画圆的多种方法，初步学会用圆规画圆；转变学生学习的方式，培养学生观察、分析、概括等思维能力和初步的空间观念 | | |
| | 能力目标 | 通过观察、操作、想象等活动，培养学生自主探究的意识，进一步发展学生的空间观念 | | |
| | 情感目标 | 让学生体验到圆在日常生活中的应用并感受到圆的美 | | |
| 教学重点 | | 在探索中发现圆的特征 | | |
| 教学难点 | | 理解同一个圆里（或等圆）半径与直径的关系，能利用圆的特征解决生活实际问题 | | |
| 学情分析 | | 圆是一种常见的、简单的曲线圆形，在学习"圆的认识"以前，学生已经具备一定的生活经验，对圆有了初步的感性认识，但是由于农村小学生知识面较窄，视野不够开阔，特别是一些父母不在身边的学生，很难将圆的认识与生活中的数学问题联系起来，对圆进行理性认识有一定的难度。因此，在上本课时，必须加强与实际生活的联系，加强实践操作，让学生通过折、量、画、议等手段，在动手做中获得知识的体验，体会到成功的愉悦，增强学习兴趣，达到顺利完成教学本节内容的目的 | | |
| 教法、学法 | | 讲授法、演示法、讨论法、练习法 | | |
| 教学资源 | | 课件、圆规、直尺、3张作业练习纸、大小不同的圆片 | | |

续 表

| 教学步骤 | 教师活动 | 学生活动 | 设计意图 |
|---|---|---|---|
| 教学过程 | 一、汇报导学单完成情况<br>师：请你用圆规画一个圆，并尝试标出圆各部分的名称。<br>生活中你知道有哪些现象是应用了圆的特征的，请列举出来。<br>（利用投影展示导学单的完成情况）<br>二、创设情境，导入新课<br>师：今天老师给大家带来了一些平面图形，请看大屏幕。快点看一看，都认识吗？<br>师：你能从中找出一个与众不同的吗？为什么？<br>师小结：长方形、正方形、平行四边形、三角形、梯形都是在平面上由直直的线段围成的图形，而圆则是由曲线围成的图形，称作"曲线图形"。<br>三、动手探究，初步感知圆的特征<br>1.初次画圆，了解画圆方法——"定点，定长"，认识圆心、半径、直径<br>（1）学生初次画圆。<br>学生拿出教师准备好的圆规，师生一起了解圆规各部分的作用。<br>试着用圆规在1号作业纸上画出一个任意大小的圆，边画边思考"怎样能把这个圆画得很圆呢"。<br>教师根据学生回答总结出：用圆规画圆一要注意圆规针尖固定好不能乱动，即"定点"；二要注意圆规两脚之间的距离不能改变，即"定长"。<br>（板书：定点、定长）<br>（2）教师示范画圆，组织学生认识圆心、半径、直径。<br>教师根据学生交流的方式示范画圆。<br>引导学生观察：画圆时的这个"定点"就是圆的"圆心"，（板书：圆心）也就是圆的中心，一般用字母 O 表示。（板书：O）而圆规两脚之间不变 | 学生自由回答。<br><br>学生初次用圆规画圆。画圆画得很标准的学生介绍用圆规画圆的方法。 | 通过检测学生的预习情况，掌握学情，调整教学方法。<br><br>将要学的新知识建立在学生已有经验和认知的基础上，使学生不觉得陌生。<br><br>学生通过尝试、表述、概括等步骤，循序渐进地掌握用圆规画圆的方法，培养学生自学的能力、用数学语言表述的能力，从而发展数学思维。 |

| 教学步骤 | 教师活动 | 学生活动 | 设计意图 |
|---|---|---|---|
| 教学过程 | 的距离就是圆的半径，（板书：半径）为了能让大家清楚地看出来，老师把半径画下来（师示范画半径）。<br>教师引导学生观察并总结半径的特点。<br>师小结：连接圆心到圆上任意一点的线段就叫作半径，一般用字母 $r$ 表示。（板书：$r$）<br>师：在圆中还有一条特殊的线段，老师也把它画下来（示范画直径）。<br>教师引导学生观察并总结直径的特点。<br>师小结：通过圆心并且两端都在圆上的线段就是圆的直径，一般用字母 $d$ 表示（板书：直径，$d$）。<br>2.第二次画圆，了解圆心、半径的作用<br>师：请同学们拿出 2 号作业纸，再用圆规画一个圆，并标出圆心、半径、直径，用字母表示出来即可，这次咱们来比比谁画得又快又好。<br>请大家仔细观察，这几位同学画的有没有什么不同的地方？<br>我们再来继续观察，这几个圆除了大小不同外，还有什么不同？（学生观察并回答"位置不同"，教师引导学生发现"圆心决定圆的位置"）<br>**四、合作学习，进一步研究圆的特征**<br>1.介绍研究方法<br>通过刚才的学习我们对圆已经有了一个初步的认识，要想深入地研究圆，还要进一步地研究圆的特征。从哪些方面来研究呢？<br>我们一起来回想一下，以前研究平面图形的特征时都是从哪些方面来研究的？以长方形为例，我们都研究了长方形的什么？<br>师小结：研究平面图形的特征主要是从边和角的数量、边的长度及它们之 | 学生拿出 2 号作业纸，用圆规画圆，并标出圆心、半径、直径。 | 学生通过再次画圆在观察比较的基础上得出半径及圆心的作用，让学生有较强的成就感。 |

| 教学步骤 | 教师活动 | 学生活动 | 设计意图 |
|---|---|---|---|
| 教学过程 | 间的关系这几方面入手的。圆也是一个平面图形，虽然它没有直直的边、没有角，但是它有什么？（学生回答：圆心，半径，直径）<br>师：那么，我们就从圆心、半径、直径的数量及长度这几方面来研究圆的特征，好吗？<br>2. 小组活动，研究交流圆的特征<br>师：请大家听好活动要求（课件展示，并指名读一读）小组现在开始研究吧！<br>每个小组都讨论得非常热烈，有收获吗？我们一起来交流交流。在交流前老师先给大家提点要求：每组派2名代表上来，要把研究的方法、过程和结果都交流出来。如果有说得不完整的，小组其他同学可以补充。其他组同学要认真听，有疑问的可以提出来。听清楚了吗？<br>教师根据学生回答进行总结并板书：在同一个圆里有1个圆心，无数条半径和直径；在同一个圆里半径或直径的长度都相等；直径的长度是半径的2倍，用字母表示为 $d=2r$，$r=d\div2$。<br>3. 看书<br>师：刚才研究的过程大家都表现得不错。下面打开课本第2页，仔细读第2页和第3页的内容，通过看书你会有新的收获的。注意啊，看书可不能光看字，还要看看研究的过程和方法。（学生看书，师巡视指点）<br>师：谁来说说你的新收获？（指名回答）<br>**五、巩固提升**<br>（1）以 $O$ 点为圆心，以6厘米为半径画一个圆。 | 学生自由回答。<br><br>学生小组活动交流圆的特征。<br><br>学生阅读课本第2页和第3页的内容。 | 通过引导学生回顾平面图形的特征，帮助学生明确研究方向，即从圆心、半径、直径的数量、长度及之间的关系来进一步研究圆的特征。<br><br>通过小组合作，让学生自己动手折一折、画一画、量一量，相互交流、讨论、补充、启发，从具体上升到抽象，而且使学生感悟了研究数学问题的基本方法。 |

| 教学步骤 | 教师活动 | 学生活动 | 设计意图 |
|---|---|---|---|
| 教学过程 | 拿出桌上的 3 号作业纸，听好要求：以 O 点为圆心，6 厘米为半径画一个圆。<br>师：请大家仔细观察，这个圆和这个长方形有什么关系？（学生通过观察得出"圆的直径是长方形的宽"）<br>教师引导学生观察总结出，刚才画的这个圆就是这个长方形内最大的圆。<br>如果要在一个边长 10 厘米的正方形里画一个最大的圆，你认为圆的半径是多长？<br>（2）画一个直径 60 米的圆。<br>师：老师这儿还有个画圆的问题，大家还能解决吗？（课件展示：怎样画一个直径 60 米的圆）<br>说说你的想法。（指名回答，教师根据学生回答引导学生比较几种方法的优点与不足）<br>教师根据学生回答提炼出一个更好的方法：拿一根长绳子，一端固定好，另一端绑上笔，旋转一周即可得到一个圆。<br>然后引导学生观察得出：固定的点就是圆的圆心，绳子的长就是圆的半径，需要 30 米，旋转一周，就转出了无数条半径，也就形成了一个圆。<br>（3）拓展：早在两千多年前，我国古代就有了关于圆的精确记载，墨子在他的著作中这样描述道："圆，一中同长也。"通过刚才所学，你知道"一中"指的是什么吗？"同长"呢？<br>（指名回答：半径相等，直径也相等）<br>这与我们刚才的发现怎么样？（一样）<br>更何况我们古人的这个发现比欧洲西方国家要早一千多年呢！我们的老祖宗不简单吧！<br>师：圆在我们的生活中扮演着重要的角色，并成了美的使者和化身。请你说说生活中哪些地方有圆？ | 学生画圆。<br><br><br><br><br><br><br><br><br><br>学生思考并回答。<br><br><br><br><br><br><br><br><br><br><br>同桌互相讨论思考方法。<br><br><br><br><br><br><br><br>学生交流生活中的圆。 | 学生对刚刚形成的知识做到活学活用，帮助学生深层理解知识。<br><br><br><br><br><br>让学生寻找和欣赏生活中的圆，使学生感受到生活中处处有数学，同时也让学生感受到圆的美及无处不在，体现数学来源于生活 |

续表

| 教学步骤 | 教师活动 | 学生活动 | 设计意图 |
|---|---|---|---|
| 教学过程 | 师：老师也为大家带来了一些生活中的圆，我们一起来欣赏。（课件展示）看了之后有什么感觉?（指名回答）这么美的圆啊，怪不得古希腊的数学家这样说道："圆是一切平面图形中最完美的图形。"也正因为有了圆，才让我们的生活更加多姿多彩。<br>**六、全课总结**<br>师：通过这节课的学习，你都有哪些收获呢?<br>师：同学们的收获真不少，关于圆的秘密还远远不止这些呢。我们东方人更把圆看成了"圆满、美满"的象征。课后你可以自己查阅一下相关资料，进一步地研究圆、了解圆 | 学生谈收获 | |
| 板书设计 | **圆的认识**<br><br>连接圆心和圆上任意一点的线段叫作**半径**。<br><br>通过圆心并且两端都在圆上的线段叫作**直径**。<br><br> | | |

## 【点评】

圆的认识是建立在学生直观认识圆和已经比较系统地认识了平面上的直线图形的基础上进行教学的。本节课具有以下特点：第一，导学探究，初步认识新知。在汇报导学单完成情况这一环节，通过联系生活实际，让学生找出日常生活中用到圆特征的现象，然后通过动手画一个圆，尝试标出各部分名称，让学生对圆的特征有初步的认识。第二，密切联系生活实际，激发学生学习兴趣。在"创设情境，导入新课"环节，通过出示生活中的一些平面图形，让学生从中找出一个与众不同的图形，让学生初步感知圆是一个曲边图形，为后面进一步研究圆的特征做准备。第三，小组合作探究，操作中获得新知。在动手探究环节，初步感知圆的特征。此环节通过观察、操作、讨论使学生认识圆的形状，掌握圆的画法及圆各部分的名称。学生在操作中体验着概念、感悟着概念，最终理解了概念。学生获取知识兴趣浓厚，积极主动。第四，在"合作学习，进一步研究圆的特征"环节，重视学生动手、动脑，主动参与知识的形成过程。让学生充分参与实践活动，给学生提供了大量的观察、操作、猜测、讨论、交流的机会。第五，多元练习，满足学生多样化需求。在巩固提升环节，设置了最基础的用圆规画一个小圆，还设置了不用圆规画一个大圆。将认识圆升华到用有关圆的知识解决实际问题，让学生感受数学与现实生活的密切联系。

此外，本节课的末尾，教师在学生找生活中的圆之后，出示一些生活中的圆，让学生充分感知圆让我们的生活更加多姿多彩，并提出东方人把圆看成了"圆满、美满"的象征，将圆做了进一步的升华，极大地激发了学生观察生活、发现生活中数学美的热情。

## 【导学单】

### 《圆的认识》导学单

请同学们先预习书本第 57~58 页内容，并尝试完成下列两题。

（1）请你用圆规画一个圆，并尝试标出圆各部分的名称。

（2）生活中有哪些现象是应用了圆的特征的，请你列举出来。

# 《百分数的意义和读写法》教学案例

## 【教学设计】

| 课题 | | 百分数的意义和读写法 | 课型 | 新授课 |
|---|---|---|---|---|
| 三维目标 | 知识目标 | 在具体情境中理解百分数的意义，会正确读写百分数 | | |
| | 能力目标 | 在合作交流的学习过程中培养学生观察思考、比较分析、归纳总结、与人交流、合作学习的学习能力 | | |
| | 情感目标 | 使学生感受到数学与生活的密切联系，增强对数学学习的积极性。培养学生良好的思考问题的习惯 | | |
| 教学重点 | | 百分数的意义、读法和写法 | | |
| 教学难点 | | 百分数与分数的联系和区别 | | |
| 学情分析 | | 学生已学过了小数、分数的相关知识，对于将分母不同的分数进行通分已掌握得相当熟练，为本课的学习做好了知识的铺垫。百分数，学生在现实生活中有所接触，但没有一个完整的、正确的认识。通过近五年的数学学习，学生已初步掌握了一些学习数学的基本方法，具备了一定的观察、比较和合作交流的能力，能围绕数学问题开展初步的讨论活动，能比较清楚地表达自己的意见，认真倾听他人的发言，具备了初步的数学交流能力 | | |
| 教法、学法 | | 讲授法、讨论法、练习法 | | |
| 教学资源 | | 多媒体课件，学生每人课前搜集的如商品标签、包装盒上的百分数等资料 | | |
| 教学步骤 | | 教师活动 | 学生活动 | 设计意图 |
| 教学过程 | | 一、**创设情境，提出问题**<br>导学单交流。<br>师：百分数有什么好处呢？对于百分数你还想知道些什么呢？<br>师指出：同学之间互相交流讨论来解决，下面就用你自己喜欢的办法来研 | 学生交流导学单。 | 课前让学生收集生活中的百分数，对激发学生内在的学习动机起到了很好的作用。 |

| 教学步骤 | 教师活动 | 学生活动 | 设计意图 |
|---|---|---|---|
| 教学过程 | 究一下，好吗？说说你的研究收获，跟大家分享一下。<br>**二、探究新知**<br>1. 出示问题，小组交流<br>师：大家研究得真不错，大家想不想对这些问题认识得再深刻一些呢？好，同学们，数学是最讲理的一门科学，我们看看下面的这个问题：在一场足球比赛中，猛虎队获得了一次罚点球的机会，他们准备派下列三名队员中的一名去罚点球。<br>7号队员：我曾经罚点球20次，罚中18次。<br>3号队员：我曾经罚点球10次，罚中7次。<br>5号队员：我曾经罚点球25次，罚中21次。<br>你们认为该派谁去罚点球呢？（出示空表格）请在小组内交流你的想法。师小结。<br>2. 教学百分数的写法和读法<br>（1）师：像这样分母是100的分数，我们通常写成百分数的形式。我们一般这样写——去掉分数线，先写分子90，再写百分号（师板书写作：90%）。教学百分号的写法。<br>（2）师：在写百分号时我们要注意什么呢？全班书空写一遍。让学生写出另外两个百分数并评价。<br>3. 教学百分数的意义<br>（1）师指百分数说：你们会读吗？接下来我们一起来读一读吧！<br>90%（师板书读作：百分之九十）再读70%、84%。 | 合作学习研究百分数。<br><br><br><br><br><br><br><br><br><br><br><br><br>学生在小组内交流自己的想法。全班汇报。<br><br><br><br><br><br><br><br><br><br>归纳总结百分数的读写法。 | <br><br><br><br><br><br>在初步感知百分数产生的必要性后，让学生通过思考观察及比较后概括提炼百分数的含义。<br><br><br><br><br><br><br><br><br><br><br><br><br>为学生提供相互学习的机会，从合作交流中互补完善。 |

| 教学步骤 | 教师活动 | 学生活动 | 设计意图 |
|---|---|---|---|
| 教学过程 | （2）师生共同归纳板书：表示一个数是另一个数的百分之几的数，叫作百分数。（齐读两遍）<br>师：你们看，在百分数的意义中提到了几个数？（两个数）那百分数就表示它们之间的一种？（生：关系）也就是说，百分数表示的是两个数量之间的关系。<br>（3）师：老师课前在生活中找到一些百分数，你们想看吗？<br>课件出示情境图，依次提问：谁能说一说这里的百分数表示的意义？<br>A.第五次我们人口普查情况信息<br>B.衣服图和纯果汁图<br>C.食物中各种蛋白质成分统计表<br>D.一名篮球队员在一场比赛的命中率<br>师引导学生发现：大家发现没有，这个百分数前面是？（小数）对了，百分数的分子可以是小数，也可以是整数。<br>（4）五年级学生作息时间统计图（学生选择一两个说明谁占谁的百分之几）<br>师：（课件出示）下面四句话中有四个分数，哪些可以写成百分数？为什么？<br>①鸡的只数是鸭的 $\frac{60}{100}$；②绳长是铁丝长的 $\frac{63}{100}$；③一堆煤，已经运走了 $\frac{60}{100}$ 吨；④面粉的重量是大米的 $\frac{3}{4}$。<br>师生讨论之后回答，教师进一步提问： $\frac{20}{100}$ 吨为什么不能写成百分数？<br>师小结：百分数是一种特殊的分数，它只表示两个数量之间的关系，就像原来学过的一个数是另一个数的几倍一样，它们都不带单位名称，只表示两个数量之间的关系。所以百分数又叫百分率或百分比。（补充板书：百分率、百分比） | 学生独立回答。<br><br>学生说理由。 | 通过生活中的百分数，让数学知识与生活实际相联系。 |

| 教学步骤 | 教师活动 | 学生活动 | 设计意图 |
|---|---|---|---|
| 教学过程 | 三、拓展运用，实践创新<br>我们一起去数学游乐场逛逛吧！<br>（课件出示）我会读：3.9% 1% 120%<br>6% 98% 100% 300%<br>师：先来读一读这些百分数。<br>师：这一组百分数中，哪个最大？哪个最小？哪两个最接近？<br>师：1%是最小的百分数吗？生活中还有比1%小的百分数吗？（生举例）<br>师：对了，百分数的分子可以是小数，也可以是整数，有的大于分母，有的小于分母。<br>创造百分数：先让学生摆小圆片，说出百分数；再让学生看方格图，说百分数；让学生自己找一找身边有没有百分数。<br>四、总结新课，课后延伸<br>师：同学们，通过今天的学习，你们都有了哪些收获？<br>师：老师真为你们高兴，看下面的一句话，你想到了什么？<br>课件出示：天才=99%的汗水+1%的灵感。（师配音：天才=99%的汗水+1%的灵感。我相信在学习中，只要你们肯付出、乐于付出，成功就会永远属于你！加油！） | 巩固练习。<br><br>畅谈收获 | 通过各种各样的练习，让学生进一步加深对百分数的认识，感受到百分数在生活中的应用，发现数学和其他学科之间的联系，发现学习数学的乐趣 |
| 板书设计 | **百分数的意义和读写法**<br>百分数（又叫百分率或百分比）<br>表示一个数是另一个数的百分之几的数，叫作百分数<br>90% 读作：百分之九十 | | |

## 【点评】

数学源于生活、用于生活，生活中的许多事例都与数学知识有联系，《全日制义务教育数学课程标准（实验稿）》十分强调数学与现实生活的联系，通过教学使学生"认识到现实生活中蕴含着大量的数学信息、数学在现实世界中有着广泛的应用；面对实际问题时，能主动尝试着从数学的角度运用所学知识和方法寻求解决问题的策略；面对新的数学知识时，能主动地寻找其实际背景，并探索其应用价值"。在这一课中，教师密切联系学生生活实际，从学生熟悉的生活情景和感兴趣的事物出发，为他们提供了观察比较、探索研究、归纳总结的机会，使其感受到数学的趣味和作用，体会到了数学就在身边，就在日常生活中。

对于小学生来说，真切感受百分数的意义不是件容易的事。教师首先让学生在解决问题中创造出百分数，然后推而广之，寻找生活中的百分数。每一个百分数放置在具体环境中便有了确切的含义，学生也学到了许多生活的知识。紧接着通过游戏进一步体验了百分数的意义，有了大量的感性认识，学生很容易上升到理性认识，从而归纳出百分数的定义。这样把抽象的数学概念变为小学生看得见、摸得着、理解得了的数学事实，让学生不知不觉间学到了知识，收到了很好的教学效果。

## 【导学单】

### 《百分数的意义和读写法》导学单

请同学们先预习书本第 82~83 页内容，并尝试完成下题。

收集生活中的百分数，选择其中一个说说它表示什么意义。

（　　　）% 表示：_____

思考：百分数是分数吗？说说你的理由。

# 《折扣》教学案例

## 【教学设计】

| 课题 | | 折扣 | 课型 | 新授课 |
|---|---|---|---|---|
| 三维目标 | 知识目标 | 1. 理解"折扣"的意义。<br>2. 在掌握求一个数的百分之几是多少这种问题的基础上自主解决问题 | | |
| | 能力目标 | 学会合理、灵活地选择方法，锻炼运用数学知识解决实际问题的能力 | | |
| | 情感目标 | 感受数学知识与生活的紧密联系，激发学习兴趣 | | |
| 教学重点 | | 会解答有关折扣的实际问题 | | |
| 教学难点 | | 合理、灵活地选择方法，解答有关折扣的实际问题 | | |
| 学情分析 | | 对于折扣，大多数学生在日常生活中通过各种渠道多少有过接触、了解，经常看到商场有这样的促销方式，但学生的这种认识还只是被动的生活经验，他们只能想到价格便宜了，但不能解释清楚便宜多少，并未真正理解折扣的知识，不能与百分数联系起来，需要教师规范指导，使其形成系统概念 | | |
| 教法、学法 | | 调查法、讲授法、讨论法、练习法 | | |
| 教学资源 | | 课件 | | |
| 教学步骤 | | 教师活动 | 学生活动 | 设计意图 |
| 教学过程 | | **一、创设情境**<br>（1）同学们，看看老师在新年的时候拍的商场照片，你们觉得最引人关注的是什么？<br>（2）大家都有一双数学慧眼，今天我们就来学习折扣的知识，教教大家怎样省钱。 | | 通过课前参与激发学生的兴趣，调动学生的生活经验，了解常见的优惠方式，使每一个学生都能 |

续 表

| 教学步骤 | 教师活动 | 学生活动 | 设计意图 |
|---|---|---|---|
| 教学过程 | **二、导学探究**<br>（1）在导学单中，大家调查了哪些商品促销信息？你所调查到的"打折"是什么意思呢？比如说打"六折"，你怎么理解？<br>（2）你们举的例子都很好，老师也收集到某商场打七折的售价标签。（课件出示）<br>（3）引导提问：如果原价是10元的铅笔盒，打七折，猜一猜现价会是多少。如果原价是1元的橡皮，打七折，现价又是多少？<br>（4）仔细观察，商品在打七折时，原价与现价有一个什么样的关系？<br>（5）归纳定义：通俗来讲，商店有时降价出售商品，叫作打折扣销售，通称"打折"。几折就是十分之几，也就是百分之几十。如八五折就是85%，九折就是90%。<br><br>**三、互动展示**<br>（1）爸爸给小雨买了一辆自行车，原价180元，现在商店打八五折出售。买这辆车用了多少钱？<br>引导学生分析题意：打八五折怎么理解？是以谁为单位"1"？<br>先让学生找出单位"1"，然后找出数量关系式：原价×85%=实际售价。<br>根据学生的汇报，板书：180×85%=153（元）<br>（2）爸爸买了一个随身听，原价160元，现在只花了九折的钱，比原价便宜了多少钱？<br>引导学生理解题意：只花了九折的钱怎么理解？以谁为单位"1"？<br>根据学生的汇报板书。 | 学生动手操作、计算、讨论，找出规律。<br><br><br>自主探究与小组交流结合，解决疑问。<br><br><br><br><br><br><br><br><br>学生根据数量关系式，独立列式解答。全班交流。<br><br><br><br>学生试算，独立列式 | 在实际的情境中清楚打折的含义，将折扣与百分数知识初步建立联系。<br><br><br><br><br><br><br><br><br>通过折扣问题与百分数问题的联系，明确求现价就是求一个数的百分之几是多少。虽然折扣问题是新接触的数学问题，但是可以把它转化成学过的百分数问题，利用百分数的知识来解决相关问题 |

| 教学步骤 | 教师活动 | 学生活动 | 设计意图 |
|---|---|---|---|
| 教学过程 | （3）提高运用：在某商店促销活动时，原价 200 元的商品打九折出售，最后剩下的几个，商家再次打八折出售，最后的几个商品售价多少元？<br>引导学生分析，学生独立完成，再集体交流，让学生明确："折上折"相当于连续求一个数的百分之几是多少。<br>**四、归纳释疑**<br>师：关于折扣问题，同学们觉得它与什么知识有关系？<br>生 1：我觉它和分数乘法问题是一样的。<br>生 2：折扣问题其实求的是现价是原价的百分之几的问题。<br>师：折扣问题其实就是求一个数的几分之几是多少的数学问题。<br>**五、巩固提升**<br>（1）判断。<br>①商品打折扣都是以商品的原价格作为单位"1"，即标准量。（　　）<br>②一件上衣现在打九折出售，就是说比原价便宜了 10%。（　　）<br>（2）填空。<br>①商品打八折出售，就是按原价的（　　）% 出售，也就是降价（　　）%。打七五折出售，就是按原价的（　　）% 出售，也就是降价（　　）%。<br>②某种商品实际售价是原价的 95%，也就是按（　　）折出售。<br>（3）买一件 T 恤衫原价 80 元，如果打七折出售，是多少元？<br>（4）一顶帽子原价 50 元，现价 30 元，打几折？<br>**六、评价延伸**<br>通过本节课的学习，你有什么收获？ | 学生独立完成，四人小组交流方法。<br><br><br><br><br><br><br><br><br><br><br><br><br><br>学生独立完成，集体订正 | <br><br><br><br><br><br><br><br><br><br><br><br><br><br><br>通过练习让学生加深对折扣问题的数量关系的理解，并熟练地解决问题 |

续 表

| 教学步骤 | 教师活动 | 学生活动 | 设计意图 |
|---|---|---|---|
| 教学过程 | 生1：我学会了怎样省钱。<br>生2：我明白了折扣是怎么回事，怎样用相同的钱买到更多的东西。<br>师：老师给大家提一个数学问题，看你们会不会灵活运用折扣的知识解决问题。<br>小林在商店买了两个书包，打了八五折，花了68元。如果打七折，需要多少钱？ | | |
| 板书设计 | 折扣<br><br>现价 = 原价 × 折扣<br><br>原价 = 现价 ÷ 折扣<br><br>原价 = 便宜的钱 ÷（1 - 折扣）<br><br>折扣 = 现价 ÷ 原价<br><br>便宜的钱 = 原价 ×（1 - 折扣） | | |

## 【点评】

本节课是在学生已经掌握了百分数的基础上进行教学的，是百分数的实际应用。本节课具有如下几个特点：一是联系生活实际，初步建立联系。在创设情境，理解"折扣"的含义的环节，根据学生的生活经验——学生对这个概念并不陌生，但只是停留于表面的感性认识，如打折，学生都知道是便宜了，比原价少了，但真正能够解释清楚、真正理解的不多。因此，本节课从学生熟悉的日常购物引入新课，通过导学单预习、教师收集的实际例子，在师生的互动交流中，逐步加深对"折扣"的认识，从日常的感性认识上升为理性认识，初步建立折扣与百分数知识之间的联系。在探究新知、解决问题环节，通过折扣问题与百分数问题的联系，明确求现价就是求一个数的百分之几是多少。进一步明确了原价、折扣、现价之间的数量关系，从而达到正确解决问题的目的。让学生理解可以把折扣问题转化成学过的百分数问题，利用百分数的知识来解决相关问题。二是联系生活实际，提高应用意识。在巩固提升环节，安排了四个与实际生活相关的题目，体现数学与生活的紧密联系，让学生体会到数学知识的真正价值，激发学生学习数学的兴趣，有利于增强学生的数学应用意识。

## 【导学单】

### 《折扣》导学单

请同学们先预习书本第 8 页例 1。

你知道哪些商品促销信息？

对于一件商品六折出售，你的理解是：_____。

# 《圆柱的认识》教学案例

## 【教学设计】

| 课题 | | 圆柱的认识 | | 课型 | 新授课 |
|---|---|---|---|---|---|
| 三维目标 | 知识目标 | 了解圆柱各部分的名称及特征，理解圆柱侧面展开图与圆柱之间的关系，建立圆柱的空间概念 | | | |
| | 能力目标 | 经历"点动成线、线动成面、面动成体"的认识过程，感受从运动变化的视角认识图形本质的基本思想 | | | |
| | 情感目标 | 经历实物感受、观察辨析、动态想象等过程，培养学生的空间观念，感受数学的魅力 | | | |
| 教学重点 | | 掌握圆柱的基本特征 | | | |
| 教学难点 | | 圆柱的侧面与其展开图之间的关系 | | | |
| 学情分析 | | 学生已经了解了平面图形以及长方体和正方体，具备了一定几何知识和空间观念，但抽象能力依旧较弱。教师应该搭建操作的桥梁，让学生在操作中建立空间概念，发展空间观念。空间经验的获得需要大量的探索实践活动，而不能简单地通过教师说教给予。在由猜想到实践的过程中，学生不仅对圆柱有深刻的认识，自身的空间观念也从模糊到清晰，不断发展 | | | |
| 教法、学法 | | 观察法、讨论法、讲授法、练习法 | | | |
| 教学资源 | | 课件、圆柱形的教具和学具 | | | |
| 教学步骤 | | 教师活动 | | 学生活动 | 设计意图 |
| 教学过程 | | **一、创设情境，激发兴趣**<br>1.点动成线，一维线的出现<br>师：今天的学习从一个"点"开始，这个笔直向下移动，会出现什么？<br>生1：一条直线。（电脑演示）<br>2.线动成面，二维面的形成<br>师：这条线段向右平移的轨迹可能形 | | 学生感受点动成线、线动成面、面动成体，在认知方向上定位为事物的运动。 | 初步在平面运动的基础上构建立体空间；长方形旋转形成圆柱体，学生初步感知圆柱的发生式定义。 |

| 教学步骤 | 教师活动 | 学生活动 | 设计意图 |
|---|---|---|---|
| 教学过程 | 成什么？<br>生1：平面图形中的长方形或正方形。<br>（电脑演示）<br>3. 面动成体，三维体的构建<br>师：长方形的面垂直平移的运动轨迹会形成什么？哪位同学来展示一下导学单中你画出的图形？<br>生1：立体图形中的长方体。（电脑演示）<br>4. 圆柱体的几何形成<br>师：长方形的面以一条边为轴水平旋转的运动轨迹会形成什么？<br>生1：圆柱体。（先用教具展示，再用电脑课件动态展示）<br><br><br><br>师：长方形以一条边为轴水平旋转，形成的立体图形就是圆柱体，简称圆柱。<br>**二、实物模型的支撑，建立空间观念**<br>1. 生活中的圆柱体，架设圆柱与已有生活经验的桥梁<br>师：生活中存在着怎样的圆柱体？<br>师：圆柱体以它独有的特征，将我们的生活装点得丰富多彩！<br><br><br><br>2. 探究圆柱的基本特征，架设圆柱与二维面之间的桥梁<br>（1）结合圆柱体实物，自主学习例1。 | 集体交流导学单的成果。<br><br><br><br><br><br><br><br><br><br><br><br><br><br><br><br><br><br><br><br><br><br>学生反馈：灯管、柱子、笔、罐头、水桶、水管、金箍棒等。<br><br><br><br><br><br>结合圆柱体实物，自主学习例1，并汇报。 | 由实物抽象出几何形体是空间观念构建的基础，这一环节的创设目的是在生活情景中激活学生的生活经验。<br><br><br><br><br>学生借助实物认识圆柱各部分的特征，最后再脱离实物搜索印象中的几何特征，从而构建空间概念。 |

续　表

| 教学步骤 | 教师活动 | 学生活动 | 设计意图 |
|---|---|---|---|
| 教学过程 | 师：你有哪些发现？还能提出哪些问题？<br>生1：圆柱周围的面叫侧面，侧面是曲面。<br>生2：圆柱两个底面之间的距离叫作圆柱的高。<br>生3：有的圆柱粗有的圆柱细，有的圆柱高有的圆柱矮。<br>（根据学生的发言有条理地板书，寻找课堂生成中的疑惑点进行梳理）<br>师：你们发现圆柱有粗有细，那么圆柱的粗细与什么有关呢？<br>生1：圆柱的粗细与圆柱底面半径相关。<br>师：圆柱的高矮与什么相关呢？<br>生2：圆柱的高矮与圆柱的高有关。<br>（课件展示圆柱的高可能存在的位置）<br>总结：圆柱底面半径决定了圆柱的粗细；圆柱的高决定了圆柱高矮。<br><br>长　　　　　厚<br>铅笔　　　　硬币<br>宽<br>压路机前轮　　　井　深<br><br>（2）巩固圆柱的特征，建立圆柱的空间概念<br>师：闭上眼睛能想象到圆柱的样子吗？如果不能，再看一眼手中的圆柱，记下它的样子并放回学具袋。 | 学生回忆圆柱的样子，并说出圆柱各部分的名称。<br><br><br>学生独立思考回答。 | 使学生脑海中的圆柱更加具体，对圆柱有更深层次理解。 |

| 教学步骤 | 教师活动 | 学生活动 | 设计意图 |
|---|---|---|---|
| 教学过程 | <br><br>3.探究圆柱侧面展开图，从三维走向二维<br>师：刚刚有同学提到圆柱的侧面剪开是一个长方形，你们怎么想?<br>生1：用剪刀将侧面剪开。<br>生2：不是任意地剪，要沿着高剪。<br>学生动手验证，剪出长方形，贴在黑板上。<br><br><br><br>师：这个长方形与圆柱之间有什么关系?<br>生1：长方形的长与圆柱的底面周长相等。<br>生2：长方形的宽与圆柱的高相等。<br>生3：长方形面积就是圆柱侧面的面积。<br>师：对于长方形与圆柱之间的关系，你是怎么理解的?<br>生1：长方形卷起来正好包住圆柱的底面，所以长方形的长是圆柱底面的周长。<br>生2：用底面的圆在长方形长的一端滚一圈刚好到达另一端，也可以说明二者之间的关系。 | 借助空间想象中的圆柱进行猜想，将空间概念的圆柱在想象中展开，再通过实物进行验证。 | 圆柱侧面的学习采取了逐步脱离实物的活动，很好地发展了学生的空间感，也展示了三维体与二维面之间的联系。 |

| 教学步骤 | 教师活动 | 学生活动 | 设计意图 |
|---|---|---|---|
| 教学过程 | 生3：长方形是沿着高剪开的，所以长方形的宽就是圆柱的高。<br>利用课件再次梳理侧面展开图与圆柱的关系：长方形的长与圆柱的底面周长相等，长方形的宽与圆柱的高相等。<br>师：圆柱的侧面展开图一定是长方形吗？<br>生1：也有可能是正方形。<br>师追问：什么情况下是正方形？<br>生2：当圆柱底面周长和圆柱的高相等的时候，侧面展开图就是正方形。<br>小结：立体图形可以转化成平面图形来研究。<br>**三、用数据做支撑，发展空间观念**<br>利用长为31.4 cm、宽为15.7 cm的长方形卡纸形成一个圆柱。<br>组1：用卷的方法，形成一个高是31.4 cm、底面半径为2.5 cm的圆柱。<br>组2：用卷的方法，形成一个高15.7 cm、底面半径为5 cm的圆柱。<br><br>（组1）（组2）<br><br>组3：用旋转的方法，以长方形的长为旋转轴，形成高是31.4 cm、底面半径是15.7 cm的圆柱。<br>组4：用旋转的方法，以长方形的宽为旋转轴，形成高是15.7 cm、底面半径是31.4 cm的圆柱。<br>组5：用旋转的方法，以长方形的长对称轴为旋转轴，形成高是31.4 cm、底面半径是7.85 cm的圆柱。 | 学生根据已有的空间概念展开空间想象，从立体图形内部找出平面图形。<br><br>小组合作学习，研究不同的方法，并汇报。 | 学生已经建立起圆柱体的空间概念，本环节为以后立体几何的学习做好铺垫，更好地实现小初衔接。<br><br>通过巩固练习，提高学生的三维思考能力，发展学生的空间观念 |

| 教学步骤 | 教师活动 | 学生活动 | 设计意图 |
|---|---|---|---|
| 教学过程 | 组6：用旋转的方法，以长方形的短对称轴为旋转轴，形成高是 15.7 cm、底面半径是 15.7 cm 的圆柱。<br><br>（组 3）（组 4）（组 5）（组 6）<br><br>**四、课堂小结，形成空间观念**<br>师：你有哪些收获？<br>**五、脱离实物模型，拓展空间观念**<br>师：对着圆柱切一刀，你打算怎么切？刀切过的面是什么图形？<br>生 1：沿着底面直径竖着切，切出来的可能是一个长方形。<br>生 2：平行于底面横着切，切出来的可能是圆形。<br>生 3：斜着切的切面应该是椭圆。<br>师：到底是什么呢？我们来验证一下。（利用教具进行横切和竖切的验证）<br><br>师：斜着切到底会出现什么图形呢？这个问题可以通过切火腿的办法去解决，同学们回家可以试一试，有些时候几何图形的研究也需要我们实际动手操作 | 学生独立思考并回答 | |
| 板书设计 | **圆柱的认识**<br>有无数条高<br>侧面展开图：沿高剪开是长方形或正方形 | | |

## 【点评】

本节课是建立在学生已经认识了平面图形以及长方体和正方体的基础上的，学生具备了一定几何知识和空间观念。本节课具有如下几个特点。第一，导学探究，初步感知圆柱的定义。在"创设情境，激发兴趣"环节，通过让学生讨论导学单，以及让学生感受点动成线、线动成面、面动成体，构建立体空间，初步感知圆柱的发生式定义，自然地引入课题。第二，以学生为主，学生是学习的主人。在"实物模型的支撑，建立空间观念"环节，先让学生列举生活中的圆柱，然后从生活中的圆柱抽象出圆柱几何图形，让学生初步感知圆柱的特征。本节课以学生为主体，留给学生自主的空间，让学生自主生成知识。在教学中，让学生经历独立学习、观察感知、触摸感受、猜测验证、操作发现等几个环节。第三，体验数学与生活的联系，感知数学的内在本质。在"用数据做支撑，发展空间观念"环节，在操作实践中还原数学的本质，让学生感受数学与生活的联系。第四，"脱离实物模型，拓展空间观念"。通过巩固练习，提高学生的思考能力，发展学生的空间思想。在教师的有效组织下，学生充分利用教学工具进行操作、实践、探究，实现了人与物的和谐统一。

## 【导学单】

### 《圆柱的认识》导学单

请同学们先预习教材第 17、18 页例 1。

在家里找一个圆柱形实物，将它画出来，再仔细观察它的特征，用你喜欢的方式表达你的发现。

# 《比例的意义》教学案例

## 【教学设计】

| 课题 | 比例的意义 | | 课型 | 新授课 |
|---|---|---|---|---|
| 三维目标 | 知识目标 | 在具体情境中理解比例的意义，能应用比例的意义判断两个比能否组成比例 | | |
| | 能力目标 | 使学生经历观察、比较、判断、归纳等活动，深化对概念的理解。感受数学知识的内在联系，在分析问题和解决问题中渗透函数思想 | | |
| | 情感目标 | 渗透爱国主义教育，感受数学美。在活动中获得积极的情感体验 | | |
| 教学重点 | 在具体情境中理解比例的意义 | | | |
| 教学难点 | 应用比例的意义判断两个比能否组成比例，并能正确组成比例 | | | |
| 学情分析 | "比例的意义"是在学生已经掌握了比的知识的基础上进行教学的。学生对于基于数据的分析已经具备一定的数学学习能力，对比例在生活中的运用也有一定的感知。本节课的教学将借助学生熟悉的生活中图形缩放的情境，把学生已有的生活经验与数学思考充分结合起来，让学生从数学的角度去分析、概括问题，感受数学的美 | | | |
| 教法、学法 | 启发式教学、探究学习法 | | | |
| 教学资源 | 多媒体课件 | | | |
| 教学步骤 | 教师活动 | | 学生活动 | 设计意图 |
| 教学过程 | **一、复习铺垫**<br>什么叫作比？什么叫作比值？<br>求比值。<br>$12:16$　$\dfrac{3}{4}:\dfrac{1}{8}$　$4.5:2.7$　$10:6$<br>小结求比值的方法。<br>**二、情趣导入，激发兴趣**<br>教师出示一张原照与放大后的四幅照 | | 学生动笔完成，汇报。 | 复习比的意义和求比值的方法，为新知识的学习做好铺垫。 |

续 表

| 教学步骤 | 教师活动 | 学生活动 | 设计意图 |
|---|---|---|---|
| 教学过程 | 片，提问：哪张照片放大后没变形？为什么？<br>揭题：比例。<br>迁移猜想。<br>师：你认为"比例"和什么知识有联系？<br><br>**三、解决问题，探究新知**<br>1.提出问题，初步感知比例的意义<br>师：我给出没变形的两张照片的数据，你能找到它们的长和宽的比吗？看看有什么发现。<br>师：按比例放大的两张照片有什么特点？<br>根据学生的回答，教师指出：原来按比例放大，每一幅图长与宽的比的比值是不变的。因为比值相等，我们可以把这样的两个比用等号连接起来。<br>板书：12：8=18：12<br>　　　12：8=3：2<br>　　　18：12=3：2<br>2.丰富情境，理解比例的意义<br>（1）出示学校的国旗和教室内国旗的尺寸，让学生思考并汇报发现。<br>　　　2.4：1.6=1.5<br>　　　60：40=1.5<br>　　　2.4：1.6=60：40<br>（2）预习导学单并交流。<br>根据学生汇报，将组成的等式分类板书。<br>引导学生发现后，教师归纳：三面国旗中相对应的数据比值都相等，所以在这三面按比例缩放的国旗的尺寸中，我们可以组成许多等式，这些等式就是比例。你能用自己的话说说什么是比例吗？<br>师小结。<br>**四、练习拓展，巩固比例的意义**<br>1.基础练习，在模仿中理解比例<br>算一算、选一选，下面各表中相对 | 学生观察，说出自己的看法：没变形的照片是把原照片"按比例"放大的。<br><br>学生独立思考解答后，与同桌交流。<br><br>学生汇报：<br>12：8=1.5<br>18：12=1.5<br>3：2=1.5<br><br><br>学生独立思考后，在练习本上写出两个比，并组成等式。<br><br><br>小组合作，交流导学单。<br><br><br><br>学生归纳比例的意义。 | 教师用照片吸引学生的注意力，同时让学生初步感知比例在生活中的应用。<br>教师继续利用情境中的照片，给出数据让学生探究。学生在对数据进行充分观察和分析的过程中，积累宝贵的数学经验，初步感知比例的意义。<br>概念的建立应该经历从具体到抽象的过程，但这个"具体"不能仅仅局限于照片的一组数据。教师提供国旗情境，给学生提供更为充分的探究和体验的机会，为后续概念的抽象提供肥沃的土壤。而导学单是学生在家预习时完成的，他们有充足的思考时间，也为比例概念的抽象提供了基础。 |

续 表

| 教学步骤 | 教师活动 | 学生活动 | 设计意图 |
|---|---|---|---|
| 教学过程 | 应的两个量的比能组成比例的是（　　）。<br><br>A.<br>

| 年龄 /岁 | 12 | 14 |
|---|---|---|
| 身高 /m | 1.4 | 1.6 |

B.

| 路程 /km | 30 | 45 |
|---|---|---|
| 时间 / 时 | 2 | 3 |

C.

| 总价 / 元 | 100 | 200 |
|---|---|---|
| 衣服数量 / 件 | 5 | 10 |

D.

| 箱子数量 / 个 | 2 | 8 |
|---|---|---|
| 质量 /kg | 30 | 120 |

2.提高练习，在变式中理解意义<br>用下图中的 4 个数据可以组成多少个比例？试着写一写。<br><br>3 cm　1.5 cm　2 cm　4 cm<br><br>介绍等角螺线，感受数学的神奇之美。<br><br>**五、评价延伸**<br>这节课你有什么收获？比和比例有什么区别？ | 学生独立完成练习，指名汇报。<br><br><br><br>学生交流本节课的收获 | 通过相对应的量的依存关系，让学生感悟相关联的量，从而对比例意义的内涵和外延都有了较为深入的思考。学生在讨论交流中完成了从具体到抽象的过程，基本建立了比例的概念。整体设计试图让学生在经历观察、比较、思考、交流的过程中，逐渐体会到相关联的两个量之间相互依存、相互对应的关系，通过学习，体会到"当一个量不变时，另一个量与结果的变化是有规律的，若相对应的比值一定，用等式表示就是比例"。这样的设计关注知识的体验过程，渗透函数思想。学生通过交流，完成对概念内涵的理解 |

| 板书设计 | 比例的意义<br>表示两个比相等的式子，叫作比例。 | | |
| --- | --- | --- | --- |
| | $2.4：1.6=60：40$ | $1.6：2.4=40：60$ | $5：2.4=\dfrac{10}{3}：1.6$ |
| | $2.4：1.6=5：\dfrac{10}{3}$ | $1.6：2.4=\dfrac{10}{3}：5$ | $5：60=\dfrac{10}{3}：40$ |
| | 长：宽 | 宽：长 | 长：长或宽：宽 |

## 【点评】

本节课以学生的学情为起点，从生活中比例缩放的现象入手，通过对相应量的数据分析，引导学生理解与领悟比例的意义。学生在学习过程中收获了数学思想与方法，积累了学习的经验，数学素养得以提升。

**1. 以生为本，突出学为中心**

通过课前预习导学单，教师唤醒学生对比的基本知识的回忆，同时以学生喜欢的科学家照片，引导学生对照片数据进行分析，让其明白按比例放大后的照片中只要找到相对应的两个量，组成的比就能组成比例，再通过让三位同学展示所完成的导学单作业，让学生通过评价、讨论、合作等活动，深入理解相对应的两个量的比值相等，从而领悟到比例就是由两个比值相等的比组成的式子。

**2. 重视数学思想方法的渗透**

数学思想是数学教学的一条暗线，本节课通过指导学生用统计表摘录条件的方法，对相对应数量的比值结果进行分析，渗透因为一种量不变，所以另外两种变量的比值不变的正比例函数的思想，同时注重将数据结合图形，让学生感受数形结合的思想。

**3. 重视数学文化和情感、价值观的培养**

在课前引入和课后延伸环节，教师有意识地渗透了文化价值观，让学生从喜欢的科学家的身上获得一种理想情怀和正确的价值观。

## 【导学单】

### 《比例的意义》导学单

请同学们先预习教材第 40 页。

结合对比例的认识，根据书本中三幅国旗的尺寸数据，你能想到多少个比例？把你想到的比例都写下来吧。你有什么发现？

我发现：_____。

# 《整数、小数、分数、百分数的含义》
# 教学案例

## 【教学设计】

| 课题 | | 整数、小数、分数、百分数的含义 | | 课型 | 复习课 |
|---|---|---|---|---|---|
| 三维目标 | 知识目标 | 1. 使学生系统地掌握整数、小数、分数、百分数的意义。<br>2. 使学生熟练地掌握十进制计数法和整数、小数数位顺序表，并能正确、熟练地读写整数与小数，会比较数的大小。<br>3. 能熟练地进行小数、分数与百分数的互化 | | | |
| | 能力目标 | 通过回顾、交流、应用、巩固等数学学习活动，使学生进一步掌握重要的数学知识，发展基本的数学思想方法和必要的应用技能，增强应用数学的意识 | | | |
| | 情感目标 | 1. 能积极参与回顾、交流、整理等数学学习活动，对数学有好奇心与求知欲。<br>2. 在数学学习活动中获得成功的体验，相信自己在学习中可以取得不断的进步 | | | |
| 教学重点 | | 通过回顾、交流、应用、巩固等数学学习活动，使学生进一步掌握重要的数学知识，发展基本的数学思想方法和必要的应用技能，增强应用数学的意识 | | | |
| 教学难点 | | 小数、分数与百分数的互化 | | | |
| 学情分析 | | 本课再现学生学过的知识点，通过系统的整理复习，帮助学生建立知识间的联系，培养学生整理知识的能力，形成系统的知识体系 | | | |
| 教法、学法 | | 讨论法、讲授法、练习法 | | | |
| 教学资源 | | 课件 | | | |

| 教学步骤 | 教师活动 | 学生活动 | 设计意图 |
|---|---|---|---|
| 教学过程 | **一、回顾与交流**<br>请同学们小组合作交流导学单的自学情况。<br>1. 复习数的意义<br>（1）你学过哪些数？说一说它们在生活中的应用。<br>学生说出自己的认识和理解，如整数、小数、分数、百分数、负数等。<br>联系课文情境图，说出各种数的具体含义，如：1722 是自然数，这里表示词典页码的数量，有 1722 个 1 页；8844.43 是小数，表示八千八百四十四又百分之四十三；$\frac{3}{5}$ 是分数，这里表示把全年天数平均分成 5 份，空气质量良好的占其中的 3 份；40%、60% 是百分数，这里分别表示羊毛和化纤成分占总成分的百分率；–25 ℃ 是负数，表示比 0 ℃ 还低的气温。<br>（2）什么是整数？<br>师生共同概括说明。像 –3，–2，–1，0，1，2，3 等这样的数统称为整数。整数的个数是无限的。自然数是整数的一部分。"1"是自然数的单位。<br>2. 数的读、写<br>（1）数位顺序表。<br>①填一填，读一读。<br>什么是数位？数位与位数相同吗？什么是计数单位？相邻的计数单位之间的进率是多少？<br>②做一做。<br>$27046 = 2 \times (\quad) + 7 \times (\quad) + 4 \times (\quad) + 6 \times (\quad)$<br>（2）读法和写法。<br>①读出下面各数。<br>　　　　106000000 | 让学生根据导学单说一说学过的数，说出自己对数的认识与理解。<br><br><br><br><br><br><br><br><br><br><br><br>学生说一说什么是整数，整数包括哪些数。<br><br><br><br><br><br>填一填，读一读，做一做。<br><br><br><br><br><br>读一读、说一说读数的方法、要点。 | 鼓励学生回顾小学阶段学过的各种数，并运用结构图等方式构建知识网络。<br><br><br><br>复习十进制计数法，让学生再次体验数位顺序表逐步扩充的过程，感受数级、数位和计数单位之间的对应关系。<br><br><br><br>学生在练习中加强对数位与计数单位的认识与运用，提高灵活运用知识的能力。 |

| 教学步骤 | 教师活动 | 学生活动 | 设计意图 |
|---|---|---|---|
| 教学过程 | 0.006<br>25.08<br>②写出下面各数。<br>九十万三千<br>二十亿五千零十八<br>零点二零零八<br>（3）改写。<br>①把 540000 改写成以"万"做单位的数。<br>②把 24940000000 改写成以"亿"做单位的近似数。<br>3. 数的大小<br>（1）怎样比较两个数的大小？<br>（2）完成练习十三第 6 题。<br>4. 分数、小数、百分数的互化<br>（1）填一填。<br><br>| 小数 | 分数 | 百分数 |<br>|---|---|---|<br>| 0.25 | | |<br>| | | 12.5% |<br><br>（2）说一说你是怎么做的。<br>**二、巩固提升**<br>完成课本练习十三 1~5 题。<br>提问：说一说你是怎么做的，发现问题及时纠正。<br>**三、课堂小结**<br>本节课中你有什么收获？还有什么疑问？请和同学交流 | 写一写、说一说你是怎么做的。<br><br><br><br><br><br><br><br><br><br><br><br><br><br><br><br><br>学生独立完成，同学之间互相交流 | <br><br><br><br><br><br><br><br><br><br><br><br><br><br><br><br><br>通过巩固练习，将数学知识运用于实际中，发展学生的数感，使学生深入体会数的实际应用 |
| 板书设计 | **数与代数**<br>一个物体也没有，用 0 表示。0 也是自然数，最小的自然数是 0。<br><br>数 { 整数 { 正整数 / 零 / 负整数 } 自然数 / 分数（小数） | | |

## 【点评】

本节课是一节复习课，学生已经掌握了整数、小数、分数、百分数的意义。本节课具有如下特点。一是布置导学探究，促进学生复习旧知。在回顾与交流环节，通过让学生分享导学单、教师引导的方式鼓励学生回顾小学阶段学过的各种数。二是密切联系生活实际，激发学生学习兴趣。巩固提升环节安排了5个题目，目的是加强学生对数的理解与认识，并体现数学与生活的紧密联系，激发学生学习数学的兴趣。

对于复习课，教师采用讲练结合的方法，让学生通过自主思考、小组合作等方式提高学习能力和学科素养。

## 【导学单】

### 《整数、小数、分数、百分数的含义》导学单

请同学们预习书本第72、73页，并尝试完成下列两题。

（1）关于数的知识，你能回答第73页里提出的哪些问题？请写下来。

（2）关于数的知识，你有哪些模糊的地方吗？